호떡과 초콜릿, 경성에 오다

일러두기

○ 외래어는 기본적으로 외래어표기법을 따랐으나 저자의 의도에 따라 당대의 표기를 살린 것도 있습니다.

○ 당대 소설/신문/잡지 등의 인용은 별도의 교정 없이 당시의 문장 및 표기를 그대로 실었습니다.

○ 외국 자료 중 국내에 번역, 출판된 작품의 경우 그 작품명을 그대로 실었습니다. 그렇지 않은 경우 임의로 번역했고 원제를 함께 표기했습니다.

○ 단행본과 소설은 《》로, 시/신문/잡지/영화 등은 〈 〉로, 기사명은 " "로 표기했습니다.

○ 삽입된 이미지에 대해 소장처와 저작권자를 찾기 위해 최선의 노력을 했습니다. 찾지 못한 경우 출처 표기를 생략했으나 추후 확인되면 다음 쇄에 표기하고 적법한 절차를 밟겠습니다.

# 호떡과 초콜릿, 경성에 오다

식민지 조선을 위로한 8가지 디저트

박현수 지음

# 달콤한 문명, 식민지를 매혹한 간식의 근대사

'식민지 시대'와 '디저트'라는 조합이 어색할지도 모르겠다. 사전을 뒤적여보면 디저트는 식사 후에 먹는 과자나 과일이라고 되어 있다. 디저트의 어원은 프랑스어 'desservir'인데 식사 후에 식탁을 정리한다는 뜻이라고 한다. 그러니 끼니를 해결하기조차 힘겨웠던 식민지 시대와 언뜻 어울리지 않는 건 당연하다. 그런데 어쩌랴, 그때도 사람들을 매혹한 디저트가 존재한 게 사실이니.

물론 이 책에서 다룬 음식들이 오늘날 의미하는 디저트로 자리 잡게 되는 것은 식민지 시대를 한참 지나서였다. 당시에는 커피나 초콜릿처럼 식사 후에 먹었던 음식도 있지만 호떡이나 군고구마처럼 끼니를 대신했던 음식도 있었다. 그런데 유럽에서도 디저트가 식사 후에 등장하는 음식으로 자리 잡은 것은 그리 오래되지 않았다. 17~18세기까지 디저트는 식탁에 다른 요리들과 함께 올랐으며 제공된 이유도 소화를 돕는다는 의학적인 것이었다.

사실 먹는다는 행위는 맛을 즐기거나 배고픔을 더는 것에 머물지 않는다. 재료를 골라 조리해서 먹거나 식당을 찾아가 좋아하는 음식을 먹는 행위는 먼저 개인의 경험이나 기호와 관련되어 있다. 나아가 사회적·문화적 취향과 연결되며 제도적인 기반에 지배되기도 한다. 그러니 음식을 먹는 것에는 사회적 취향이나 제도에 기반을 둔 개인의 기호가 작용한다고 할 수 있는데, 그것은 디저트를 선택하는 데서도 마찬가지다.

요즘 음식에 대한 관심은 눈에 띄게 두드러진다. TV에서는 연신 음식 관련 프로그램이 방영되며 '먹방' 자체가 유튜브 콘텐츠로 자리잡기도 했다. 그런데 엄청난 양의 음식을 먹거나 애써 맛있는 식당을 찾아다니는 것에 관심이 집중되어 있는 느낌도 떨칠 수 없다. 100년 전 디저트를 다룬 이 책은 누가 더 많이 먹는지를 겨루거나 맛집 찾기에 몰두하는 데서 벗어나 먹는다는 행위의 온전한 의미를 더듬어보려는 작업의 하나다.

모두 여덟 가지 디저트를 소개한다. 먼저 '커피'를 다룬 장에서는 최초로 문을 연 다방과 그곳의 분위기를 소개한다. 또 맛이 없다는 말을 반복하면서도 매일같이 다방을 찾았던 사람들을 통해 그 이유도 들어본다. 2장에서는 달콤하고 고소한 '만주'의 맛을 음미해보자. 또 같은 뿌리를 지닌 한국의 만두, 중국의 만터우, 그리고 일본의 만주가 다른 음식처럼 되어버린 까닭을 들여다보는 일도 흥미로울 것이다.

3장은 작가 이상이 도쿄에서 죽기 직전 먹고 싶다고 한 음식이 '멜론'이라는 사실에서 모티프를 얻었으니, 이상의 간절한 바람에 함께 귀 기울여보자. 4장에서는 지금도 익숙한 간식인 '호떡'을 시식하려 한다. 처음 중국에서 전해졌을 때 호떡에 넣었던 다양한 소 가운데 설탕만 살아남게 된 과정을 살펴보는 일도 흥미진진하리라 생각한다.

5장에서는 한국에 처음 선보인 탄산음료 '라무네'를 소개한다. 독특하게 생긴 라무네 병을 더듬어보고, 라무네를 마시고 처음 코끝이 알싸해지는 경험을 한 사람들의 표정도 훔쳐보자. 6장에서는 지금도 디저트 하면 가장 먼저 떠오르는 '초콜릿'의 맛을 음미하려 한다. 초콜릿은 연인들끼리 먹거나 선물하는 과자이기도 한데 어떻게 사랑을 상징하는 과자가 되었는지 알아보는 일도 재미있을 것이다.

7장에서 소개할 디저트는 겨울이 되면 달콤한 맛과 고소한 냄새로 우리를 반기는 '군고구마'다. 군밤과의 치열한 경쟁을 통해 군고구마가 겨울을 대표하는 간식으로 자리 잡는 과정도 구경해보자. 마지막으로는 여름이 되면 즐겨 찾는 디저트인 '빙수'를 소개한다. 딸기 시럽이 가득 뿌려진 100년 전 빙수 맛을 보면서 혀끝부터 가슴, 배, 등까지 시원해지는 경험을 해보자.

여덟 가지 디저트를 선정한 기준은 당시 사람들이 가장 즐겨 찾고 좋아했던, 식민지 시대를 대표하는 간식이라는 점이었다. 다양한 디저트를 소개하고 싶어 비슷한 종류는 중복되지 않도록 했다. 있기는 했지만 찾는 사람들이 드물었던 디저트도 제외했다. 여덟 개에서 빠져서 서운한 간식도 있다. 여름이면 긴 막대에 둥근 통을 매달고 "아-스구리!"를 외치며 팔았던 '아이스크림'이 그렇다. '사이다'도 코끝이 찡해지기로는 라무네 못지않은 디저트였다. 지금으로 말하면 과일 디저트카페 격인 프루츠팔러에서 판매했던 '프루츠파르페'와 '쇼트케이크'를 소개하지 못한 것도 아쉽다. 다음에 기회가 된다면 100년 전 사람들의 입맛을 매혹한 이들 디저트도 꼭 맛보도록 하자.

100년 전 유행했던 디저트를 재현하기 위해 여러 소설의 도움을 받았다. 이번에는 국내 소설뿐만 아니라 나쓰메 소세키, 루쉰 등 일본과 중국 소설에도 빚을 졌다. 소설은 인물 사이의 갈등과 그 전개를 양식적 특징으로 한다. 소설에는 다방을 방문해 커피를 마시는 인물이나 추운 겨울밤 만주를 팔기 위해 애쓰는 행상의 모습이 생동감 있게 제시된다. 또 디저트의 맛이나 가격, 심지어 외상값에 시달리는 고단한 얼굴까지 꼼꼼히 그려진다. 독자들은 이 책을 통해 거칠게나마 그때 디저트를 대표했던 메뉴들을 맛보고, 또 빙수를 파는 가게나 만주 장수의 모습을 눈앞에 그려보게 될 것이다.

책을 마무리하고도 마뜩찮은 부분이 있다. 조사에 따르면 가장 인기 있는 디저트는 종류에 상관없이 몇 가지 특징을 지닌다고 한다. 하나가 달콤한 맛이라면 다른 하나는 부드러움인데, 요즘은 거기에 차가운 맛도 더해진다는 것이다. 이 책에서 다룬 디저트가 사람들을 매혹한 이유 역시 크게 다르지 않다. 새롭게 등장한 디저트는 달콤하고 차가운 맛에다 문명이라는 가면까지 쓰고 조선인들의 마음을 사로잡았다. 그런데 그 과정은 이전까지 즐겨 먹던 간식이 밀려나는 과정과 맞물려 있었다. 한과, 약과, 식혜, 엿 등의 주전부리는 달콤함과 차가움에서 새로운 디저트의 경쟁 상대가 되지 못했다. 앞선 마뜩찮음은 여기에서 연유한다.

이 책이 나오기까지는 품과 시간이 많이 들었다. 이런저런 사정 때문에 집필하는 시간보다 가다듬는 시간이 더 걸려서이기도 한데, 그만큼 알찬 책이 되기를 기대한다. 요즘 같은 시절에《경성 맛집 산책》에 이어 또 한 권의 인문학 서적을 흔쾌히 출간해주신 한겨레출판 관계자 여러분께 감사를 드린다. 크게는 장의 구성부터 작게는 이미지, 맞춤법까지 거칠고 엉성한 원고를 챙겨주신 이윤주 편집자님께는 특별히 감사하다는 말씀을 드리고 싶다. 기획에서 집필 초기 과정까지 도움을 준 원아연 편집자님의 고마움도 잊을 수 없다. 실감을 더하기 위해 당시의 디저트 이미지는 일러스트의 도움을 받았는데, 일러스트를 담당해주신 이은지 작가님께도 감사드린다.

2025년 3월

박현수

# 차례

# 3장 멜론

## 그들의 가슴엔 이국의 향기가 안개같이 자욱하다

# 4장 호떡

## 밤에 두어 개 신문지에 싸가지고 와 이불 속에서

**5장** 라무네

**여름이면서 여름 아닌**
**고요한 행복**

**6장** 초콜릿

**련애사탕이 뭐니?**
**쪼코렛트도 모르나**

# 커피

모긴 추위를 뚫고 다방 문을 열면

미각에 또렷이 남어 잇서 입안을 감도는 그 맛과 향기!
그리고 청초한 호박 빗갈! 그 다음에 오는 호렷!
형용키 어려운 상쾌감과 도취 기분은 커피의 가진 바
독특한 매력으로서 잇지 못할 집착을 가지게 되는 것입니다.

"커피차 이야기",
〈조선일보〉 1937.11.30.

# 1

# 형용하기 어려운
# 상쾌함과 도취

요즘은 '커피 전성시대' 같다. 얼마 전 고속도로를 이용해 부산에 갈 때 휴게소에 들렀다. 평일에다 식사 시간이 아니라서 그랬는지 식당에 손님이 많지 않았다. 정확히 얘기하면 많지 않은 게 아니라 조금은 한적할 정도였다. 그런데도 유독 길게 줄을 선 곳도 있었는데, 바로 커피전문점이었다. 세계 무역거래량에서 석유가 1위이고 다음이 커피라고 하니 놀랄 일이 아닐지도 모르겠다. 하지만 '아아(아이스아메리카노)', '얼죽아(얼어 죽어도 아이스아메리카노)' 같은 유행어가 있을 정도이니 근래 한국인의 커피에 대한 애정은 유별난 데가 있다.

그런데 커피나 다방은 식민지 시대 소설에서도 어렵지 않게 찾을 수 있다. 김남천의 소설 《사랑의 수족관》에 등장하는 경희는 대학 가정과를 졸업한 인물로 사회사업에 매진하려 한다. 그녀는 단골 양장

◇ 명치제과에서 커피를 마시는 경희와 현순.
  김남천,《사랑의 수족관》,〈조선일보〉1939.2.8.

점에서 일을 하는 현순에게 호감을 가지고 탁아소 사업을 하려는데
도와달라고 한다. 두 사람이 본정의 다방에서 만나 탁아소 도면을 보
며 대화하는 삽화를 보면, 모두 따뜻한 커피를 시켜 커피가 나오자 스
푼으로 설탕을 넣어서 마신다. 커피를 마신 곳은 본정 2정목에 위치한
'명치제과明治製菓'였다.

　유진오의 소설《화상보》에도 커피를 마시는 장면이 등장한다. 시
영, 경아, 영옥, 보순 등은 점심을 먹고 함께 본정으로 산책을 나간다.
보순이 어디 가서 차라도 마시자고 제안하자 영옥은 일행을 '가네보
프루츠팔러鐘紡フルーツパーラー'로 안내한다. 가네보는 식민지 시대 일
본을 대표하는 방적회사로 흔히 '종방鐘紡'이라는 이름으로 불렸다. 경
성, 광주, 철원 등에서 공장을 운영했고 본정 1정목에는 공장에서 생
산한 의류나 잡화를 전시하고 판매하는 '가네보 서비스스테이션鐘紡
サービスステーション'이 있었다. 가네보 프루츠팔러는 서비스스테이션의

◇ 영옥 일행이 가네보 프루츠팔러에 들러 커피를 주문하는 모습.
유진오, 《화상보》, 〈동아일보〉 1940.1.24.

1층에 위치해 간단한 식사와 음료를 제공하는 공간이었다.

프루츠팔러는 실내와 실외가 다른 구조였다. 실내는 연인들을 위해 식탁 사이에 칸막이가 있는 박스형 좌석이 설치되어 있었다. 이에 비해 실외 매장은 바닥에 작은 조약돌을 깔고 비치파라솔을 설치해 해변 분위기를 연출하려 했다.

영옥 일행은 가네보 프루츠팔러에 자리를 잡고 주문한 뒤 종업원이 커피를 가져오자 모두 '사시'로 설탕을 넣는다. 여기서 사시는 찻숟가락 정도가 되겠다. 앞서 《사랑의 수족관》에서 경희와 현순 역시 커피가 나오니까 스푼으로 설탕을 넣어서 마셨는데 《화상보》에서도 마찬가지였다. 두 소설을 고려하면 커피를 마실 때 설탕을 넣는 것이 일반적이었음도 알 수 있다. 지금 설탕을 타서 마시면 커피 맛을 모른다고 눈치를 주겠지만 당시에는 오히려 세련된 입맛을 자랑하는 것이었다. 정제당이 생산되기 시작하고 본격적으로 유입, 확산되었을 때, 하얀 빛깔의 설탕은 문명을 상징했기 때문이다.

　다른 하나의 정보는 영옥과 보순이 경성에서 커피가 제일 맛있는 가게가 각각 가네보 프루츠팔러와 미쓰코시백화점 식당이라며 커피에 대한 조예를 자랑하는 데서 나타난다. 어느 집 커피가 제일 맛있다고 다툴 정도로 당시 사람들도 커피 맛이나 맛집에 관심이 있었다는 점이다. 이태준의 소설《청춘무성》에는 본정에 나가 여기저기를 구경하던 은심이 우연히 친구들과 만나는 장면이 있다. 가네보 서비스스테이션 앞에서 만났는데도 은심과 친구들은 기어이 명치제과를 찾아가서 커피를 마신다. 서비스스테이션에 식사와 음료를 제공하는 프루츠팔러가 있었는데도 본정 길을 더 들어가서 명치제과를 찾은 것을 보면 이 역시 커피 맛이나 커피를 파는 곳에 대한 기호가 작용했음을 알 수 있다.

　그렇다면 그들이 마신 커피의 맛은 어땠을까? 맛있다고 다투기까지 한 가네보 프루츠팔러와 미쓰코시백화점의 커피는 얼마나 맛있었을까? 사실 식민지 시대 소설에는 커피를 마시거나 다방을 찾는 장면이 매우 자주 등장한다. 그런데 커피의 맛에 대한 언급은 이상할 정도로 찾기 힘들다. 커피를 즐겨 마시고 어디 커피가 제일 맛있다고 말하지만 혹시 정작 커피 맛은 잘 몰랐던 것 아닐까?

　오히려 맛과 향 등 식민지 시대 사람들이 느끼는 커피의 매력에 대한 드문 언급은 1937년 11월 30일과 12월 1일 두 번에 걸쳐 연재한 "커피차 이야기"라는 기사에서 나타난다.

미각에 또렷이 남어 잇서 입안을 감도는 그 맛과 향기! 그리고 청초한 호박 빛갈! 그 다음에 오는 호렷! 형용키 어려운 상쾌감과 도취 기분은 커피의 가진 바 독특한 매력으로서 잇지 못할 집착을 가지게 되는 것입니다.

◇ 다방에서 커피를 내리는 모습. "커피차 이야기", 〈조선일보〉 1937.11.30.

　인용처럼 "커피차 이야기"는 입안에 남아 맴도는 맛과 향을 커피의 첫 번째 매력이라고 한다. 이어 색깔에 대해 언급하는데 우리가 흔히 접하는 호박은 아닌 것 같다. '琥珀'이라는 한 자를 쓰는 것으로, 나무의 진이 굳어져 투명한 광택이 나는 물질 정도가 되겠다. 그러니 암갈색이기는 한데 그 색깔이 얼마나 투명한가를 따지고 있는 것으로 보인다. 그리고 마지막으로 언급하는 상쾌하게 취하는 것 같은 느낌은 아마 카페인으로 인한 커피의 각성 효과를 말하는 것 같다.

　"커피차 이야기" 두 번째 연재분에서는 좋은 커피와 나쁜 커피를 구분하는 방법에 대해서도 언급한다. 첫째는 빛깔, 둘째는 향기, 셋째는 맛 그리고 마지막은 마시고 난 후의 느낌이라고 했다. 커피의 매력이라고 밝힌 것의 순서만 바꾸어 놓은 것처럼, 인용에서 제시된 부분과 크게 다르지 않다. 매력을 느끼는 것이 좋은 커피를 마실 때이니, 어쩌면 반복되는 것이 당연한지도 모르겠다.

## 2

## 도회인의 낙,
## 도시인의 오아시스

맛이나 향에 대한 언급은 드문 반면, 커피 얘기가 나오면 빠지지 않고 언급되는 것은 커피를 마시는 공간, 곧 다방이다. 1936년 1월 〈조선중앙일보〉에는 〈오랑캐꽃〉으로 잘 알려진 이용악의 시가 실렸는데, 제목이 아예 〈다방〉이었다. 식민지 시대 다방이 지닌 아우라를 표현한 시로, 아래와 같은 내용을 담고 있다.

바다 없는 항해에 피곤한
무리들 모여드는
다방은 거리의 항구……

주머니를 턴

◇ 이용악의 시 〈다방〉 전문. 〈조선중앙일보〉 1936. 1. 17.

커피 한 잔에

고달픈 사고를 지지하는

······나······너······.

시인은 다방을 고단한 삶의 여정에 지친 무리들이 모여드는 항구에 비유한다. 이어지는 부분에서는 주머니를 턴 커피 한 잔에 고달픈 생각을 위로하는 공간이라고도 한다. 시가 노래하는 것처럼 다방은 한편으로 식민지라는 암울한 굴레와 다른 한편으로 부모, 가정, 사회라는 일상의 속박에 지친 젊은이들에게 위로를 건네는 드물고 소중한 공간이었다.

채만식 역시 1939년 7월 잡지 〈조광〉에 발표한 "다방찬茶房讚"에서 다음과 같이 얘기한다.

겨울의 모진 추위에 몸을 웅숭거리고 아스팔트 위로 종종걸음을 치다가 문득 눈에 뜨이는 대로 노방의 다방문을 밀치고 들어갔다고 하자.

활짝 단 가스난로 가까이 푹근한 쿠션에 걸어앉자, 잘 끌흔 커피 한 잔을 따끈하게 마시면서 아무것이고 그때 건 명곡 한 곡조를 듣는 그 안일과 그 맛이란 역시 도회인만이 누릴 수 잇는 하나의 낙인 것이오.

겨울의 추위에 종종걸음을 치다가 들어서면 다방은 커피와 함께 우아한 음악과 포근한 자리로 자신을 반겨준다고 한다. 앞선 이용악의 시에서 다방을 고단한 삶에 지친 사람들에게 위로를 주는 항구라고 비유한 것과 이어지는 부분이다. 두 글을 겹쳐 읽으면 식민지 시대 커피라는 디저트가 홀로 떨어져 존재하지 않았음을 알 수 있다. 커피는 삶의 여정에 지친 식민지 젊은이들에게 우아한 음악과 포근한 자리를 제공했던 다방과 함께한 듯하다.

주요섭의 소설《길》에서 길을 걷던 태호와 인옥이 들른 다방의 모습을 보면, 음악이 흐르는 다방의 실내에는 탁자를 사이에 두고 푹신한 소파가 둘을 반긴다. 인옥은 다방의 분위기가 마음에 들었던지 도시인에게 다방의 존재는 오아시스와 같다고 하는데, 앞선 두 글에서 나온 언급과 크게 다르지 않다.

1934년 3월 〈조선일보〉에 실린 글도 커피와 다방의 어울림에 대해 언급하고 있다. 아름다운 멜로디의 레코드가 돌아가고 실내를 은은히 비추는 조명이 있고 아름답게 장식한 편한 의자가 있어 커피가 더욱 맛있다고 한다. 앞선 "커피차 이야기"와 연결시켜 보면 입안에 맴도는 맛과 향, 투명한 빛깔 그리고 상쾌하게 취하는 느낌을 온전히 맛볼 수 있는 곳이 다방이었음을 말하고 있다.

그런데 식민지 조선인에게 커피가 처음부터 그렇게 맛있지는 않았

◇ 음악이 흐르는 다방에서 대화를 나누는 태호와 인옥.
　주요섭,《길》,〈동아일보〉1938.11.19.


던 것 같다. 이선희의 소설《여인명령》에는 안나가 숙채를 자기 방에
데리고 가 커피를 마시는 장면이 등장한다. 숙채는 커피가 처음이라
도무지 쓰고 독해서 마실 수가 없는데 안나는 그것도 싱겁다고 한다.
커피가 처음 유입되었을 때 맛있다기보다 아무 맛도 없이 쓰기만 했
다는 얘기가 많았다는 것 역시 이를 뒷받침한다. 그러다가 커피의 맛
과 향에 길들여져 가면서 하루에도 몇 잔씩 마시게 되었다. 어쩌면 커
피에 익숙해지는 과정은 조선에 근대가 유입되고 자리 잡는 과정을
상징하는 것인지도 모르겠다. 그렇다면 그 상징에는 다방도 자리하고
있을 것이다.

3

# 경성의
# 핫한 다방들

식민지 조선에 유입된 다른 근대의 문물과 마찬가지로 커피 역시 처음에는 조선에 체류하던 일본인을 중심으로 소비되었다. 따라서 커피를 마시는 공간인 다방 역시 처음 자리를 잡았던 곳은 일본인의 주된 활동 공간이었던 본정, 명치정, 황금정 등이었다. 그리고 이후 커피의 맛과 향에 눈을 뜬 조선인이 조금씩 늘어남에 따라 다방은 종로에도 진출하게 되었다. 거칠게나마 식민지 시대에 이름난 다방들을 살펴보자.

## 명치제과

먼저 본정 2정목에 위치했던 명치제과는 앞서《사랑의 수족관》에서 경희와 현순이 만난 곳, 또《청춘무성》에서 은심이 친구들과 함께 찾은 곳이다.《대경성사진첩大京城寫眞帖》에는 과자, 사탕, 유제품 등으로 조선을 통틀어 유명한 곳이라고 되어 있다. 명치제과는 식민지 조선에 먼저 들어온 '삼영제과森永製菓'와 치열하게 경쟁하며 자리를 잡아나갔다.

《대경성사진첩》에는 본정 2정목에 '끽다부喫茶部'가 있다고 되어 있다.《사랑의 수족관》과《청춘무성》에 등장한 곳 역시 거기였다. 명치제과의 정확한 주소는 본정 2정목 80번지였다. 경성우편국 옆 본정통 입구로 들어가면 우측에 히라타平田와 미나카이三中井 백화점이 있었다. 거기서 본정 2정목으로 조금 더 들어가면 오른쪽에 명치제과의 3층 건물이 나타났다.

제과점이라는 이름을 달고 자기 회사에서 생산되는 과자를 판매했지만 손님이 가장 많이 찾는 메뉴는 오히려 커피였다. 명치제과 경성 판매소가 문을 열 때 광고에 '제과'와 함께 '끽다'를 두드러지게 강조했던 것도 이러한 이유와 관련이 될 것이다. 잡지〈청색지靑色紙〉에 실린 "경성 다방 성쇠기"에도 본정에 명치제과가 문을 연 이후 맛이 제대로 된 커피를 팔기 시작해 커피 맛이 좋은 곳을 찾아다니는 유행을 만들었다고 했다.

식민지 시대 다방이나 카페의 내부 구조는 크게 둘로 나뉘었다. 홀과 같은 공간에 여러 개의 식탁을 놓은 개방형이 있었고, 식탁과 식탁 사이에 칸막이를 설치한 박스형이 있었다. 박태원의 대표작《천변풍경》에는 '평화카페'가 등장한다. 거기서 박스 1, 박스 2, 또 테이블 1, 테이블 2 등으로 불렀던 것을 보면 마찬가지의 구조였음을 알 수 있

◇ 본정 2정목에 위치했던
명치제과의 3층 건물 전경.
《대경성사진첩》,
중앙정보선만지사편
中央情報鮮滿支社編, 1937.

다. 명치제과는 1층은 박스형으로 꾸
며 연인을 타깃으로 했고, 2층은 그
밖의 손님을 대상으로 개방형으로
꾸몄다고 한다. 1층과 2층 중 어느
쪽이 더 인기가 있었는지는 독자들
이 생각하는 대로다.

이렇게 1, 2층을 구분해 꾸미는
것을 효과적인 영업 전략이라고 생
각했던지 명치제과를 벤치마킹한 곳
이 있었다.《화상보》에 등장한 가네
보 프루츠팔러가 그 예다. 차이가 있
다면 프루츠팔러는 실내를 박스형으
로 꾸며 '로맨스박스'라고 부르고, 실외에는 모래를 깔고 파라솔을 설
치해 이국적 분위기를 연출하는 데 치중했다는 정도였다.《사랑의 수
족관》의 경순과 광호가 가네보 프루츠팔러 실외 매장에서 만난 모습

◇ 가네보 프루츠팔러의
실외 매장에서 만난
경순과 광호.
《사랑의 수족관》,
〈조선일보〉1939.9.23.

을 그린 삽화를 보면 여러 개의 파라솔이 눈길을 끈다. 가네보 프루츠 팔러 역시 커피 맛으로 경성에서 손꼽을 정도로 유명했다.

한편 명치제과를 '명과'라고 불렀던 것도 흥미롭다. 이태준의《딸 삼형제》에서 정매는 명치제과를 명과라고 부른다. 같은 소설에도 명과라는 표현이 반복해서 나오고 채만식의 소설에도 등장하기 때문에 인쇄상의 오류로 보기는 힘들다. 식민지 시대 젊은이들도 줄임말을 사용했다는 점이 흥미롭다. 요즘 젊은이들이 '스타벅스'나 '맥도날드'를 '스벅'이나 '맥날'로 줄여 부르는 것과 비슷하다. 명칭을 줄여서 부르는 것이 요즘만의 특징은 아닌 듯하다.

## 미쓰코시백화점 식당

이광수는《사랑의 다각형》에서 경성에서 돈 좀 있다는 사람들의 하루를 비꼬아 얘기한 바 있다. 그가 말하길 돈 많은 이들은 조선호텔 식당에서 점심을 먹은 후, 미쓰코시백화점 식당에 가서 커피 한 잔을 마신다. 그리고 오후에는 유릉에 가서 골프를 치면서 소일을 한다. 여기서 유릉은 순종의 부인이었던 '순명효황후純明孝皇后'의 묘로, 이후 홍릉으로 이장한 후 그 자리에는 골프장이 들어섰다.

식민지 시대에 조선호텔 식당에서 식사를 하거나 조선에서 유일하게 18홀을 갖추었던 유릉골프장에서 골프를 치는 것은 극히 일부의 경제적 여유를 지닌 사람들에게만 허용되었다. 그런 사람들이 식사와 골프 중간에 커피를 마시는 곳이 미쓰코시백화점 식당이었다는 것은 그곳이 커피로는 가장 유명한 곳이었음을 나타낸다.

미쓰코시백화점이 지금의 신세계백화점 본점 자리로 옮겨 새롭게 개장한 것은 1930년이었다. 식당은 미쓰코시백화점 4층의 동편에 자리를 잡고 모두 28개의 테이블과 130개가 넘는 의자를 구비하고 있었다. 미쓰코시백화점 식당에서는 음식, 과일과 함께 음료도 판매를 했다. 메뉴 가운데 가장 인기가 있었던 것은 역시 런치와 함께 커피였다.

채만식의 《태평천하》에서 기생 춘심이 윤 직원에게 '미쓰꼬시'에 가서 사달라고 한 '난찌'가 점심시간에 한정해서 판매했던 메뉴 런치였다. 앞서 이광수의 소설에도 언급되어 있듯이 미쓰코시백화점 식당은 명치제과나 가네보 프루츠팔러와 함께 커피 맛이 좋기로 유명했다. 커피를 마시기 위해 일부러 식당을 찾는 사람도 적지 않았다고 한다. 또 미쓰코시백화점 식당에서 커피를 마신 후 그 맛을 집에서도 보기 위해 커피 원두를 사 가는 손님들도 많아서 식료품 매장에서 판매를 했다고 한다.

명치제과는 제과점으로 자사에서 생산한 과자나 음료를 파는 곳이었고 미쓰코시백화점 식당은 이름 그대로 백화점 식당이었다. 그렇다면 본정에 한정하더라도 제과점이나 백화점 식당에서 판매하는 커피가 가장 맛있었음을 말해준다. 지금으로 보면 커피가 그렇게 인기가 있었고 즐겨 찾는 사람도 많았는데, 커피 맛집이 커피숍이 아니라 제과점이나 백화점 식당이었다는 것이 의아하게 느껴지기도 한다. 그것은 조선, 또 조선에 커피를 전했던 일본에서 커피가 자리 잡는 과정과 긴밀하게 관련되어 있다. 또 다방의 특징이나 정착과도 마찬가지다.

## 카카듀

식민지 시대에 본정, 명치정 등이 일본인의 번화가였다면, 종로는 조선인의 길이었다. 처음 본정과 명치정에 모습을 드러냈던 다방 역시 1920년대 후반에 이르면 종로로 진출하게 된다. 종로는 조선시대부터 한양의 중심가로 위세를 떨쳤다. 하지만 종로라고 다 같지는 않았다. 종로를 대표하는 중심가는 역시 종로 1가와 2가의 경계에 위치했던 종로네거리였다. 그곳은 보신각종, 화신백화점, 동아백화점, 유창상회 등으로 둘러싸여 번화하고 화려한 모습을 자랑했다.

먼저 문을 연 다방이 속속 밝혀짐에 따라 빛이 바랜 바 있지만, '카카듀'는 조선인이 처음 개업한 다방으로 주목받았다. 그런데 그에 비해서 정작 알려진 정보는 적은 데다 정확하지도 않은 것 같다. 먼저 대부분의 논의에서 문을 연 시기를 1927년으로 보고 있다. 하지만 1928년 9월 27일, 28일 '개점 기념 포스터 전람회'를 연다는 〈동아일보〉의 기사를 보면, 1928년에 개업한 것으로 추정할 수 있다. 위치는 관훈정 쪽 초입에 우뚝 서 있던 3층 벽돌집 가운데 1층이었다고 한다. 지금으로는 최초의 우체국으로 보존되고 있는 우정국의 맞은편 정도였다.

카카듀는 김진섭, 이선근, 이하윤, 유치진, 정인섭 등으로 구성되었던 '해외문학파'와도 인연이 깊었다. 이들은 도쿄에서 공부할 때 경성에 돌아오면 모임 장소로 카카듀를 찾곤 했다. 카카듀라는 이름 역시 김진섭과 이선근이 대화를 나누다가 지었다고 한다. 간판 대신 붉은 칠을 한 박을 입구에 걸고 가면으로 벽을 장식하는 등 인테리어도 독

◇ 안석영이 그린 현앨리스.
　"은막 천일야화",
　〈조선일보〉 1940.2.14.

특했다. 그것은 정인섭의 솜씨였다.

　카카듀의 주인은 〈심청전〉, 〈춘희〉 등을 감독하는 등 초기 영화계에서 활발하게 활동했던 이경손이었다. 그런데 이경손만큼 주목을 받는 인물은 카카듀의 카운터를 지켰던 현앨리스라는 여성이다. 그녀는 하와이로 이주했던 현순 목사의 딸이었다. 상하이임시정부의 일을 도왔던 아버지와 관련해 현앨리스 역시 그쪽 일을 했을 것으로 파악된다. 카카듀는 생

각만큼 영업이 시원치는 않았는지 수개월 만에 문을 닫고 말았다.

## 멕시코

　'멕시코'는 1929년 11월 김인규가 문을 연 다방이었다. 덕흥서림 옆, 낙원회관 맞은편, 지금으로는 종로타워와 YMCA의 사이 정도 된다. 멕시코는 외관부터 눈에 띄었다. '멕시코'라는 희고 큰 간판 위에 커다란 물주전자를 매달아놓았다. 지금 봐도 유니크한 모습이라서 한 번 보면 까먹지 않을 것 같다.

　내부를 장식하는 데는 구본웅, 도상봉, 안석주 등 김인규의 지인들이 도움을 줬다고 한다. 벽은 헌 마대조각으로 장식했고, 커튼은 염색을 한 광목을 사용했다. 벽과 커튼을 빨간색, 흰색, 검은색 등 원색을 사용해 '원초적이고 이국적인 이미지'를 살리려 했다고 한다. 벽에는

최승희의 사진, 영화《모나리자의 실종 Der Raub der Mona Lisa》과 《스페인 광상곡 The Devil is a Woman》 등의 포스터를 걸어 두었다고 한다.

◇ 다방 멕시코 외관.
왼쪽 위편에 매달려 있는 것이
물주전자다.
《이방인의 순간포착, 경성 1930》,
서울청계천문화관, 2011.

멕시코는 위치나 손님과 관련해 다른 다방보다 은밀한 만남이 많이 이루어졌다고 한다. 멕시코는 당시 조선요릿집이나 카페가 밀집한 낙원정과 가까웠다. 그래서 조선요릿집에서 연회를 마친 손님과 여급, 기생 등이 2차를 가기 위해 만나는 공간으로 많이 사용되었다고 한다. 다른 다방이 클래식이나 재즈를 고집했던 데 반해 멕시코에서는 일본 노래나 조선 민요도 마다하지 않았던 것 역시 같은 이유에서로 파악된다.

◇ 멕시코의 내부를 장식했던
《모나리자의 실종》포스터.

## 뽄아미와 제비

종로를 사이에 두고 멕시코 맞은편에 '뽄아미'가 있었다는 것도 흥미

◇ 박태원이 그린 다방 제비의 내부.
〈조선일보〉1939.2.23.

롭다. 뽄아미라는 이름은 연인이나 친구를 뜻하는 프랑스어 'bon ami'
가 일본어 'ポンアミ'를 거쳐 정착된 명칭으로 보인다. 개업 시기는
1932년 5월로, 카카듀나 멕시코보다 3, 4년 정도 뒤졌다. 고급 식탁과
의자를 배치하는 등 내부 인테리어에 공을 들여서인지 커피나 홍차의
가격이 다른 곳보다 비쌌다고 한다.

　종로의 다방을 둘러보면서《날개》,〈오감도〉의 작가 이상이 1933년
개업한 '제비'를 빼먹기는 힘들다. 박태원이 그린 삽화에는 주인도 없
는 다방에서 박태원과 제비의 직원 수영이 사과를 깎아 먹는 모습이
나온다. 다음 날은 군밤을 사 먹자는 삽화 속 말에서 편안함이 느껴지
기도 한다. 박태원은 차치하고 수영이 편안해 보이는 것은 나름의 이
유가 있었다. 수영은 아침에 출근하면 불 위에 주전자 두 개를 올려놓
고, 하나에는 커피를, 다른 하나에는 홍차를 달였다. 그러고는 손님이
오면 커피와 홍차밖에 없다며 둘 중 하나를 주문하도록 했다. 실제 제
비는 경영의 어려움 때문에 영업을 한 기간은 얼마 되지 않았다. 뭐가
바빴는지 가게를 자주 비웠던 주인과 커피와 홍차만을 편애했던 종업
원을 보면 빨리 망한 이유를 알 것도 같다.

# 4
# 최초의 다방은
# 어디였을까

## 1 · 시간을 거슬러 올라가다 보면

1938년 6월 〈청색지〉 1호에 "경성 다방 성쇠기"라는 글이 발표되었다. 글쓴이는 '노다객老茶客'이라는 필명으로 되어 있다. 〈청색지〉는 구본웅이 창간한 잡지로 분량은 많지 않았지만 짜임새를 갖추어 모두 8권이 발행되었다.

◇ 〈청색지〉 1호 표지.
　고려대학교 학술정보관.

제목처럼 "경성 다방 성쇠기"는 그때까지 경성에 문을 열고 또 폐업한 다방을 밝힌 글로, 이후 다방에 관한 대부분의 논의가 의지하는 글이기도 하다. "경성 다방 성쇠기"

는 경성에 가장 먼저 문을 연 다방에 대해 아래와 같이 언급하고 있다.

> 서울서 맨 처음 우리가 다점茶店이라고 드나든 곳은 본정 3정목 현재 '윈' 근처에 있든 '이견二見'이란 곳으로 이곳이 아마 경성 다방의 원조일 것이다. 그 다음이 현재 본정 2정목에 식료품점 '귀옥龜屋' 안에 있는 '금 강산'으로 우리들과 같이 도쿄에서 새 풍습을 익혀 가지고 도라온 문학 자나 화가나 그박게 지극히 소수의 내지인內地人 청년이 잇을 뿐이었다.

경성에 가장 먼저 문을 연 다방은 '이견二見', 곧 '후타미'로 본정 3정 목에 있었다고 한다. 그다음으로 본정 2정목에 위치한 식료품점 '귀옥 龜屋', 곧 '가메야' 안에 '금강산'이 개점했다. 인용문의 마지막 부분에 는 '우리들과' 앞에 '손님으로는'을 넣어야 자연스러워진다. 그렇게 다 시 읽으면 도쿄에서 유학을 한 문인이나 화가, 또 소수의 일본인이 손 님이었다는 의미다.

"경성 다방 성쇠기"에는 종로에 문을 열었던 다방에 관한 언급도 있다.

> 그 뒤 조선사람 손으로 조선인 가街에 맨 처음 낫든 다방은 9년 전 관 훈동 초 3층 벽돌집(현재는 식당 기타가 되어 잇다.) 아래층 일우一偶에 이 경손 씨가 포왜布哇에선가 온 묘령 여인과 더부러 경영하던 '카카듀'다. ……중략…… 역시 전문적 다점으로 종로대로에 근대적 장식을 가추 어 나타난 것은 8년 전 일미日美의 도안과를 나와 현대 영화배우 노릇을 하는 김인규 씨와 심영 씨가 채려 노핫든 '멕시코'다.

종로에서 조선인이 경영하던 다방으로는 카카듀가 처음이었고, 이어 근대적 장식을 갖춘 멕시코가 문을 열었다고 한다. 카카듀는 이경손과 하와이에서 온 묘령의 여인이, 멕시코는 김인규와 심영이 운영을 했다고 한다. 인용에서 '포왜布哇'는 하와이이고 '일미日美'는 일본 도쿄미술학교를 가리킨다. "경성 다방 성쇠기"는 이어 뿐아미, 낙랑파라, 제비 등의 개점과 특징에 대해서도 간략하게 다루고 있다. 이후 커피나 다방에 관한 논의, 특히 다방의 역사에 관한 접근은 "경성 다방 성쇠기"에 기대고 있는 경우가 많다.

근래 '국가유산청'으로 명칭을 바꿨지만 '문화재청'에서 나온 커피의 보급과 다방의 출현에 관한 글 "다방, 100년 전 커피 한 잔의 추억을 더듬다" 역시 마찬가지다. 다방은 일본인이 거주하였던 남촌에 먼저 등장했는데, 1923년경에 충무로 3가의 '후타미二見'와 충무로 2가의 '금강산'의 등장이 대표적이라고 했다. 또 조선인이 처음 창업한 다방은 1927년 봄에 영화감독 이경손이 종로구 관훈동에 개업한 카카듀이고, 이어 1929년경에 심영이 일본 미술학교 도안과를 졸업한 김인규와 함께 지금의 종로 2가에 멕시코를 열었다고 했다. 이처럼 문화재청에서 나온 글은 "경성 다방 성쇠기"를 참고하고 있으며 특히 다방의 역사에 관해서는 많은 부분이 겹친다.

한편 커피나 다방에 관한 자료가 새롭게 발굴됨에 따라 "경성 다방 성쇠기"와 그것을 참고로 한 문화재청의 논의가 정확하지 않다는 주장 역시 제기되었다. 근래 커피를 즐겨 마시는 사람이 늘고 마니아층이 형성됨에 따라 커피의 식감, 종류와 함께 역사에도 관심을 가지면서 나타난 현상으로 보인다. 그런데 아쉬운 점은 정확하지 않다는 주장이 최초로 개업한 다방에 집중되어 시기적으로 앞서 문을 연 다방을 밝히는 데 치중하고 있다는 점이다.

시기적으로 먼저 개점한 다방이 있었다는 주장은 1932년 3월 발행된 일본어 잡지 〈조선공론朝鮮公論〉에 근거를 둔다. 거기에는 이미 1920년 본정 2정목에 '다리야끽다점ダリア喫茶店'이 개업하고 있었다는 기사가 실려 있다. 다리야끽다점은 주로 일본의 전통과자를 팔다가 나중에는 커피도 판매했다. 심지어 인명 기록을 참고하면 개업 시기가 1917년으로 더 빠르다고 했다.

그런데 관심은 다시 다리야끽다점보다 먼저 문을 연 다방을 밝히는 데로 모아졌다. 1909년 11월 3일 〈황성신문〉에 실린 아래와 같은 짧은 기사는 '남대문정거장 끽다점'이라는 다방을 소개하고 있다.

다좌개설茶座開設
남대문정거장에는 1일부터 끽다점을 개설하얏다더라.

인용된 기사에는 남대문정거장 끽다점이 1909년 11월 1일에 개설했다고 되어 있다. 남대문정거장은 1900년 10평 남짓한 2층의 목조 건물로 세워져 1925년 경성역이 신축될 때까지 경성의 관문 역할을 했던 정거장이다. 남대문정거장 끽다점 사진을 보면 입구에는 한자로 끽다점이라고 표기된 간판이 보이고, 내부에는 하얀색 식탁보에 덮여 있는 식탁이 눈에 띈다.

다리야끽다점이나 남대문정거장 끽다점이 먼저 영업을 했다면 "경성 다방 성쇠기"에서 후타미와 금강산을 경성에 처음 문을 연 끽다점

南大門驛構內喫茶店內部

南大門驛喫茶店

◇ 남대문정거장 끽다점의 내부와 외관.
《조선철도여행안내》,
조선총독부 철도국, 1915.

이라고 했던 언급은 오류가 된다. 가장 먼저 문을 연 다방이라는 질문
에서 시작해 남대문정거장 끽다점까지 찾아보았으나 그렇게 계속 시
간을 거슬러 올라가다 보면 '고종'과 '손탁호텔The Sontag Hotel'을 만날지
도 모르겠다.

그런데 고종과 손탁호텔까지 거슬러 올라가 최초의 커피나 다방을
찾는다고 해도 여전히 문제는 남을 것이다. 고종이 러시아공사관에서
처음 커피 맛을 보기 전에 조선에 커피가 유입되어 있었다는 자료는
이미 확인되었다. 또 손탁호텔의 주인 '손탁Sontag, A.'이 고종, 명성황후
등과의 교류를 계기로 조선의 독립을 위해 애썼다고 하는 주장에도
과장과 미화가 섞여 있다는 논의 역시 이루어진 바 있다.

설령 다리야끽다점이나 남대문정거장 끽다점이 먼저 개업을 했다고 하더라도 후타미와 금강산이 조선에서 가장 먼저 문을 연 다방이라고 언급했던 "경성 다방 성쇠기"의 내용을 완전한 오류라고 보기는 힘들다. 나아가 후타미와 금강산보다 먼저 문을 연 다방, 혹은 다리야끽다점과 남대문정거장 끽다점보다 먼저 개업을 한 다방을 찾는 논의가 그다지 생산적으로 보이지 않는다.

이 문제에 온전히 접근하기 위해 "경성 다방 성쇠기"에서 최초로 문을 열었다고 한 후타미와 금강산의 개업 상황부터 살펴보겠다. 문화재청에서 발행한 "다방, 100년 전 커피 한 잔의 추억을 더듬다"에는 다방은 커피가 들어오면서 출현한 근대 공간이며, 그 대표라고 할 수 있는 후타미와 금강산 모두 1923년에 문을 열었다고 했다. 먼저 사실 관계의 오류부터 바로잡아보자.

◇ 후타미의 개업 광고.
〈게이조닛포〉 1926.8.22.

조선에서 발행되던 일본어 신문 〈게이조닛포京城日報〉에 실린 광고를 보면 "개업 어피로開業御披露"라는 제목으로 후타미가 본정 3정목에서 8월 22일 개업한다고 되어 있다. 1923년에 문을 열었다는 논의와는 달리 후타미가 1926년 8월 개업했음을 말해준다. 또 한 가지 주목해야 할 사실은 광고 중간의 네모 안에 '東京式喫茶店',

곧 '도쿄식 끽다점'을 내세우고 있다는 점이다.

후타미가 도쿄식 끽다점 대신 '순끽다점'을 내세운 광고 역시 1927년 12월 조선에서 발행되던 일본어 신문인 〈조센신분朝鮮新聞〉에 실려 있다.

순끽다점純喫茶店

시내 본정 3정목의 유명한 순끽다점 '후타미'의 주인 요시카와吉川 씨는 세이요칸精養軒에서 근무를 했던 인물로, 맛있는 커피, 서양과자, 샌드위치와 함께 칵테일 등을 제공하고 있다. 이곳은 부인모임을 비롯한 단체모임에 최적의 장소라고 해 큰 인기를 얻고 있는데, 특히 연말을 맞아 인기를 유지하기 위해 애쓰고 있다.

광고는 후타미를 커피뿐만 아니라 서양과자, 샌드위치, 칵테일 등을 판매하고 연말에는 부인모임을 비롯한 단체모임을 하기에 좋은 공간으로 소개한다. 특히 주인이 '세이요칸精養軒'에서 근무를 했음을 강조하고 있다. 세이요칸은 근대 초기 일본에서 가장 유명한 서양요리점 중 하나로, 나쓰메 소세키夏目漱石, 모리 오가이森鷗外 등도 방문을 했다고 한다. 지금도 도쿄 우에노上野에서 영업을 하고 있다. 광고에서 눈에 띄는 것은 제목과 본문에서 거듭 순끽다점임을 강조한다는 것이다.

개업 시기가 정확하지 않은 것은 후타미뿐만 아니라 금강산도 마찬가지다. 당시 조선인에게는 금강산이 후타미보다 더 많이 알려져 있었다. 1928년 8월 〈매일신보〉에는 "본정통에서 가장 역사가 오래인 귀옥에서는 이번에 새로히 금강산이라는 끽다점을 신설하고 금일부터 맛잇는 다과를 판다"는 기사가 실렸다.

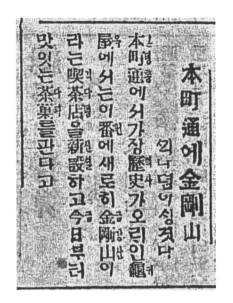

◇ 끽다점 금강산의 개업 광고.
〈매일신보〉1928.8.1.

◇ 금강산의 광고지.

　귀옥은 앞서 살펴본 대로 일본어로 '가메야'라고 하는 곳으로, "본
정에서 가장 역사가 오래되었다"는 기사처럼 이전부터 주로 일본 전
통과자를 팔던 곳이다. 이후 서양과자나 결혼, 생일 케이크 등도 판매
했다. 그곳에 커피와 차를 판매하는 끽다점 금강산을 신설했다는 것
이니 금강산이 문을 연 것도 1923년이 아니라 1928년 8월이었음을
알 수 있다. 또 다른 광고지를 참고하면 가메야에서는 주로 만주, 시루
코しるこ, 요깡羊羹, 센베이煎餅 등을 팔았으며 금강산이 끽다부로 따로
운영되었다는 것을 알 수 있다. 여기서 시루코는 단팥죽, 요깡은 양갱,
센베이는 전병 정도로 이해하면 되겠다.
　1923년에 문을 열었다고 알려졌던 후타미와 금강산이 그보다 뒤인 1926년, 1928년에 개업했으니 다리야나 남대문정거장 끽다점이 먼저 문을 연 것을 더욱 분명하게 뒷받침하는 근거가 될 수도 있겠다. 하지만 1926년, 1928년에 개업했다는 사실이 후타미와 금강산이 경성에서 가장 먼저 문을 연 다방이라는 데 크게 영향을 주지는 못한다.

종로에서 조선인이 운영했던 카카듀는 1928년 9월, 멕시코는 1929년 11월에 개업을 했음을 확인했고 뽄아미와 제비가 문을 연 것은 각각 1932년과 1933년이었다. 대부분의 다방이 1920년대 후반에서 1930년대 초에 개업했다는 것인데 후타미와 금강산을 포함해도 크게 달라지지 않는다. 이들이 경성, 나아가 조선에 문을 연 다방들의 선구적 역할을 했다면 1920년대 후반에서 1930년대 초에 커피나 다방이 정착하는 데 어떤 계기가 있었음을 의미한다. 그렇다면 1, 2년의 시간적 선후 관계를 따지는 것보다 그 계기가 무엇인지를 밝히는 것이 중요하지 않을까?

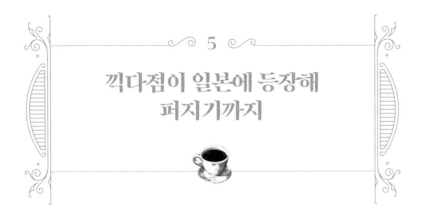

# 5

# 끽다점이 일본에 등장해
# 퍼지기까지

비슷한 시기 경성에 후타미, 금강산, 카카듀 등의 다방이 등장한 계기를 파악하기 위해서는 일본에 다방이 정착되는 과정을 살펴볼 필요가 있다. 일본에서 처음으로 커피를 전문적으로 판매했던 것은 1888년 도쿄 우에노 구로몬黑門에서 문을 연 '가히사칸可否茶館'이었다. 창업자는 외무성 관리였던 중국인 '정영경鄭永慶'이었다. 가히사칸은 당시로는 드물게 당구장, 카드게임장, 크리켓장 등 최첨단 시설을 갖추고 있었다. 영업 당시 가히사칸의 내부를 그린 그림을 보면 다양한 조명, 식탁과 함께 당구대가 눈에 띈다. 그런데 정작 일본에 커피가 정착되기 전이라서 찾는 손님이 적었던지 가히사칸은 4년 만에 문을 닫고 말았다. 지금은 건물은 사라지고 사진과 같이 '일본 최초의 끽다점'을 기념하는 팻말만 자그마하게 서 있어 조금은 쓸쓸한 분위기가 흐른다.

◇ 가히사칸의 내부를
  그린 그림.

가히사칸이 문을 닫은 이후 커피를 판매했던 곳은 제과점과 백화점 식당 등이었다. 전자로는 명치제과, '아오키도靑木堂'가 유명했고, 후자를 대표하는 곳은 미쓰코시백화점에 위치한 식당이었다. 이들은 경성에도 지점을 두었다. 하지만 여기서 가히사칸 이후 커피를 판매했던 명치제과, 아오키도, 미쓰코시백화점은 도쿄에 있던 본점을 가리킨다. 이들은 고급과자나 빵, 서양요리 등과 함께 커피를 판매했다. 하지만 커피의 맛과 향 역시 뛰어나 커피를 마시기 위해 방문하는 손님이 더 많을 정도였다.

일본에서는 제과점이나 백화점 식당에서 커피를 판매했던 공간을 '깃샤텐喫茶店'이나 '깃샤시쓰喫茶室'라고 불렀다. 앞서 경성의 다방을 끽다점이라고 불렀던 것도 여기에 따른 것이다. 그런데 엄밀하게 접근하면 일본에서 깃샤텐은

◇ 가히사칸이 있던 위치에
  세워진 기념 팻말.

◇ 개업 당시 카페 프란단의
내부 모습.

시기에 따라 두 가지 유형으로 구분된다. 먼저 19세기 말까지는 앞서 살펴본 것처럼 제과점이나 백화점 식당에서 커피나 차를 판매했던 공간을 그렇게 불렀다.

그런데 20세기에 들어서면서 '카페カフェー'가 커피를 마실 수 있는 새로운 공간으로 등장했다. 1911년 3월 도쿄 긴자銀座에 처음 카페라는 이름을 달고 개업한 곳은 '카페 프란단カフェー・プランタン'이었다. 곧이어 '카페 라이온カフェー・ライオン'이 문을 열었다. 같은 해 11월에는 '카페 파울리스타カフェー・パウリスタ'가 개업을 한다. 당시까지 일본의 카페는 유럽과 마찬가지로 예술가를 주요 고객으로 한 모던한 문화공간이라는 성격이 강했다.

그런데 이후 카페 프란단, 카페 라이온, 카페 파울리스타가 걸었던 길이 달랐다. 카페 프란단과 카페 라이온은 개업 때부터 서양요리와 함께 술도 취급했으며 서빙을 담당하는 여급도 두었다. 사실 '웨이트리스waitress'를 '여급'이라는 말로 번역해 정착시킨 것 역시 앞선 두 카페였다. 이에 반해 카페 파울리스타는 커피를 대표 메뉴로 했으며 서

빙도 남성 종업원이 담당했다. 거기다가 브라질 상파울루의 관청과 계약을 통해 양질의 커피를 저렴한 가격에 제공받았다.

　이에 따라 카페 파울리스타를 찾는 손님들도 맛과 향이 좋은 커피를 싼 가격에 즐길 수 있었다. 또 여급을 두지 않았기 때문에 커피나 음식값보다 더 들었던 팁도 신경을 쓸 필요가 없었다. 카페 파울리스타가 깃샤텐을 표방하고 홋카이도北海道에서 규슈九州까지 체인점을 운영할 수 있었던 것도 같은 이유 때문이다. 가격도 가격이지만 맛과 향이 좋은 커피를 마시기 위해 카페 파울리스타를 찾았던 문인도 많았다. 대표적인 인물이《라쇼몬羅生門》,《코鼻》등의 소설로 유명한 아쿠타가와 류노스케芥川龍之介,《진주부인真珠婦人》,〈무명작가의 일기無名

◇ 1910년대 카페 파울리스타의 광고.
　'브라질 커피'와 '커피시럽' 두 종류만을 광고한 것이 눈에 띈다.

作家の日記》로 알려진 기쿠치 칸菊池寬 등이었다.

그런데 조금은 뜻밖의 문인도 파울리스타와 접점을 가지고 있었다. 《감자》의 작가 김동인이다. 김동인은 1914년 15세의 어린 나이로 도쿄에 가서 6년 남짓한 유학 생활을 시작했다. 1918년 12월 25일 그는 도쿄 혼고本郷의 하숙방에서 주요한과 이야기를 나누고 있었다. 주요한은 부잣집 도련님 김동인에게 동인지 발행을 권했다. 정확히는 잡지 발행에 필요한 돈을 대라고 꼬드겼다. 잡지를 발행하려면 큰돈이 드는 줄 알았던 김동인에게 주요한이 200원 정도만 있으면 충분하다고 하자 김동인은 동인지 발행에 흔쾌히 찬성한다. 그때 두 사람의 대화를 통해 발행된 잡지가 최초의 문예동인지 〈창조〉였다.

전영택, 최승만, 김환 등을 동인으로 하자는 등 잡지 발행에 대한 이야기는 밤늦게까지 이어졌다. 잠을 쫓기 위해서였는지 그날 밤 김동인과 주요한 앞에는 커피가 놓여 있었다. 그 커피가 바로 김동인이 파울리스타에서 구입한 커피였다. 마침 그날 도쿄의 청년회관에서 도쿄유학생들의 모임이 있었고 김동인이 모임을 마치고 하숙으로 향하다 파울리스타에 들러 구입한 것이었다. 그러니 조금 과장해서 말하자면 파울리스타 커피가 동인지 〈창조〉가 탄생하는 순간을 같이한 것이라고 할 수 있겠다.

1910년대 개업 당시의 카페 파울리스타 간판을 보면 브라질 상파울루 정부 전속 커피점이라는 자랑 섞인 문구가 가득하다. 파울리스타는 지금도 도쿄 긴자에서 영업을 이어가고 있다. 110년이 넘는 역사를 지닌 파울리스타에서 커피를 맛보는 것은 흥미로운 일이다. 일본의 커피숍에서 파는 커피가 대개 신맛이 강한 데 비해 파울리스타

◇ 개업 당시의 카페 파울리스타.　　◇ 현재 도쿄 긴자에 위치한 카페 파울리스타.

의 커피는 쓴맛이 많이 났다.

　다시 일본에서 끽다점이 등장하는 순간으로 돌아가보자. 카페 파울리스타가 여급을 두지 않고 맛있는 커피를 제공하려 애를 썼지만 카페의 전반적인 분위기는 그와는 다른 방향으로 나아갔다. 1924년 문을 연 '카페 타이거カフェー・タイガー'에서는 기모노 차림의 여급들이 짙은 화장을 하고 손님들에게 스킨십도 제공하기 시작했다. 비슷한 시기 카페는 일본 전국으로 퍼져나갔다. 그들은 유럽의 카페나 일본에 문을 연 초기의 카페와는 다른 모습을 보였다. 일본에서는 1920년대 후반 '에로, 그로, 난센스エロ, グロ, ナンセンス'라는 말이 등장해 유행하기 시작했다. 상식을 벗어나는 선정성과 엽기성 정도를 뜻하는 말이다. 여급의 에로틱한 서비스와 고객이 지불하는 팁이 교환되는 카페 역시

◇ 여성의 선정적인 모습을
  강조한 카페 광고.
  《다이쇼쇼와 레트로지라시
  大正昭和レトロチラシ》,
  靑幻舍, 2020.

◇ 아이들과 부인을 환영하며
  술은 팔지 않는다는
  끽다점 금강산의 광고.
  〈동아일보〉 1928.8.28.

그 대표적인 공간으로 자리 잡았다.

카페가 술과 함께 에로틱한 서비스를 제공하는 공간으로 변질됨에 따라 커피를 마시기 위해 카페에 방문했던 사람들은 새로운 공간을 찾게 되었다. 1920년대 중반 이후 등장한 깃샤텐은 음악이 흐르는 분위기에서 맛과 향이 뛰어난 커피를 마실 수 있는 곳이었다. 그런 의미에서 일본에서 제과점과 백화점 식당의 형태 이후 깃샤텐의 선구는 카페 파울리스타였다고 할 수 있을 것이다.

1920년대 후반에 들어서는 그런 곳에 '준純'을 붙여 '준킷샤텐', 곧 순끽다점이라고 불렀다. 여기서 '순'이라는 접두어는 여급의 선정적 서비스 없이 커피를 마시면서 음악을 듣는 곳임을 강조한 것이다. 1926년 본정에 개업한 후타미의 광고 역시 순끽다점, 도쿄식 끽다점을 의도적으로 강조하고 있다. 광고에서 강조한 '도쿄식'이라는 수식어 역시 '순'이 강조하려 했던 것, 곧 여급의 선정적 서비스에서 자유롭다는 의미와 크게 다르지 않았다.

"경성 다방 성쇠기"에서 후타미와 함께 언급되었던 끽다점 금강산의 광고를 살펴보면 '주류는 전혀 없으며 아이들과 부인들을 환영한다'고 쓰여 있다. 술과 함께 여급들의 에로틱한 서비스를 제공하는 곳이 되면서 가족 손님이 더 이상 카페를 찾지 않게 되었다는 점을 고려하면 이 광고가 말하려 했던 바 역시 '순끽다점', '도쿄식 끽다점'이라는 후타미의 그것과 다르지 않을 것이다.

1936년 3월 〈동아일보〉에 실린 "춘일수상"이라는 글 역시 이 문제를 해명하는 데 도움을 준다.

> 서울 올 때마다 눈에 뜨이는 것은 다방의 발전이다. 그 양적 발전뿐만 아니라 장치나 음악도 여간 고급화되지 안앗다. 6, 7년 전만 해도 서울에 순끽다점으로 변변한 것이 업서 동경서 끽다 취미가 잇던 학생의 불만이 되었는데 그때와 비교하면 급속도의 발전이다.

6, 7년 전, 곧 1920년대 말에는 경성에 제대로 된 순끽다점이 없어서 일본에서 끽다 취미가 있던 학생들이 불만이 많았다고 한다. 이는 거꾸로 경성에 순끽다점, 곧 다방이 들어선 것이 1920년대 말이라는 언급이기도 하다. 앞서 개업 시기의 선후에도 불구하고 "경성 다방 성쇠기"에서 꼽은 곳들이 다방의 선구적인 역할을 했다고 본 이유 역시 다르지 않다.

# 6
## 고독한 꿈이
## 악수를 청하는 공간

그렇다면 "경성 다방 성쇠기"에서 언급된 다방의 커피 맛은 어땠을까? '순'이나 '도쿄식'이라는 수식어에 어울리게 맛과 향이 좋았을까? 안타깝게도 그렇지는 않았던 것 같다. 채만식은 앞선 "다방찬"이라는 글에서 당시 경성에 자리 잡은 다방의 커피 맛에 대해 아래와 같이 언급하고 있다.

도대체 서울 안의 그 수태 많은 다방치고, 다방의 차로는 중심인 커피한 잔을 제 맛이 나게 끓여주는 집이 드물다. ……중략…… 도무지 힝기레밍그레한 게 맹물 쉼직한 것을 명색 커피라고 마시고 지내는 오늘날의 다방 인종인 내가 나를 두고 생각해도 가엾은 노릇이다.

◇ 이상이 그린 낙랑파라의 모습.
　박태원, 《소설가 구보 씨의 일일》, 〈조선중앙일보〉 1934.8.15.

　경성의 그렇게 많은 다방에서 내오는 커피의 맛이 '힝기레밍그레
한 게 맹물 쉼직한 맛'에서 벗어나지 못한다고 했다. 힝기레밍그레한
게 맹물 쉼직한 맛이 어떤 맛인지 정확하게 모르겠지만 어쨌든 썩 맛
있을 것 같지는 않다.

　이태준이 소설 《장마》에서 언급한 커피 맛 역시 그리 호의적이지
않다. 혼자 '낙랑파라'에 들른 '나'는 주문한 커피가 나오자 잔에 군물
이 도는 것이 구미가 당기지 않는다며 마시기를 망설인다. 그러고는
경성의 다방에서 원료부터 조리까지 학적 양심을 가지고 끓여놓은 커
피를 한번 마셔보고 싶다고 한다.

　이름난 다방에서조차 커피 맛이 없었던 이유는 당시 커피를 추출
하는 데 사용했던 방식과 관련되는 것으로 보인다. 식민지 시대에 커
피를 조리하는 방식은 크게 세 가지로 나뉘었다. 첫 번째는 가루 커피
를 사서 끓는 물에 타는 방식이다. 지금도 있는 조리 방식인데 당시에

도 제대로 된 커피 맛을 내지 못한다고 권하지 않는다. 두 번째는 커피에 끓는 물을 붓고 잠깐 뚜껑을 덮어 찌는 듯 조리하는 방식이다. 소위 '우려내기법infusion'인데, 많이 이용되지는 않았다. 나머지 하나는 잘게 쪼갠 원두와 물을 같이 넣고 끓이는 방식으로 '달임법decoction'이라고 한다. 식민지 시대에 대부분의 다방에서 사용했던 방식은 원두와 물을 같이 넣고 끓이는 방식이었다. 길게는 20~30분 정도 원두를 물에 넣고 끓였다고 하니 커피의 제대로 된 맛을 내기 힘들었을 것이다. 다방 제비에서도 수영이 커피와 홍차를 담은 주전자 둘을 불 위에 올려놓고 푹 끓여내는 방식을 사용했다.

한 가지 흥미로운 사실은 커피를 마시는 사람들도 제대로 된 커피 맛을 모르기는 매한가지였다는 것이다. 이무영의 소설 《먼동이 틀 때》에는 숙정이 수영, 인화와 함께 본정 G그릴로 점심을 먹으러 가는 장면이 나온다. 숙정은 예전에 갔던 H그릴은 커피가 맛없어 다 마시지도 않고 나왔다고 너스레를 떤다. 그러자 수영은 숙정에게 커피 맛을 아느냐며 자신은 커피 맛이 좋고 나쁜 것을 모른다고 말한다. 옆에 있던 인화가 자기도 그렇다고 하자 숙정 역시 사실 자신도 커피 맛을 잘 모른다고 실토한다.

이와 관련해 채만식, 유진오 등은 주목할 만한 얘기를 한 바 있다. 채만식은 "다방찬"에서 커피를 마시는 공간을 '다방'과 '커피를 파는 가게' 둘로 나눌 수 있다고 했다. 이어 미쓰코시백화점 식당이나 명치제과는 커피가 아무리 맛있더라도 커피를 파는 가게이지 다방은 아니라고 한다. 유진오도 1938년 6월 잡지 〈조광〉에 발표한 "현대적 다방이란?"이라는 글에서 다방을 둘로 나누어 설명한다. 하나는 '커피를 파는 끽다점'이고, 다른 하나는 '커피를 마시는 기분을 파는 끽다점'이라는 것이다. 후자에 들어가면 담배 연기 가득한 가운데 베토벤과 모차르트의 음악이 흐른다고도 했다. 그러고는 커피를 마시는 기분을 파는 가게만이 본격적인 끽다점이라고 한다. 정말 다방은 그냥 '커피만 파는 가게'가 아니라 '커피를 마시는 기분을 파는 곳'이어야 한다는 것이다.

일본에서 순끽다점, 도쿄식 끽다점이라는 이름을 통해 거리를 두려고 했던 것은 술과 함께 여급의 에로틱한 서비스가 제공되는 '에로, 그로, 난센스'의 공간이었다. 그래서 순끽다점, 도쿄식 끽다점은 음악을 들으며 맛과 향이 좋은 커피를 즐기는 곳을 뜻했다. 그런데 앞선 글들을 고려하면 식민지 조선에서 다방의 가장 중요한 기준은 '커피를 마시는 기분'을 느낄 수 있는 것이었다. 아무리 맛과 향이 뛰어나더라도 과자나 요리를 주로 파는 데서 구색을 맞추기 위해 커피도 제공하는 경우 다방이라고 부르기를 꺼렸다.

이를 통해 후타미, 금강산이나 멕시코, 낙랑파라 등을 찾았던 손님들이 맛과 향이 좋은 커피를 마시기 위해서만 그곳을 찾았던 것이 아니었음을 알 수 있다. 그들은 굳이 언제 만나자고 약속을 하지 않았더라도 거의 매일 다방을 찾았다. 그곳에서 아는 얼굴들을 만나면 반갑게 서로의 안부를 묻고 몇 시간씩 대화를 나누었다. 설사 아는 얼굴을 못 만나더라도 운이 좋으면 자신이 좋아하는 음악이 혹 운이 좋지 않으면 모르는 음악이 그들에게 위로와 휴식을 선물했다.

이상의 수필은 식민지 시대 다방이 어떤 의미를 지닌 공간이었는지 잘 보여준다. 이상은 먼저 식민지 조선에서 다방은 현실을 벗어나게 해주는 꿈의 공간임을 환기했다. 꿈조차 고독하면 그것은 정말 외로운 일이라며, 다방은 고독한 꿈이 다른 고독한 꿈에게 악수를 청하는 공간이라고 표현했다. 이태준의 표현을 빌리면 당시 다방을 즐겨 찾는 이들은 '특별한 사무적 소속이 없는 사람들'이었다. 더 정확하게 말하면 그들은 일본의 식민지라는 억압 아래에서 변변한 직장을 가지지도 못했고 또 가질 가능성도 없는 인물들이었다. 그럼에도 가족들은 그들을 고단하고 강퍅한 삶에서 벗어나게 해줄 존재로 여긴다.

이상은 다방을 그렇듯 고단하고 암담한 현실에서 고독한 꿈이 다른 꿈들에게 인사를 건네는 공간이라고 한 것이다. 이어서 다음과 같은 언급을 덧붙인다.

그리고 저마다 별도의 의미로 천진한 꿈을 꾼다. 그리고 물건을 잃고 돌아간다. 그런 점에서 순수하고 좋으며, 그윽한 매력이 되어 언제까지나 좋아진다고 생각한다.

다방을 찾아 10전짜리 커피 한 잔을 시켜놓고 하루를 소일하는 그들이 서로에게 현실적 도움을 줄 가능성은 없다. 그럴지라도 고독한 꿈이 다른 꿈들에게 위안을 받아 천진한 꿈을 이어갈 수 있는 곳, 다시 말해 다방은 꿈들이 서로에게 위로를 주는 공간이라는 것이다.

이 장의 서두에 살펴본 이용악의 시 〈다방〉은 유연히 조화된 분위기 속에서 기약 없는 여정을 반성해보자는 구절로 마무리된다. 기약 없는 삶이지만 이야기를 나누는 과정에 다시 한번 여정에 오를 마음을 가다듬는 공간이라는 데서 이용악이 노래한 다방의 의미 역시 이상의 그것과 다르지 않다. 모진 추위에 몸을 움츠리고 종종걸음을 걷다가 다방 문을 열고 들어가면 따뜻한 커피와 포근한 자리가 반긴다는 채만식의 언급 역시 마찬가지의 의미일 것이다.

지금도 그런지 모르겠지만 얼마 전에 유행했던 말로 '병맛'이라는 것이 있다. 처음 병맛은 '딱히 좋지 않은', '특별한 무엇이 없는' 등의 부정적 의미로 사용되었다. 그러다가 '그렇기는 하지만 묘한 매력을 지니는', '정확하게 표현하기는 힘들지만 마음이 끌리는'이라는 의미를 얻기도 했다. 그러니까 별로 좋지는 않은데 묘한 매력이 있다는 뜻일 것이다.

커피에 대한 생각을 거듭하다가 어쩌면 식민지 시대 다방을 찾았던 사람들에게 커피는 '병맛' 같은 것이 아니었을까 하는 엉뚱한 생각이 들었다. '힝기레밍그레한 게 맹물 쉼직한 맛'이 나고, '군물이 도는 것이 썩 구미가 당기지 않는 맛'이지만, 묘한 매력에 마음이 끌리는 그런 음료. 거기에는 고독한 꿈이 다른 꿈들과 위로를 나누었던 다방이라는 공간 역시 크게 작용했을 것이다. 종일 죽치고 있으니 사회적 소속이 없는 서로의 처지를 의식하고 불편함도 느꼈겠지만, 그래도 다방에 들르지 않으면 또 커피를 마시지 않으면 뭔가 하루가 허전하지 않았을까?

# 맛있는 커피를 사는 법,
# 커피를 맛있게 끓이는 법

1920~1930년대 커피와 관련된 두 개의 글을 소개하겠다. 하나는 〈조선중앙일보〉에 실린 맛있는 커피를 구매하는 법이고, 다른 하나는 〈중외일보〉에 실린 커피를 맛있게 끓이는 법이다.

---

**커피 맛잇게 끌이는 비결, 〈조선중앙일보〉 1933.12.22.**

커피를 사실 때에는, 반드시 식료품 상점 가튼 데서 빤 것을 —즉 가루로 맨든 것을 구하시는 것이 좃습니다. 커피의 종류로는 모카, 쟈바, 싼토스, 코나 등이 잇는데 가정에서는 모카와 쟈바를 반반 석거서 빤 것이 좃코, 만약 좀 진하고 쓴 커피를 조타하시는 분은, 쟈바 7푼, 모카 3푼 비례로 석거서 잡숫는 것이 좃습니다.

---

먼저 "커피 맛잇게 끌이는 비결"은 제목과 달리 커피를 구매하는 데 도움을 준다. 커피를 살 때는 식료품점에서 빻아놓은 것을 구하는 것이 좋다고 했는데, 당시에는 원두를 가는 기계가 흔하지 않았음을 알 수 있다. 커피의 종류로는 모카, 자바, 산토스, 코나 등이 있는데 그중 모카와 자바를 권한다. 당시에도 지금 즐겨 마시는 커피들을 구매할 수 있었다는 사실이 흥미롭다.

> **겨울밤에 더욱 조흔 맛 조흔 차 끌히는 법, 〈중외일보〉 1926.12.22.**
>
> 커피를 맨들 때에 특별히 주의할 일은 향긔로운 내음새를 일치 안
> 토록 할 것이니 먼저 주전자에 물을 끌혀 가지고 가령 차 다섯 잔
> 을 맨들고저 하거든 '알미눔'으로 맨든 다른 주전자에 끌힌 물 여
> 섯 잔을 두고 커피 한 잔을 너흔 후 뚜껑을 덥고 다시 끌힙니다. 얼
> 마 아니하면 차가 끌키 시작하야 커피가 둥둥 떠 돌도록 끌키를
> 약 30분 한 뒤에 불에서 나려가지고 설탕을 죡음 너흡니다.

〈중외일보〉에 실린 "겨울밤에 더욱 조흔 맛 조흔 차 끌히는 법"은 '집에
서 끓이는 커피는 맛이 없다는 핀잔을 듣는데 왜 그럴까?' 하는 질문으로
시작한다. 그러고는 커피는 향을 간직하게 끓여야 한다며, 여러 잔의 커피
를 끓일 경우 한 잔씩 끓일 것을 권한다. 그런데 정작 끓이는 방법이 달임
법인 데다가 30분이나 끓이라고 해 기사대로 하면 정말 맛있는 커피를 마
실 수 있었는지는 의문이다.

# 2장

# 만주

김이 무럭무럭 나는 놈을

뭉턱뭉턱 베어 먹었더니

김이 무럭무럭 나는 놈을 집어 들어 뭉턱뭉턱 베무러 먹는다.

요사이 5전짜리 만주야 무리를 안 하더라도

장 서방 입에는 두 번에 뼈르면 그만이다.

저의 목아치 두 개를 네 입에 벌러서 훌딱 먹고 나니,

장 서방은 허무하기 짝이 업는 모양이다.

박태원, 《이발소》,
〈매신사진순보〉 294호, 1942.8.11.

# 1
# 고학생의
# 궤짝 속 만주

커피, 초콜릿, 멜론 등 이 책에서 다루는 다른 디저트는 지금도 즐겨 마시거나 먹는 것이다. 군고구마, 호떡, 빙수 등도 겨울이나 여름에 한정되기는 해도 낯선 간식은 아니다. 그런데 이 장에서 다룰 만주는 그렇지 않은 것 같다. 드물게 '○○만주'라고 전철역에서 팔기는 하지만 생소하기는 마찬가지다. 만주는 일본의 전통 과자 중 하나다. 그럼 '일본에서 전해진 거구나!' 하고 넘어가면 될 것 같은데, 간단치 않은 건 만주가 우리가 즐겨 먹는 만두와 사촌 지간 정도 된다는 사실 때문이다. 이 장에서는 만주가 어떤 디저트이고 어떻게 조선에 유입되었는지 살펴보려 한다.

만주는 지금은 생소하지만 식민지 시대 소설에는 자주 등장한다. 박영희는 1926년 11월 잡지 〈조선지광〉에 《지옥순례》라는 소설을 발표했다. 박영희는 식민지 시대에 예술을 현실의 변혁을 꾀하는 도구라고 주장했던 카프KAPF, 즉 '조선프롤레타리아예술동맹'의 대표적인 작가였다.《지옥순례》역시 작가가 몸담은 조직의 지향과 어울리게 도시 빈민의 어둡고 고단한 삶을 그리고 있다. 어둡고 무거운 제목도 마찬가지로 이러한 소설의 주제를 잘 드러낸다.

《지옥순례》의 초점은 경성 도심에서 떨어진 C동에 살고 있는 칠성이네 가족에게 놓여 있다. C동은 빈민들이 움집을 짓고 겨우 생계를 이어가는 곳이었다. 관청에서는 그마저 미관을 해친다며 철거 명령을 내린다. 한 집, 두 집 C동을 떠나지만 칠성이네는 갈 곳이 없어 계속 눌러 살고 있었다. 이틀을 굶은 칠성이와 아내의 칭얼거림에 칠성이 아버지 진달은 도둑질이라도 할 요량으로 마을로 향한다. 마침 그런 그의 귀에 "만주노 호야호야!"라는 만주 장수의 외침이 들려온다. 진달은 장사 아이에게 따뜻한지 물어보고는 궤짝에서 만주 세 개를 빼앗다시피 꺼내 입에다 쑤셔넣었다.

열대여섯 살 먹은 만주 장수는 뭔가 이상한 낌새를 느꼈던지 진달에게 돈을 내고 먹으라고 한다. 돈 한 푼 없이 만주를 먹던 진달은 난처함에 산 쪽으로 발걸음을 옮겼다. 만주 장수 아이는 뒤따르며 거듭 돈을 내라고 재촉한다. 도망치듯 산모퉁이까지 간 진달은 만주값을 내라는 아이를 주먹으로 때려서 죽이고 만다. 소설은 끔찍한 장면을 아래와 같이 그리고 있다.

진달은 또 다시 외마디 소리를 지르면서 달빛에 더운 피가 검붉게 흰 눈 위에 떨어지는 것과 마지막에 숨이 넘어갈 때에 뒤집어스던 그 눈망울이며, 그러나 마즈막 힘을 다해서 발길로 찰 때에 그만 집단 스러지드시 눈 위에 스러지는 꼴이 눈아페 어렴푸시 나타낫다.

다음 날 아침 진달이 겨우 정신을 추슬러보니 만주 장수 아이의 궤짝은 이미 땔감이 되었고 칠성이는 배가 고파 피 묻은 만주를 먹고 있다. 이윽고 만주 팔던 아이의 주검이 발견되고 칠성이 가족 모두 순사들에게 잡혀가는 것으로 소설은 마무리된다.

박영희의《지옥순례》는 내용이 너무 참혹해 소설이 제공하는 정보에 집중하기 어렵다. 그래도 소설을 꼼꼼히 들여다보면 만주에 대한 중요한 정보를 몇 가지 얻을 수 있다. 하나는 만주 장수가 따뜻한 만주를 궤짝에 넣고 팔러 다녔다는 것이다. 만주 장수가 외치고 다녔던 "만주노 호야호야!まんじゅうのほやほや!", 곧 "만주가 따끈따끈!"이라는 외침에서도 알 수 있다. 궤짝을 땔감으로 썼다는 것을 보면 나무로 된 궤짝을 메고 다녔던 것 같다. 다른 하나는 당시 사람들이 만주를 떡과 비슷한 음식으로 여겼다는 것이다. 소설에서 진달이 만주를 '떡'이라고 부르는 데서 이를 확인할 수 있다.

《지옥순례》는 만주 장수 아이의 비참한 죽음으로 마무리되어 독자에게 안타까움을 준다. 그런데 안타까움을 더하는 것은《지옥순례》의 내용이 단지 소설로 꾸며낸 것이 아니라는 데 있다. 실제 소설이 집필되기 직전인 1925년 12월 열세 살 된 '김성연'이라는 소년이 만주를 팔다가 피살되는 사건이 있었다. 당시 언론은 "참살된 고학생 김성연의 일생"이라는 특종 기사를 연재하는 등 관심을 가지고 사건을 보도했다.

◇ 늦은 밤 학생모를 쓴
고학생이 만주를 팔러
다니는 모습.
〈동아일보〉1939.2.5.

◇ 만주를 얼마 팔지 못해 걱정하는 만주 장수를
그린 삽화.
〈조선일보〉1930.3.29.

　그때 기사를 보면 김성연은 경상북도 상주에서 올라온 고학생으로
'한성강습소'에 입소하고 '갈돕회'에도 가입한 후 낮에는 공부하고 밤
에는 만주를 파는 생활을 했다고 한다. 갈돕회는 지방에서 경성으로
공부하러 온 학생들 가운데 형편이 여의치 않은 학생들이 만든 단체
였다. 살해를 한 양순돌은 뱀을 잡아 생계를 연명하던 사람으로 소설
처럼 돈도 없이 만주를 먹고 김성연을 산으로 끌고 가서 죽였다고 한
다. 심지어 김성연은 그날 만주 스무 개를 가지고 나갔는데, 궤짝에 네
개만 남아 있고 만주 판 돈은 하나도 없었다고 전하고 있다. 참으로 씁
쓸한 이야기다.

　식민지 시대 만주 장수를 그린 삽화를 보면 학생모를 쓴 만주 장수
가 달빛 아래를 걷고 있는 모습이 눈에 띈다. 아마도 고학생이 밤늦게
까지 만주를 팔러 다녔다는 것을 표현한 것 같다. 또 만주 장수가 쪼그
리고 앉아 그때까지 번 돈을 세고 있는 다른 삽화에서는 많이 팔지 못

했는지 얼굴에 어둠이 가득하다. 두 삽화에는 위에서 얘기한 것과 비슷한 나무 궤짝이 보인다.

다시 박영희의 《지옥순례》로 돌아가서 살펴보면 소설의 모티프가 되었던 실제 사건은 먼저 식민지 시대 고학생을 비롯한 빈민의 삶이 얼마나 힘들었는지를 말해준다. 특히 피살된 고학생 김성연이 만주를 팔다가 비극을 맞았다는 사실을 떠올려보면 식민지 시대에 고단한 삶을 살던 사람들이 만주 파는 일에 많이 종사했으며 나아가 만주를 사 먹는 이들도 적지 않았다는 것을 알 수 있다.

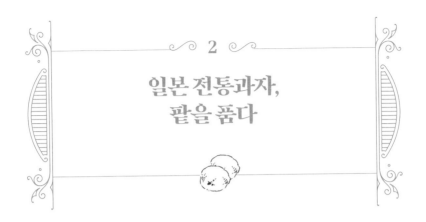

# 2
# 일본 전통과자,
# 팥을 품다

그런데 만주는 어떤 음식이었을까? 거칠게 정리하면 만주는 대표적인 일본 화과자和菓子, 곧 전통과자다. 화과자는 궁중에서 신에게 바치는 음식에서 유래해 왕족과 귀족 일부만이 먹을 수 있는 음식이었다. 이후 서민에게까지 파급되어 지역마다 특색 있는 화과자가 생산되었다. 일본에서 화과자는 건조의 정도에 따라 나마가시生菓子, 한나마가시半生菓子, 히가시干菓子 등으로 구분한다. 뒤쪽으로 갈수록 수분이 적은 것이다. 만주는 나마가시, 곧 수분을 많이 함유한 과자에 속한다. 만주 이외에 한국에 잘 알려진 화과자로는 떡과 비슷한 모찌餠, 달걀과 밀가루 반죽에 팥을 넣고 구운 도라야키どら焼き, 한천에 설탕과 물엿을 섞어 굳힌 요캉羊羹, 쌀가루나 밀가루 반죽을 얇게 밀어 구워낸 센베이煎餅 등이 있다.

만주라는 이름은 '만두饅頭'라는 한자를 일본식으로 '만쥬まんじゅう'라고 읽은 것이다. 만주는 원래 밀가루 반죽에 다양한 소를 넣고 찐 음식이었다. 만주의 소로는 고구마, 호박, 밤, 참깨 등도 사용했지만 가장 대표적인 것은 팥이었다. 오카다 데쓰岡田哲의《음식기원사전たべもの起源事典》을 참고하면 만주를 만드는 방법은 다음

◇ 팥을 소로 넣은 가장 일반적인 만주.

과 같다. 첫째, 밀가루는 고운 가루를 사용해야 한다. 둘째, 밀가루에 물과 감주甘酒를 넣어 반죽을 한다. 셋째, 반죽에 햇볕에서 발효한 팥을 넣고 가마솥에서 쪄낸다. 조리법을 보면 만들기가 그렇게 어렵지 않은 것 같다.

사실 만주는 요즘도 일본에 가면 어렵지 않게 맛볼 수 있다. 지금은 앞에 언급한 재료 말고도 젊은 사람의 입맛에 어울리는 초콜릿, 말차, 카레, 커스터드크림 등을 사용한다. 또 찌는 조리 방식 이외에 굽거나 튀기는 방식도 사용하고 있다. 팥소를 넣은 가장 일반적인 만주인 위 사진을 보면 '아, 이것!' 하는 독자도 많을 것이다.

만주가 일본의 전통과자를 대표한다는 사실은 나쓰메 소세키의 소설《갱부坑夫》에 등장하는 것을 통해서도 알 수 있다. 나쓰메 소세키는 일본 근대문학을 대표하는 작가로, 2024년 일본 화폐 디자인이 변경되기 전까지 1천 엔 지폐의 모델이기도 했다. 1908년 1월에서 4월

까지 〈아사히신문朝日新聞〉에 연재된 《갱부》는 《나는 고양이로소이다 吾輩は猫である》나 《도련님坊っちゃん》과 같이 유명한 소설은 아니지만 작가의 대표작 가운데 하나다. 중심인물 '나'는 삶에 회의를 느끼고 집을 떠난다. 그때 '나'의 마음속을 메우고 있던 생각은 '죽음'이었다. 하룻밤을 걸어 센주千住라는 곳에 이른 '나'는 솔밭 근처에서 찻집을 발견한다. 찻집에는 주인 여자와 함께 한 남자가 있었다. 남자는 지나치려는 '나'를 불러 세우고 일할 생각이 없는지 묻는다. 만주가 등장하는 것은 이 부분에서다.

> 정면에 막과자를 올려놓은 받침대가 있고 테두리가 떨어져 나간 과자 상자 옆에는 큼직한 접시가 있었다. 위에 파란 행주가 씌워져 있고 그 밑으로 동그란 아게만주가 비어져 나와 있었다. ……중략…… "만주 드시게? 아직 신선해요. 그제 막 튀긴 거니까요." 여주인은 어느새 쟁반을 다 닦고 과자 받침대 건너편에 서 있었다.

부르는 소리를 듣고 찻집으로 들어간 '나'는 남자의 얘기를 듣다가 한편에 있던 '아게만주揚げまんじゅう'를 보고 주문한다. 소설은 한 접시에 만주가 일곱 개 나왔는데, '나'가 두 개 먹는 동안 남자는 다섯 개나 먹었다고 한다. 뭔가 손해 보는 느낌에 '나'는 이후 두 접시를 더 시켜 서둘러 먹는다. 상황과 무관하게 경쟁하듯 만주를 먹는 두 사람의 모습은 웃음을 유발한다.

두 사람이 먹은 아게만주는 밀가루 반죽에 팥을 소로 넣은 만주였다. 만주를 만들 때 찌는 방식 이외에 굽거나 튀기는 방식도 사용했다고 했는데, 아게만주는 '튀긴 만주' 정도로 생각하면 되겠다. 소설에 등장한 만주는 그저께 만든 것인 데다가 모래투성이에 파리까지 들끓었다. 그런데도 세 접시나 시켜 경쟁하듯이 먹은 걸 보면 일본 사람들이 만주를 얼마나 좋아하는지 짐작할 수 있다.

'나'는 만주를 먹으면서 남자의 제안을 듣고는 죽으려던 계획을 보류한 채 일을 하러 떠난다. '나'가 죽으려던 각오를 미루고 갱부 일을 시작한 계기가 되었으니 《갱부》에서 만주의 역할이 작다고 할 수 없다. 소설에서 '나'가 남자를 따라 가서 갱부로 일했던 곳이 닛코日光의 아사오 구리광산足尾銅山이었다는 것도 흥미롭다. 아사오 광산은 1901년 12월 다나카 쇼조田中正造가 메이지천황에게 직소直訴하려던 사건으로 유명세를 탄 곳이다. '직소 사건'은 아사오 광산에서 유독 물질이 거듭 배출되자 지방의 지사였던 다나카 쇼조가 제국의회 개원식에서 참석하려던 천황 일행을 가로막고 직접 상황을 알리려 했던 일이다.

《갱부》에 등장한 만주 등 식민지 시대 만주의 맛이 어땠는지 알기는 어렵다. 그런데 도쿄에 가면 당시 만주의 맛을 엿볼 수 있는 가게가 있다. 아사쿠사淺草의 상점가 나카미세仲見世에 자리한 고코노에九重라는 만주가게다. 공교롭게도 그곳을 대표하는 만주 역시 《갱부》에 등장한 아게만주다.

고코노에는 아사쿠사를 찾는 사람들이 워낙 많은 데다가 맛집으로 소문이 나서 항상 손님들로 북적인다. 그런데 내부 좌석은 없고 포장만 하기 때문에 그렇게 많이 기다리지 않아도 된다. 고코노에를 대표하는 팥소가 들어간 만주는 튀긴 만주라서 그런지 겉은 바삭하고 속은 뜨거우면서도 촉촉한 식감을 맛볼 수 있다. 일본산 팥소만 쓴다고

◇ 아사쿠사의 나카미세에 자리 잡은 고코노에의 외관.

◇ 고코노에를 대표하는 팥소가
　들어간 튀긴 만주.

하며 너무 달지 않은 맛으로 정성을 들인 흔적이 느껴진다. 팥 이외에 고구마, 밤, 참깨, 호박, 말차, 카레, 초콜릿 소를 넣은 만주들도 있다. 가격은 소에 따라 170엔에서 230엔 정도이니 하나에 1,500원에서 2천 원 정도로 생각하면 되겠다.

# 3
# "만주노 호야호야!"
# 밤거리를 메우는 소리

## 1 · 만주 팔아 학비 벌던 갈돕회

1910~1920년대 식민지 조선에서는 겨울이 되면 만주 장수가 이 골목, 저 골목을 누비며 만주를 파는 모습을 드물지 않게 볼 수 있었다. 1927년 1월 잡지 〈별건곤〉에는 최승일의 《콩나물죽과 소설》이라는 소설이 실린다. 최승일은 식민지 시대에 가장 유명했던 여성 무용가 최승희의 오빠로, 동생만큼 재주를 타고나지 못했는지 걸작을 남기지는 못했다. 《콩나물죽과 소설》의 중심인물 '나'는 가난한 문사로 등장한다. '나'는 그날도 저녁을 제대로 먹지 못한 채 밤을 맞아야 했다. 밤이 깊어지자 그의 귀에는 군고구마 장수 소리와 함께 "만주노 호야호야!"라는 만주 장수의 외침이 들린다. 안 그래도 시장했던 '나'

는 그들이 외치는 소리를 듣고 음식을 먹어야만 살 수 있는 사람의 생리를 원망하기까지 한다.

《콩나물죽과 소설》이 실린 잡지 〈별건곤〉은 1927년부터 1928년까지 몇 번에 걸쳐 기자들에게 변장을 하고 취재하게 한 후 특집 기사를 실었다. 불량 남녀를 고발한다는 명분을 내세워 늦은 밤에 일어나는 남녀 간의 사건에 대한 독자의 호기심을 충족시키기 위함으로 보인다. 기자들은 취재를 위해 술집, 식당, 여관, 심지어 수상해 보이는 집까지 방문했다. 이때 기자들은 주로 귤 장수, 영신환 장수와 함께 만주 장수로 변장했다. 그만큼 만주 장수가 흔했음을 뜻한다.

소설《지옥순례》에서 만주 장수의 비극을 다뤘던 박영희는 잡지 〈개벽〉에《전투》라는 소설을 실었다. 여기에도 만주 장수가 등장한다. 소설의 중심인물인 '순복'은 걸핏하면 '기복' 무리에게 가난하다고 놀림을 받는다. 소설은 순복과 그의 친구가 기복 무리들과 싸워서 이긴다는 결말로 마무리된다. 여기서 순복은 밤늦게까지 만주를 파는 만주 장수로 그려져 있다. 이를 보면 식민지 시대에 하루하루 생계를 이어가는 데 전전했던 많은 사람이 만주 장수로 일했다는 걸 알 수 있다.

많은 이가 만주 장수로 일했다는 사실은 당시 겨울에 만주를 사 먹고 또 즐겨 찾는 사람이 많았음을 뜻하기도 한다. 하지만 식민지 조선에서 만주라는 음식이 널리 알려진 가장 중요한 계기는 '갈돕회'였다. 앞서 만주를 팔다가 피살당한 고학생 김성연도 가입했다는 갈돕회는 경성에서 고학을 하던 학생들의 모임으로, 경성 효자동 70번지에 30칸 정도 되는 기와집을 빌려 기숙사 겸 공장으로 사용했다. 1920년대 초 회원이 150명 정도였다가 1924년 6월이 되면 1,300명 정도로 늘었다.

갈돕회 회원들에게 가장 중요한 일은 공부하기 위해 생활비와 학비를 마련하는 일이었다. 효자동 기숙사에서도 잠을 자는 데는 돈을 받지 않았지만 5~6전을 내야 그나마 조밥과 우거지국이 전부인 한 끼를 먹을 수 있었다고 한다. 갈돕회 회원들은 궐련상자를 만들거나 영신환 등을 팔아서 돈을 벌었다. 그중 가장 많이 종사한 일이 바로 만주 장수였다.

1921년 12월 〈조선일보〉에 실린 "치움과 눈물과 피의 결정인 십원의 학자"라는 기사는 갈돕회의 만주 장사에 대해 구체적으로 소개하고 있다. 매일 저녁 학생 세 명이 큰 가마솥 두 개에서 만주를 2천 개 넘게 쪄내면 한 명당 40개씩 맡아서 판매했다고 한다. 만주를 파는 학생이 120명가량 되는 까닭에 하루씩 교대로 장사를 나갔으니 고학생의 입장에서는 하루 일하면 하루 쉬어야 했음을 뜻한다. 장사를 나가면 저녁 7시에 나가서 새벽 1시까지 5시간 정도 만주를 파는데, 한겨

◇ 갈돕회 간판.
〈동아일보〉 1926.1.13.

◇ 갈돕회에 속한 고학생이
만주를 팔러 다니는 모습.
〈매일신보〉 1920.11.23.

울 추운 날씨 때문에 손과 발에 얼음이 박히고 몸은 물먹은 솜과 같이 피곤해진다고 했다.

5전인 만주 하나를 팔면 고학생에게는 1전 5리의 이익이 떨어져 한 달에 보름 동안 일하면 겨우 10원 정도를 벌 수 있었다. 기사는 북쪽에서 맵고 세찬 바람이 불어오는데 골목에서 "갈돕 만주노 호야호야!"라는 소리가 처량하게 들린다는 언급으로 마무리된다.

갈돕회에 속한 고학생이 만주를 팔러 다니는 모습을 보면 역시 네모난 나무궤짝을 메고 있는 것이 눈에 띈다. 갈돕회에 속한 고학생들은 추운 겨울날 어렵게 만주를 팔아서 번 돈으로 학비를 마련했다. 그렇다고 갈돕회에 속한 학생들만 만주를 판 것은 아니었다. 갈돕회에 속하지 않은 학생이나 학생인 아닌 일반인도 팔았다. 그런데 그들도 만주를 하나라도 더 팔기 위해 갈돕회 소속의 고학생이라고 사칭하는 경우가 많았다고 한다. 《패강냉》, 《밤길》, 《사상의 월야》와 같은 작품으로 잘 알려진 이태준 역시 자전소설인 《고향》에서 '휘문고보'를 다닐 때 만주와 영신환을 팔아 고학을 했음을 밝히기도 했다.

## 2 · 방금 만든 만주가 뜨끈뜨끈!

만주 장수는 11월 초 찬바람이 불어오면 이 골목, 저 골목에서 눈에 띄기 시작했다고 한다. 식민지 시대에 대표적인 겨울 디저트의 하나였지만 만주가 가장 인기가 있었던 때는 1910년대부터 1920년대 중반까지였다. 사람들이 만주를 즐겨 찾았던 가장 큰 이유는 추운 날씨

에 금방 만든 따뜻한 음식을 먹을 수 있다는 데 있었다. 만주 장수들이 외치고 다녔던 "만주노 호야호야!"라는 말은 본래 "이마 데기타 만주노 호야호야!今できたまんじゅうのほやほや!"라고 "금방 만든 만주가 뜨끈뜨끈!"이라는 의미였다. 베어 물 때마다 뜨거운 김이 나오는 금방 만든 만주의 식감은 당시 사람들에게 꽤나 유혹적이었을 것이다.

　만주 장수들은 만드는 곳에서 만주를 받아 주로 나무궤짝에 넣어 어깨에 메고 팔러 다녔다. 1928년 2월 잡지 〈별건곤〉에는 만주가 든 궤짝을 메면 허리가 앞으로 구부러질 만큼 무겁다고 적혀 있다. 그런데 아무리 금방 만든 만주라고 하더라도 추운 겨울에 나무궤짝에 넣고 다니면 금방 식었을 텐데 어떻게 뜨거운 만주를 팔 수 있었을까? 먼저 만주 장수들은 만주를 20~30개 정도 넣고 팔다가 다 팔면 다시 더 받아갔다. 만주를 많이 넣으면 무겁기도 했지만 더 중요한 이유는 나무궤짝이 보온 기능을 제대로 못했기 때문이다. 따뜻한 만주를 팔려면 번거로워도 여러 번 받아가는 방식을 택할 수밖에 없었다.

　다른 하나의 방법은 1919년 12월 〈매일신보〉에 실린 "동절冬節과 모한冒寒"을 통해 알 수 있다. '동절과 모한'의 뜻은 '겨울철 추운 날씨를 이겨낸다' 정도가 되겠다. 이 글에서는 만주를 뜨겁게 유지하기 위해 나무궤짝에 만주를 넣고 그 위를 따뜻한 수건으로 잘 덮은 후 궤짝의 문을 단단히 닫고 다녔다고 한다. 만주 장수가 자신의 처지를 이야기한 부분도 살펴볼 만하다. 시내 각처를 돌아다니며 사달라고 애걸하면 하룻밤에 100개 정도의 만주를 팔아 2원 정도의 이익을 얻는다. 하지만 그렇게 구걸 비슷하게 팔고 나면 서글픈 감정이 든다고 했다.

　따뜻할 때 서둘러 팔기 위해 다니는 순서도 정해져 있었다고 한다.

먼저 식당이나 술집에 들어가서 고학생임을 내세워 판매를 했다. 다음에는 하숙이나 여관에 가서 역시 같은 호소를 했다는 것이다. 한창 배고플 나이인 데다가 하숙밥이 부실해서 그랬는지 하숙을 하는 학생들이 만주를 많이 사 먹었다고 한다. 이때 학생들은 직접 만주를 사러 나오기도 했지만 골목으로 난 창문을 열고 사는 경우가 더 많았다고 한다.

　1936년 3월 〈조선중앙일보〉에 실린 〈만주장사〉라는 시는 독자가 투고한 것으로 보인다. 모두가 잠든 늦은 밤인데도 화자의 형님만은 만주를 팔러 다닌다는 내용을 담고 있다. 이 동리, 저 동리로 벌벌 떨며 '만주 사세요'를 외치는 만주 장수의 처지가 잘 드러난다. 당시까지도 고학생들이 만주 장사를 많이 했는지 학생모를 쓰고 나무궤짝을 멘 만주 장사의 모습이 삽화로 그려져 있다.

◇ 독자가 투고한 시
　〈만주장사〉와 삽화.
　〈조선중앙일보〉1936.3.1.

1921년 12월 〈조선일보〉에 실린 기사에서 확인했듯이 만주 한 개의 가격은 5전이었다. 박영희의 《전투》에도 만주궤짝에 넣어 온 15개를 팔면 75전을 받는다고 했으니 소설이 발표된 1927년에도 하나에 5전이었음을 알 수 있다. 1933년 2월 〈매일신보〉에 실린 동화 《만주 장사와 눈사람》에도 만주 한 개에 5전이라는 언급이 나오니 식민지 시대에 만주 가격은 변화가 없었던 것으로 보인다. 5전이라는 만주의 가격은 당시 외식은 물론 간식 중에서도 가장 싼 편이어서 저렴한 가격이 만주를 즐겨 찾는 이유가 되기도 했을 것이다. 그런데 박태원의 소설 《이발소》를 보면 1930년대 후반에 이르면 만주의 크기가 두 번정도 베어 물면 없어질 정도라고 되어 있다. 이를 고려하면 가격에는 변화가 없었지만 크기가 작아졌던 것으로 보인다.

1926년 1월 〈시대일보〉에 실린 글을 보면 예전보다 만주를 사려는 사람이 줄어들어 저녁에는 얼마 팔지 못하고 그나마 자정이 지나야 몇 개 판다고 했다. 1920년대 중반이 되어 만주 장사의 매상이 예전 같지 않았다는 것이다. 거기에는 여러 가지 이유가 있지만 가장 중요한 이유는 경쟁 상품의 등장이다.

1923년 11월 〈조선일보〉에 실린 "갈돕 만주 사오"라는 글을 참고하면 만주의 경쟁 상품으로 등장한 간식은 아이러니하게 호떡이었다. 호떡은 화덕에서 구워야 했기 때문에 만주처럼 행상이 판매하기보다는 가게에서 파는 경우가 많았다. 한편 또 다른 겨울 간식이었던 군고구마는 화로를 실은 손수레를 끌고 다니면서 팔았다.

1920년대 중반부터 만주의 매상이 예전 같지 않았다고 해도 만주 장수가 아예 없어진 것은 아니었다. 1937년 11월에 발표된 권환의 시

〈달〉이나 1939년 12월 〈동아일보〉에 실린 남궁훈의 시 〈설야〉에도 만주 장수는 여전히 등장하고 있다. 이와 함께 다른 글들도 참고하면 "만주노 호야호야!"라는 외침은 식민지 시대 전반에 걸쳐 밤이면 거리를 메우는 소리들 가운데 하나였던 것 같다.

4

# 만터우, 만두, 만주

## 1 · 중국의 '만터우'로부터

만주는 '만두饅頭'라는 한자를 일본식으로 읽은 것이다. 같은 한자를 중국에서는 '만터우', 한국에서는 '만두'라고 읽는다. 그런데 지금 세 가지 음식을 같은 식탁 위에 올려놓아 보자. 팥소를 넣은 만주, 속에 아무것도 넣지 않은 만터우, 그리고 고기를 넣은 만두. 이 세 가지를 같은 음식이라고 할 수 있을까?

한자 표기가 같다는 것은 만주, 만터우, 만두가 같은 뿌리를 지닌 음식이라는 것을 뜻한다. 그런데 지금 보면 세 음식을 같은 음식보다는 다른 음식이라고 말하는 것이 더 설득력 있는 듯하다. 같은 뿌리를 지닌 음식임을 전제한다면 도대체 만주, 만터우, 만두는 어떤 과정을 거쳐 지금처럼 다른 음식이 되었을까?

　일단 만주의 연원이라고 할 수 있는 만터우부터 살펴보자. 중국에서는 오래전부터 만터우를 먹었다. 하지만 왕실이나 귀족 등이 먹는 음식에서 벗어나 일반 서민에게까지 퍼진 것은 '송대宋代'였다. 이는 조리 방식의 변화와 밀접한 관련이 있다. 이전 '당대唐代'까지 밀로 만든 음식은 주로 굽는 방식으로 조리했고 송대에 들어서면서 찌는 방식을 이용했다. 이에 따라 다양한 형태의 음식의 조리가 가능해진 것이 만터우가 널리 퍼진 계기였다고 한다.

　당시 만터우는 소를 넣은 것이 일반적이었다. 소의 종류는 고기에서 채소까지 다양했다고 한다. '원대元代'와 '명대明代'에 들어서는 송대 조리 방식을 더욱 발전시켜나갔다. 명대를 배경으로 한 소설《수호전水滸傳》에도 등장하듯이 당시 만터우의 소로는 고기를 많이 사용했다. 명대에서 '청대淸代'로 넘어가는 시기가 되면 여전히 소를 넣은 만터우가 일반적이었지만 넣지 않은 것도 만터우라고 불렀다고 한다.

　청대 후기에 이르러서는 소가 들어 있지 않은 만터우를 반찬과 같이 먹는 풍습이 생겨났다. 소 없이 밀로만 만든 만두는 가격이 저렴해 넉넉한 양을 구매해 여러 가지 반

◇ 대만 타이베이 샨다오修善寺 근처의 노포에서 파는 만주.
소가 들어 있지 않아 반찬과 같이 먹거나 조식으로는 밀크티와 함께 먹기도 한다.

찬과 함께 먹을 수 있었다고 한다. 이를 계기로 중국의 북쪽 지역에서는 만터우가 주식을 이루어 이후 만터우라고 하면 소가 없는 음식을 가리키게 된다. 그리고 고기나 채소 등의 소가 든 예전의 만터우는 '바오쯔包子'라는 이름의 음식이 대신하게 되었다.

만터우와 바오쯔는 중국 근대문학을 대표하는 작가 루쉰魯迅의 소설에도 드물지 않게 등장한다. 루쉰은 근대 제도와 인간의 허위성을 명징한 언어를 통해 소설화했다. 그의 대표작 《아Q정전阿Q正傳》, 《광인일기狂人日記》 등은 한국 독자에게도 많이 알려져 있다. 루쉰은 1925년 4월 13일 주보 〈위쓰語絲〉에 소설 《조리돌림示衆》을 발표했는데 여기에 바오쯔가 등장한다.

"따끈따끈한 바오쯔包子요! 막 쩌 낸⋯⋯." 열두어 살 먹은 뚱뚱한 아이가 길가의 점포 앞에서 눈을 가늘게 뜨고 입을 삐죽거리며 소리를 질렀다. 긴긴 여름날에 졸음이 쏟아지는 것인지 목소리는 쉬었고 졸음기도 가득 담겨 있었다. 그 애의 옆에 있는 낡아 빠진 탁자 위에는 2, 30개의 바오쯔와 찐빵이 온기 하나 없이 차갑게 놓여 있었다.

열두어 살 된 아이가 길가의 점포에서 바오쯔와 찐빵을 팔고 있는데, 긴긴 여름날이라서 그랬는지 얼굴에는 졸음기가 가득하다. 온기 하나 없는 바오쯔를 팔면서 '따끈따끈하다'고 외치는 것으로 보면 나이와 다르게 이미 장사에는 익숙한 듯하다. 실제 '조리돌림'은 형벌의 하나로, 사람이 많이 모이는 장소에 죄인을 서 있거나 걸게 해 망신을 주는 형벌이다. 소설은 조리돌림이 행해지는 곳에서 바오쯔를 파는 아이의 무덤덤하고 나른한 모습을 통해 조리돌림이라는 제도의 허위성을 고발하고 있다. 그것은《아Q정전》에서 '아Q'가 조리돌림을 당하는 모습을 통해서도 나타난 바 있다.

　루쉰의《광인일기》에는 만터우가 나온다.《광인일기》는 루쉰의 대표작 중 하나로, 1918년 5월 잡지 〈신청년新靑年〉에 발표되었다. 소설의 중심인물인 '나'는 피해망상을 지니고 있다. '나'의 망상은 자신이 다른 사람에게 잡아먹힐지도 모른다는 데까지 이른다. 심지어 '나'는 중국에서 이어졌던 식인 풍습을 환기하며 작년 성안에서 죄인을 참살했을 때 폐병쟁이들이 만터우로 그 피를 찍어 핥아 먹었던 일도 떠올린다. 루쉰의《조리돌림》과《광인일기》를 보면 이미 중국에서는 20세기에 들어서면 만터우와 바오쯔를 명확하게 구분했음을 알 수 있다.

　소설《삼국지三國志》에 등장하는 만터우에 관해서도 잠깐 살펴보자. 일반적으로 만터우의 기원은《삼국지》에 등장하는 제갈공명이 남만을 정벌할 때 제사에 올린 음식으로 알려져왔다. 그런데 만터우의 주재료인 밀가루의 70퍼센트 이상이 북쪽 지방에서 재배되었음을 고려하면 남만을 정벌하고 만터우로 제사를 지냈다는 것은 앞뒤가 맞지 않는다. 박정배가《만두 - 한중일 만두와 교자의 분화사》에서 적절하게 지적했듯이 남만을 정벌할 때 제사에 사용한 음식에서 만두가 기원했다는《삼국지》의 얘기는 속설로 보는 것이 정당하겠다.

## 2 · 한국에서 만두, 일본에서 만주가 되다

만터우가 중국에서 일본으로 전해진 경로는 크게 두 가지로 파악된다. 하나는 13세기 중반 '쇼이치聖一'라는 승려가 송나라에 귀국하는 길에 반입해 '사카모토만주酒素饅頭'로 정착시켰다는 것이다. 이때 밀가루에 주정酒精을 넣고 쪄서 부풀게 하는 조리 방식을 사용했고, 당시 중국의 만터우饅頭를 일본식 발음으로 읽어 '만주'가 되었다고 한다. 이 만주는 이후 에도江戶시대 간사이關西 지방에서 유명한 '토라야虎屋' 계통 만주의 기원이 되어 화과자 가게에서 쉽게 찾아볼 수 있었다. 토라야 만주는 주종酒鍾에 밀가루를 섞은 후 팥소를 넣고 쪄서 만든다. 그 과정에서 발효가 일어나 특유의 신맛을 지니게 된다.

14세기 중엽 중국인 승려 임정인林淨因에 의해 일본으로 전해진 만주의 두 번째 경로는 더 주목할 만하다. 그는 일본의 나라奈良 지방으로 이주해 일본인 아내를 맞아들여 정착을 한다. 임

◇ 에도시대 토라야 만주의 광고.
 뒤쪽으로 만주를 찌는 찜틀이 있고
 앞쪽에는 판매를 위해 늘어놓은
 만주가 보인다.
 〈近世商賈盡狂歌合〉,
 일본 국립국회도서관.

정인은 사찰 음식으로 만주를 만들어 처음에는 안에 소금으로 간을
한 채소를 넣었다. 당시 중국에서 만터우는 고기 등을 소로 넣는 것이
일반적이었다. 그런데 오카다 데쓰가《돈가스의 탄생》에서 자세히 서
술하고 있듯이 일본에서 7세기 이후 메이지유신에 이르기까지 불교
의 영향으로 육식이 엄격하게 금지되었음을 고려하면 사찰 음식이 아
니었더라도 소로는 채소를 사용했어야 할 것이다.

　이후 사찰 이외에서도 사람들이 만주를 즐겨 찾게 됨에 따라 소금
대신 설탕을, 채소 대신 팥을 사용했다고 한다. 중국에서 일본으로 전
해진 만터우는 이런 과정을 통해 고기 대신 팥을 넣고 단맛이 강한 만
주가 되었다. 에도시대에 이르자 간사이 지방에서 토라야 만주가 자
리를 잡았던 것처럼 간토關東 지방에서는 임정인이 정착시킨 만주가

◇ 오사카에 위치한 만주 노포 쓰루야하치만鶴屋八幡의 메이지시대 풍경.
　쓰루야하치만이 처음 문을 연 것은 18세기 초로, 이 그림은 1880년대 가게 모습이다.
　쓰루야하치만 홈페이지(tsuruyahachiman.co.jp).

인기를 얻었다. 거기에는 일본에서 다도의 보급과 함께 만주가 차에 곁들이는 음식으로 사용된 것도 주요하게 작용했다. 나쓰메 소세키의 소설《갱부》에서 '나'가 일자리를 권하던 남자와 함께 '아게만주'를 먹었던 가게가 찻집이었다는 것 역시 이와 무관하지 않을 것이다.

◇ 쓰루야하치만을 대표하는 만주. 쓰루야하치만 홈페이지.

그렇다면 지금 일본에서 먹을 수 있는 고기가 소로 들어간 음식은 어떻게 정착된 것일까? 일본에서 고기를 소로 넣은 음식이 보급된 것은 육식 금지가 풀린 메이지시대 이후의 일이다. 만주가 이미 다른 형태의 음식으로 자리를 잡고 있었기 때문에 고기가 들어간 이 음식은 '중화만주中華饅頭'라는 이름으로 불렸다. 당시는 중국에서 만터우가 이미 소를 넣지 않은 음식을 가리켰으며 고기를 소로 넣은 것은 바오쯔로 불릴 때였다. 그러니 일본의 중화만주는 메이지시대가 되어서 중국의 바오쯔가 유입된 것으로 보는 게 타당하다.

중국의 만터우가 한국으로 전해진 것은 고려시대로, 10세기 전반이었다고 한다. 만터우가 일본에 유입된 것이 13세기 중반이었으니 일본보다 300년 정도 앞선다. 만터우가 한국에 전해졌을 당시는 중국의 송대로, 만터우가 중국의 서민에게까지 널리 보급되었을 시기다. 당시 만터우는 고기와 채소 등 다양한 재료를 소로 넣은 음식을 가리켰다.

만터우는 처음 고려에 유입되어 여러 가지 이름으로 불렸다. 그중 가장 널리 사용된 이름이 만두였다고 한다. 소로도 여러 재료가 사용되었지만 역시 고기를 넣는 것이 가장 일반적이었다. 일찍이 유입되어 고려, 조선 시대를 거쳐 전해졌어도 만두가 주식으로 자리 잡지는 못했다. 그것은 쌀을 주식으로 했던 관습 때문으로 보인다. 식민지 시대에도 마찬가지여서 주식보다는 설에 먹는 명절 음식으로 자주 등장한다.

일본에서 만주라는 음식이 유입되었을 식민지 시대에도 만두는 따로 존재하고 있었다. 이미 예전부터 만두라는 음식에 익숙해져 있던 식민지 조선인에게 만주는 만두와 다른 음식으로 받아들여졌을 가능성이 높다. 또 당시 중국에서는 소가 없는 것을 만터우로, 고기를 소로 넣은 것은 바오쯔로 불렸지만 그것 역시 예전부터 고기를 소로 넣은 음식을 만두로 여기던 조선인에게 크게 영향을 미친 것 같지 않다.

그런데 여기에서 한 가지 의문이 떠오른다. 사실 식민지 조선인에게는 만두가 만주보다 더 익숙한 이름이고 음식이었다. 또 만두가 정착된 시기 역시 만주가 일본을 통해 유입된 것보다 훨씬 먼저였다. 그렇다면 조선인은 일본처럼 만주의 소로 팥을 넣었을까? 아니면 이전에 정착된 만두처럼 고기를 넣었을까? 여기에는 두 가지 가능성이 있다. 하나는 만주가 일본을 거쳐 팥을 소로 넣은 음식으로 조선에 유입된 것이다. 다른 하나는 예전 중국에서 들어와 이미 정착된 고기를 넣은 만두를 이름만 일본어인 '만주'라고 부른 것이다. 만주라는 이름이나 사람들이 즐겨 찾았던 시기를 고려하면 일본처럼 팥을 넣었을 가능성이 크지만 나머지 가능성도 무시하기 힘들다.

식민지 시대 만주 속에 무엇을 넣었을지 도움을 얻기 위해 《조선어

사전朝鮮語辭典》을 찾아보았다.《조선어사전》은 1911년 4월 조선총독부 취조국에서 편찬에 착수해 10년 정도 지난 1920년 3월 발행된 사전이다.《조선어사전》이 효율적인 식민 통치를 위해 조사, 정리되기는 했지만 당시 단어의 쓰임에 접근할 수 있는 드문 자료라는 점은 부정하기 힘들다.

饅頭(만두), 名 食品の一種, 小麥粉又は蕎麥粉を捏ね菜·肉を包みて蒸したるもの.

《조선어사전》에는 조선어로 '만두'라고 읽으며 '식품의 일종, 밀가루나 메밀가루를 반죽한 후 채소나 고기를 넣고 찐 것' 정도로 설명되어 있다. 채소나 고기를 넣고 만들었다고 되어 있어 앞선 의문을 해결하는 데는 크게 도움이 되지 못한다.

실제 만주가 나오는 소설이나 기사를 살펴보면 겨울이 되면 만주 장수가 많았다, 뜨거운 만주를 나무궤짝에 넣어 다니며 팔았다, 가격이 싸서 찾는 사람이 많았다 등의 얘기가 등장할 뿐, 만주의 소로 무엇을 넣었는지에 대한 언급은 찾기 힘들다. 과연 식민지 시대 조선에서 팔았던 만주는 속에 무엇을 넣었을까?

5

## 찌지 않고 구워보니
## 단팥빵

만주가 일본에 빵이 정착되는 데 중요한 역할을 했다는 것 역시 흥미롭다. 빵이 자리 잡는 과정에서 만주의 역할을 파악하기 위해서는 우선 중국에서 전해져 일본에 자리를 잡은 만주가 밀가루에 주정을 넣어 발효를 시켰다는 점, 또 육식 금지 때문에 고기 대신 단팥을 소로 했다는 점 등을 환기할 필요가 있다.

1930년 9월 〈동아일보〉에 실린 "휴지통"에서 유행의 시대상은 빵을 통해서도 나타난다며 만주에 이어 유행했던 간식들을 소개하고 있다. 만주에 이어 '로시아빵ロシアパン'이 등장하고, 또 로시아빵에서 '겐마이빵げんまいパン'으로 유행이 바뀐 것이 그 예라고 했다. 1920년대에 유행했던 겐마이빵을 먼저 살펴보자. 겐마이빵은 현미빵을 일본어로 읽은 것이다. 현미빵은 밀가루에 현미를 혼합해 만든 것이다. 현미를

◇ 추운 겨울 겐마이빵을
판매하는 행상의 모습.
'호야호야노겐마이빵
(따끈따끈한 현미빵)'이라는
제목을 달고 있다.
〈매일신보〉1923.2.4.

섞은 데는 당시까지 쌀을 주식으로 여겼던 일본인의 관습이 크게 작
용했다. 1939년 7월 〈조광〉에는 박태원의 《미녀도》라는 소설이 실렸
다. 소설은 주로 여학교를 배경으로 전개되는데, 점심시간이 되자 도
시락을 준비하지 못한 학생 여럿이 겐마이빵으로 점심을 대신하는 장
면이 등장한다. 이 역시 당시 겐마이빵이 낯선 음식이 아니었음을 보
여준다.

그렇다면 로시아빵이라는 것은 무엇이었을까? 일단 로시아빵은
빵 앞에 일본어로 '러시아ロシア'를 붙인 것이다. 러시아가 빵으로 유명
한 곳도 아닌데 왜 빵 앞에 조금은 엉뚱한 러시아라는 수식어를 붙인
것일까? 일본에 처음 빵이 전해진 것은 16세기 중반 포르투갈 사람에
의해서였다. '브레드bread'가 아니라 '팡pão'이라는 이름으로 불리는 것
역시 같은 이유에서다. 하지만 일본에 빵이 널리 보급된 것은 역시 근
대가 되면서부터였다.

홋카이도에 위치한 하코다테函館는 요코하마橫濱나 고베神戶와 함께 일본에서 가장 먼저 개항했던 곳이다. 그런데 하코다테에서는 막부 말기 거류지에 체류했던 외국인에 의해 다른 곳보다 먼저 빵의 도입이 이루어졌다. 또 러일전쟁의 결과 새롭게 일본으로 편입된 옛러시아의 영토에는 여전히 러시아인이 거주하고 있었다. 이런 이유로 하코다테에 러시아의 제빵 기술이 도입되었다. 메이지시대에 들어서는 빵집에서 종업원으로 일하던 일본인이 경험을 살려 직접 빵을 만들거나 빵집을 차리기도 했다.

이후 로시아빵의 영향은 하코다테에 머무르지 않고 당시 외국인이 많이 거주했던 도쿄, 요코하마, 고베 등으로 확산되어갔다. 특히 로시아빵이 인기를 얻자 도쿄의 유명 빵집에서는 홋카이도에서 러시아인 제빵사를 초빙했다. 대표적인 빵집이 '나카무라야中村屋'와 '기무라야木村屋'였다. 이들은 간판에 러시아인이 직접 제조하는 '원조 로시아빵'이라는 광고까지 했다. 당시 도쿄에만 로시아빵을 파는 빵집이 서른 곳이 넘을 정도였다고 한다.

◇ 로시아빵을 들고 있는 모습.
　나카무라야 홈페이지(nakamuraya.co.jp).

나카무라야 홈페이지에 있는 한 사진을 보면 홋카이도에서 초빙해간 그리스계 러시아인 킬피데스와 일본인 종업원이 로시아빵을 들고 있다. 당시 로시아빵의 크기를 가늠할 수 있는데, 어떤 이유에서였는지 지금의 빵보다 무척 컸다는 것을 알 수 있다. 로시아빵이 인기를 얻자 빵집뿐만 아니라 손수레에 빵을 싣고 다니며 "갓 만든 로시아빵이 호야호야!"를 외치는 모습 역시 흔하게 눈에 띄었다고 한다. 나쓰메 소세키의 1897년 4월 일기에도 러시아인이 '혼고' 앞의 길에서 '로시아빵'을 외치며 손수레를 끌고 가고 있었다는 언급이 나온다.

당시 일본에서 인기를 얻었던 로시아빵과 러시아인이 일반적으로 먹는 빵은 조금 차이가 있다. 대표적으로 로시아빵은 반죽의 발효 시간을 길게 해 식감을 부드럽게 하는 한편, 설탕을 넣어 단맛이 나게 하였다. 일본에 정착된 만주는 주정을 넣어 발효를 시켰으며 주로 단팥을 소로 사용했다. 이를 고려하면 일본인이 이전부터 만주의 맛에 익숙해 있어 처음 로시아빵을 접했을 때 크게 부담감을 느끼지 않았을 가능성이 크다.

그런데 빵이 정착되는 데 만주가 했던 역할은 이미 '단팥빵', 일본어로 '앙팡ンパン'이 탄생하는 과정에서 분명히 드러났다. 로시아빵이 인기를 얻자 도쿄의 유명 빵집에서 홋카이도에 거주하는 러시아인을 초빙했고, 나카무라야와 함께 기무라야가 그 대표적인 곳이라고 했다. 일본에서 단팥빵을 처음 만든 곳이 바로 기무라야였다. 나카무라야도 그렇지만 기무라야라는 상호商號 역시 주인인 기무라 야스베木村安兵衛의 이름을 딴 것이다.

처음 도쿄의 신바시新橋 근처에 분에이도文英堂라는 작은 빵집을 개업했던 기무라가 1870년 긴자로 옮겨 문을 연 것이 기무라야였다. 기무라는 6년 동안 일본인의 입맛에 맞는 빵을 만들기 위해 시도하고 실패하는 과정을 반복했다. 그 결과로 탄생한 것이 바로 단팥빵이었다.

6년 동안의 시도와 실패를 겪으면서 그가 염두에 두었던 대표적인 생각은 다음과 같았다.

①서양의 빵은 이스트 냄새가 강해서 일본인 입맛에 맞지 않다. ②일본인은 차와 함께 먹는 팥소를 넣은 찐 만주 같은 과자를 좋아한다. ③주정을 사용해 향미를 살리고 싶다. ④반죽에 설탕이나 달걀을 넣어 화과자와 같은 맛을 낼 수 없을까. ⑤찌지 않고 구워보면 어떨까.

반복된 시행착오를 겪고 나서 1874년 쌀누룩의 주정을 섞은 반죽에 팥소를 넣은 단팥빵이 등장한다. 그때까지 일본에 있었던 빵은 반죽에 이런저런 맛을 낸 조미빵이었던 반면, 단팥빵은 반죽 속에 소를 넣은 빵이었다. 거기다가 찌는 방식이 아니라 굽는 방식으로 만들었으니 빵으로서의 온전한 모습 역시 갖추게 되었다. 하지만 단팥빵은 무엇보다 주정을 섞어 발효시킨 반죽에 단팥을 소로 한 만주에 익숙해 있던 일본인의 입맛을 사로잡았다.

단팥빵이 처음 등장했을 때 그 인기와 소문은 대단해서 얼마 지나지 않아 전국으로 퍼져나갈 정도였다고 한다. 앞서 로시아빵을 찾는 사람이 많아서 나카무라야, 기무라야 등에서 러시아인을 초빙할 정도였다고 했지만 로시아빵의 인기는 도쿄, 요코하마, 고베 등 외국인이 체류하는 대도시에 한정됐다. 겐마이빵을 다루면서 언급했듯이 쌀을 주식으로 했던 일본인은 기본적으로 밀을 재료로 한 빵에 큰 관심을 보이지 않았다. 그런데 단팥빵의 탄생은 빵에 대한 거부감이 있었던 일본인의 사고를 획기적으로 바꾸었다.

◇ 기무라야에서 판매하는
단팥빵을 베이스로 한 빵들.

◇ 도쿄 긴자에 위치한 기무라야의 외관.

기무라야는 지금도 도쿄의 긴자에서 영업 중인데 여전히 많은 사람으로 북적이고 웨이팅을 하는 손님도 적지 않다. 손님들의 변한 입맛을 따라가느라 초콜릿, 푸딩, 그라탕, 딸기우유 등을 재료로 한 새로운 메뉴도 등장했다. 하지만 여전히 손님들이 가장 많이 찾는 빵은 빵집 한쪽을 가득 메운 단팥빵이다. 단팥빵을 베이스로 한 빵의 종류가 늘어나 팥뿐만 아니라 흰팥, 밤, 고구마 등을 넣은 것도 있다. 빵을 사려는 사람들로 북적여 단팥빵이 처음 등장한 곳이라는 사실을 차분히 느끼기는 어렵지만 단팥을 베이스로 한 빵의 맛은 충분히 북적임을 만회할 만하다.

# 6

# 어금니에
# 뭐라도 끼었는지

이제 식민지 시대 조선에서 판매했던 만주에는 무엇이 들어 있었는지 살펴보자. 박태원은 1942년 8월 〈매신사진순보每新寫眞旬報〉라는 잡지에 《이발소》라는 소설을 발표한다. 〈매신사진순보〉는 전시체제기에 '매일신보사'에서 발행한 잡지로 한 달에 3회 발행을 내세웠다. 박태원의 소설로는 《소설가 구보 씨의 일일》이나 《천변풍경》 등이 잘 알려져 있다. 《이발소》는 비교적 근래인 2009년에 발굴된 소설이라서 제목이 생소한 독자도 많을 것이다.

소설의 내용은 이발에 신경을 쓰지 않는 '나'가 미루고 미루다 허름한 동네 이발관에 가서 머리를 자른다는 것이 전부다. 여기에서 만주에 대한 정보는 이발사 셋이 꼭 만주 내기로 점심을 해결하는 모습에서 드러난다. 내기 규칙은 1등은 만주를 공짜로 먹고, 2등은 제몫의 돈을 내고, 3등은 두 명의 몫을 부담하는 것이다. 그들은 매일 내기를 해서 이발소에서 일하는 아이에게 만주를 사 오게 한다.

이발사 중 한 명인 장 서방은 내기에 적극적이지만 운이 따르지 않았는지 항상 2등 아니면 3등에 머물렀다. 그날도 2등을 해서 자기 몫인 10전을 낸 장 서방은 아이가 사 온 만주를 서둘러 입으로 가져간다. 소설은 그 모습을 아래와 같이 그리고 있다.

김이 무럭무럭 나는 놈을 집어 들어 뭉턱뭉턱 베무러 먹는다. 요사이 5전짜리 만주야 무리를 안 하더라도 장 서방 입에는 두 번에 벼르면 그만이다. 저의 목아치 두 개를 네 입에 벌러서 홀딱 먹고 나니, 장 서방은 허무하기 짝이 업는 모양이다. "사이 상 ! 어서 식기 전에 자슈!" 하고, 어데 어금니에 팥껍질이라도 끼었는지 연해 입을 중심으로 하여 안면근육을 격렬하게 놀리며, "제엔장 ! 한 번 더 해봣스면 좋겠네!" 하고 은근히 남의 동의를 구한다.

장 서방은 김이 무럭무럭 나는 만주 두 개를 뭉턱뭉턱 베어 먹는다. 먹고 나서는 배가 덜 찼는지 아니면 그날도 2등이었던 것이 아쉬웠는지 한 번 더 내기를 했으면 하는 아쉬움을 보인다. 장 서방은 이빨에 무엇이 끼었는지 안면 근육을 놀려 그것을 빼내려 애쓰는데 이 부분을 주목해야 한다. 소설은 장 서방이 연신 입 주위의 근육을 격렬하게 놀리는 이유를 이빨에 팥껍질이라도 끼어서 그런지 모르겠다고 한다. 여기서 만주의 속에 무엇이 들었는지 힌트를 얻을 수 있다.

## 더 읽을거리

# 식민지 조선의 기자가
# 빵장수로 변장한 이유

일본에서 만주에 이어 유행했던 디저트로 로시아빵과 겐마이빵을 살펴보았다. 그런데 식민지 조선에서는 어땠을까? 겐마이빵, 곧 현미빵은 그렇다고 하더라도 로시아빵은 이름조차 생소하다. 겐마이빵, 로시아빵 등에 관해 도움을 받을 수 있는 글로 1931년 12월 잡지 〈별건곤〉에 실린 "온돌방 야화"라는 글이 있다.

> 춘파, "온돌방 야화", 〈별건곤〉 46호, 1931.12.
>
> 만주 장사 말이 나왓스니 말이지……. 그 흔하던 겐마이빵 장사는 다 어데로 가고, 그 한참 시세 조턴 로시아빵은 다 어데로 가고, 그 세력이 팽팽하던 갈돕 만주는 또 어데로 가버렷나? 한참동안 쐐들 법석을 치더니만 귀가 아파 밤잠을 못 잘 지경이더니만 그것들이 업서지니까 여하간 밤이 조용해서 좋아.

겐마이빵, 로시아빵, 갈돕 만주를 팔던 장수들이 밤거리를 메웠는데, 당시에는 보기 힘들다고 했다. "온돌방 야화"를 고려하면 조선에서도 이들을 어렵지 않게 볼 수 있었던 것을 알 수 있다. 실제 유행했던 순서는 만주, 로시아빵, 겐마이빵 순서였다.

조선에서 로시아빵도 인기가 있었음은 만화와 사진을 통해서 알 수 있다. 위쪽 이미지는 1925년 3월 〈조선일보〉에 실린 연재만화 〈멍텅구리〉의 일부다. 장수가 지게 속에 로시아빵을 가득 메고 다니자 멍텅구리가 옥매에게 선물하려고 사는 모습이다. 아래 사진은 로시아빵 장수로 변장한 조선일보 기자의 모습이다. 당시 밤거리나 유흥가 취재를 위해 기자들이 변장하는 일이 많았다. 로시아빵 장수로 꾸몄다는 것은 당시 그만큼 로시아빵 장수가 흔했음을 말해준다.

일본의 경우 빵의 도입이 홋카이도의 하코다테에서 이루어졌고 먼저 모습을 드러낸 빵이 로시아빵이었음은 확인한 바 있다. 그런데 하코다테에는 지금도 당시 빵을 비롯한 러시아 음식을 맛볼 수 있는 곳이 있다. 1879년 4월 개업을 한 '고토켄五島軒'이 그곳이다. 로시아빵의 맛이 궁금한 독자가 있다면 한번 방문해 볼 것을 권한다.

◇ 연재만화 〈멍텅구리〉,
　〈조선일보〉 1925.3.12.

◇ 로시아빵 장수로 변장한
　조선일보 기자 김달진.
　〈조선일보〉 1924.10.13.

**3장**

# 멜론

그들의 가슴엔 이국의 향기가

안개같이 자욱하다

나는 철없이 센비키야에 멜론을 사러 나갔다.
안 나갔으면 이상은 몇 마디 더 낱말을 중얼거렸을지도 모르는데……
멜론을 들고 와서 깎아서 대접했지만 이상은 받아넘기지 못했다.
향취가 좋다고 미소 짓는 듯 표정이 한 번 더
움직였을 뿐 눈은 감겨진 채로.
나는 다시 손을 잡고 가끔 눈을 크게 뜨는 것을
지켜보고 오랫동안 앉아 있었다.

김향안, 《월하의 마음》,
환기미술관, 2005.

# 1
# 죽어가던 이상이
# 먹고 싶었던 것

멜론은 지금 우리에게 낯설지 않은 과일이다. 백화점이나 마트는 물론이고 동네 과일 가게에 가도 어엿하게 한자리를 차지하고 있다. 그렇다고 해서 친숙한 과일이라고 하기는 힘들 것 같다. 변함없는 맛에다 건강에도 좋다는 사과나 귤과 같이 선뜻 선택하기는 망설여진다. 굳이 수입 과일을 먹으려면 여전히 바나나가 턱하니 얼굴을 내민다. 쉽게 사기 어려울 만큼 비쌀 때도 있었지만 요즘은 썩 비싸지도 않은데도 그렇다.

그런데 식민지 시대 멜론의 위상은 남달랐다. 그때도 지금처럼 흔히 먹는 과일은 아니었다. 하지만 멜론은 비싼 몸값을 자랑하며 등장해 사람들에게 처음으로 과일에도 '고급'이 있음을 각인시켰다. 각인은 귀한 과일과 흔한 과일, 비싼 과일과 싼 과일을 구분 짓는 역할을 했다. 여러 과일을 서열화, 위계화시키는 것이었다는 점에서 멜론은 근대의 논리가 과일에 파급되는 과정을 보여주는 대상이었다.

식민지 시대 멜론과 가장 인연이 깊은 작가는 이상으로 보인다. 그렇다고 해서 이상의 시나 소설에 멜론이 등장한 것은 아니다. 오히려 멜론은 작가의 삶 가운데 가장 중요한 순간 모습을 드러낸다. 그 순간에 주목해보자. 일본 도쿄에 머물던 이상이 일본인 경찰에게 검거된 것은 1937년 2월 12일이었다. 잠시 술집에 들렀던 이상은 니시칸다서西神田署 소속 경찰 두 명에게 취체를 당하고 '불령선인'이라는 이유로 검거된다. 불령선인은 글자대로라면 '불온하고 불량한 조선인'을 뜻했다. 실제 그 말은 제국 일본의 이념에 따르지 않는 혹은 그럴 가능성이 있는 조선인을 솎아내기 위한 잣대로 사용되었다.

이상은 1929년 '경성고등공업학교'의 건축과를 졸업한 후 총독부 내무국에서 건축 기사로 일했다. 매일 똑같은 일을 하는 게 지겨웠던지 그는 얼마 지나지 않아 총독부 일자리를 그만둔다. 그러고는 낙랑파라나 명치제과 등에서 소일했다. 그런 그의 옆에는 박태원, 이태준, 김기림 등 '구인회' 멤버들이 있었다. 이상은 직접 다방 제비나 '무기麥', 또 카페 '쓰루鶴' 등을 차리기도 했지만 경영에는 소질이 없어 금방 문을 닫았다.

1936년 10월 이상은 꿈에 그리던 도쿄로 향했다. 정말 여유가 있는 몇몇을 제외하고는 조선인이 꿈꿀 수 있는 근대의 최대치가 도쿄와 상하이上海였을 때다. 하지만 그가 '근대의 시혜 공간'이라고 여겼던 도쿄의 화려함과 세련됨이 허상이라는 것을 깨닫는 데는 많은 시간이 걸리지 않았다. 도쿄에 도착한 지 얼마 안 돼서 김기림에게 도쿄에 실망했다며 '속빈 강정'에 불과하다는 편지를 보내기도 했다. 게다가 그때는 이미 폐결핵이 이상의 몸과 정신에 돌이킬 수 없는 균열을 가하고 있었다.

이상은 같은 해 3월 16일까지 34일간 유치장에 검거되어 있었다. 폐결핵이 심해지자 경찰서에서도 죽음의 그림자를 못 본 체할 수 없었던지 보석을 허가했다. 이미 위중한 상태였던 이상은 몇몇 지인의 도움을 받아 도쿄제국대학 부속병원에 입원을 했다. 변동림은 남편 이상의 소식을 듣고는 곧바로 도쿄로 향한다.

마음은 급했겠지만 당시 기차와 연락선의 운행 시간을 고려하면 도쿄까지 이동하는 데만 이틀 정도가 걸렸을 것이다. 변동림이 도착하자 이상은 정신을 차리는 듯했지만 제대로 몸을 가누지 못했다. 이후의 상황은 《월하의 마음》에 실린 변동림의 얘기로 대신하겠다.

> 인기척에 눈을 크게 뜬다. 반가운 표정이 움직인다. 나는 무릎을 꿇고 그 옆에 앉아 손을 잡다. 안심하는 듯 눈을 다시 감는다. 나는 긴장해서 슬프지 않았다. 어떻게 해야 다시 살릴 수 있나, 죽어간다고는 믿어지지 않았다. 이상은 눈을 떠 보다 다시 감는다, 떴다 감았다.

몸도 정신도 제대로 가누지 못하는 이상에게 변동림은 무엇이 먹고 싶은지 물었다. 그랬더니 이상은 힘겹게 입술을 떼고 가느다란 소리로 대답했다고 한다.

"센비키야千疋屋의 멜론……."

죽음이 멀지 않은 남편의 멜론이 먹고 싶다는 말에 변동림은 정신 없이 멜론을 사러 나갔다.

나는 철없이 센비키야에 멜론을 사러 나갔다. 안 나갔으면 이상은 몇 마디 더 낱말을 중얼거렸을지도 모르는데……. 멜론을 들고 와서 깎아 서 대접했지만 이상은 받아넘기지 못했다. 향취가 좋다고 미소 짓는 듯 표정이 한 번 더 움직였을 뿐 눈은 감겨진 채로. 나는 다시 손을 잡고 가 끔 눈을 크게 뜨는 것을 지켜보고 오랫동안 앉아 있었다.

이상은 1937년 4월 17일 새벽에 세상을 떠났다. 변동림은 이상이 죽고 나서도 손을 놓지 못하고 한참을 울었다고 한다. 병원에서 밝힌 사인은 폐결핵이었다. 하지만 정말 이상을 스물일곱 살 나이에 세상 을 떠나게 만든 것이 폐결핵이었는지는 모르겠다. 그리고 고인에 대 한 결례일지 모르지만 또 하나 궁금한 점은 이상은 죽어가면서 왜 하 필이면 멜론이 먹고 싶다고 했을까 하는 것이다.

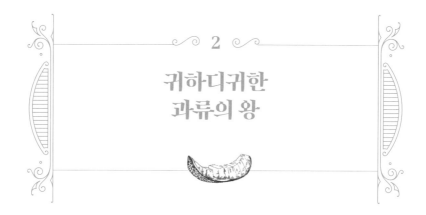

# 2
# 귀하디귀한
# 과류의 왕

죽어가면서도 멜론이 먹고 싶다던 이상의 말을 찬찬히 곱씹어보면 몇 가지 의문점이 떠오른다. 먼저 1930년대 당시에 멜론이 있었나 하는 점이다. 식민지 시대에 멜론이 어떤 과일이었는지 알아보는 과정을 통해 이 문제에 접근해보자. 당시 소설을 뒤적여보면 그렇게 흔한 과일은 아니었지만 분명히 존재했던 것 같다.

김말봉의 소설 가운데 《찔레꽃》이라는 작품이 있다. 1937년 3월부터 10월까지 〈조선일보〉에 연재된 소설이다. 《찔레꽃》의 중심인물인 안정순은 아버지가 병을 얻자 가족의 생계를 위해 은행의 두취인 조만호의 집에 들어가 가정교사 생활을 한다. 두취는 지금의 은행 지점장 정도 되는 직위다. 조 두취에게는 경애라는 딸이 있었다. 그나마 정순이 경애와 친해진 것이 다행스러운 일이었다.

같이 찻집에 가자는 경애의 말에 정순이 따라나선 날, 퇴근하던 조 두취를 마주친다. 경애는 야단을 맞을까 봐 살 것이 있어 미쓰코시백 화점에 가는 중이라고 둘러댄다. 젊고 예쁜 정순에게 흑심을 품은 조 두취는 자기도 그쪽에 갈 일이 있다며 둘을 따라나선다. 눈치 대신 흑 심만 가득한 아버지 덕분에 정순과 경애는 찻집이 아니라 예정에 없 던 미쓰코시백화점에 간다.

백화점에 간 세 사람은 쇼핑을 마친 후 4층에 위치한 미쓰코시백화 점 식당으로 향한다. 세 사람은 자리를 잡고 주문을 하는데, 무엇을 시 키는지 들어보자.

"오늘 저녁은 무엇이든지 식성대로 주문하기로…… 자, 경애!" 하고 도 만호 씨는 손수 메뉴를 집어 딸의 앞으로 내밀었다.
"저는 매른으로 하겠어요."
"매른이라 안 선생은?"
조 씨의 목소리는 점잖스럽고 그러나 지극히 부드럽고 친절하게 울려 나왔다.
"……저도 매른으로 하겠습니다."
"그럼 됐군. 매른 3인분." 하고 조 씨는 옆에서 조심스럽게 기다리고 있 는 여급을 돌아보았다. 여급은 전표에다 도장을 꾹 누르고 저편으로 사 라졌다.

인용에서 계속 언급되는 '매른'이라는 낯선 음식은 멜론이다. 조 두 취는 가정교사로 들어온 정순을 처음 봤을 때부터 흑심을 품었다. 무

◇ 미쓰코시백화점 식당에 들러
  멜론과 아이스크림을 먹는
  조 두취 일행.
  김말봉,《찔레꽃》,〈조선일보〉,
  1937.4.16.

엇이든지 먹고 싶은 것을 시키라고 큰소리친 것 역시 조 두취의 검은
마음에서 비롯되었을 것이다.

　조 두취의 큰소리에 주문한 음식이 멜론이었다. 미쓰코시백화점
식당에서는 음식, 음료뿐만 아니라 당시 '실과'로 불렸던 과일도 판매
했다. 무엇이든 먹으라는 큰소리에 다소 엉뚱한 멜론을 시킨 것은 멜
론이 당시 과일 중에서 가장 인기가 있고 비쌌기 때문이다.

　1933년 8월 〈동아일보〉에 실린 "과류瓜類의 왕 메론"이라는 제목의
사진은 멜론이 당시 과일 중에서 가장 귀한 과일로 여겨졌음을 말해
준다. "당절當節의 메롱"이라는 제목의 또 다른 사진에는 멜론이 따뜻

◇ "과류의 왕 메론";
　〈동아일보〉1933.8.6.

◇ "당절의 메롱";〈동아일보〉1935.6.9.

◇ "나체 범람-화가의
화실과 나부"에 실린 삽화.
〈삼천리〉8호, 1930.9.

한 기후에서만 자라기 때문에 꼭 온실재배를 해야 하며 어찌나 몸을
아끼는지 잎끝에 작은 상처라도 나면 과일 전체가 썩어서 조심해서
기른다는 해설이 덧붙여져 있다. 역시 멜론이 귀한 과일로 대접받았
음을 말해준다.

또 멜론의 흔적을 찾아볼 수 있는 글이 있다. 1930년 9월 잡지 〈삼
천리〉에는 "나체 범람-화가의 화실과 나부裸婦"라는 다소 풍자적인 글
이 실린다. 글쓴이는 항상 바라던 벌거벗은 여성의 모습을 보기 위해
화가 M의 화실을 찾는다. 그가 방문하니 M은 손님 대접한다고 접시
에 멜론 두 개와 사과 세 개를 담아가지고 온다. 하지만 때 맞춰 여성
모델이 도착하고 멜론은 모델 차지가 된다.

"나체 범람-화가의 화실과 나부"는 당시 독자의 성에 대한 관심에
호응하기 위한 글이다. 삽화를 봐도 그런 글의 성격이 드러난다. 실제
사과와 함께 등장한 멜론 역시 나체의 여성 모델과 어울리는 소품의
성격이 강하다. 흔했을지는 알 수 없으나 이 글 역시 당시 멜론이 소비
되고 있었음을 충분히 증명한다.

1927년 8월 잡지 〈별건곤〉에 실린 "여름의 과물이야기"에도 멜론이 등장한다. 먼저 지금도 시골에 가면 능금, 살구, 자두 등을 흔히 볼 수 있다고 언급한다. 이어 당시 생활이 서양화함에 따라 예전에 맛볼 수 없었던 과일도 접하게 되었다며 토마토, 바나나와 함께 멜론을 그 예로 들고 있다. 또 멜론이 효소를 많이 포함하고 있어 서양에서는 옛날부터 모든 병을 기적적으로 낫게 하는 가장 귀중한 과물로 여겨졌다는 말도 덧붙인다. 이 역시 식민지 시대 조선에도 멜론이 있었으며 귀하고 비싼 과일로 대접받았다는 사실을 말해준다.

그런데 식민지 조선에서도 멜론이 소비되었을 뿐만 아니라 드물게나마 멜론을 재배하는 농장도 있었다. 1931년 8월 〈동아일보〉에는 전라남도에 위치한 멜론 농장과 그곳에서 수확된 멜론 사진이 실려 있다. 해설에서는 전라남도 송정리가 예로부터 원예가 발달한 곳으로, 당시에는 멜론의 생산지로도 유명해 멜론의 원산지인 영국보다 더 우월한 멜론을 생산한다고 덧붙인다. 물론 영국에서 생산된 멜론보다 우월하다는 언급은 과장에 가깝다. 그리고 이곳에서 출하되는 멜론의 많은 양이 일본으로 건너가 이미 멜론의 풍미를 알게 된 일본인의 디저트로 소비된 것 역시 사실이었다.

◇ 전라남도 송정리의 멜론 농장 '암연농장'. 〈동아일보〉 1931.8.18.

# 3

# 200년 역사의 과일가게, 센비키야

　죽어가던 이상이 먹고 싶다고 했던 멜론은 그냥 멜론이 아니었던 것 같다. 이상은 센비키야의 멜론을 먹고 싶다고 했고 변동림도 이상의 말을 듣고는 센비키야로 향했다. 센비키야가 어떤 곳이었기에 죽어가던 이상은 꼭 그곳의 멜론을 찾았으며 또 아내도 그 말에 순순히 따랐을까?

　거칠게 얘기하면 센비키야는 도쿄에서 가장 유명한 과일 가게였다. 근대에 들어서는 도쿄, 나아가 일본 전체를 대표하는 과일 가게로 자리 잡는다. 센비키야는 에도시대인 1834년 도쿄 니혼바시 日本橋의 작은 노점으로 출발했다. 니혼바시 근처에서 장사를 시작했던 것은 당시 그곳이 수로를 통해 전국에서 보낸 물자가 모이는 곳이라서였다.

　당시에도 센비키야에서는 주로 과일을 판매했다. 그 밖에 외국에

◇ 에도시대 니혼바시 근처에서 문을 열었던 센비키야. 센비키야 홈페이지(sembikiya.co.jp)

서 유입된 건조 과일과 함께 통조림, 양주 등도 취급했다고 한다. 거래하는 과일이 맛있고 신선하다는 소문이 나자 정계나 재계, 학계의 유명 인사들도 센비키야를 방문했다. 유명 인사의 발걸음이 잦아지면서 다루는 과일도 고급화됐다. 운송 수단과 보존 기술이 발달하지 않았던 당시 센비키야에서는 품질 좋은 과일을 판매하기 위해 가게 안쪽에 온도를 조절할 수 있는 별도의 공간을 마련해 숙성도를 조절했다고 한다.

메이지시대가 열리고 정부에서 서양 문명을 뒤좇는 데 매진하자 국민들 역시 서양 문물에 대한 호기심을 가지며 '서양열'에 사로잡힌다. 1868년 센비키야는 이러한 흐름에 발맞추어 서양 과일이나 디저

◇ 머스크멜론을 내세워 과일을
판매한 지 190년이 되었음을
강조하는 센비키야.
센비키야 홈페이지.

트를 즐길 수 있는 '과일식당果物食堂'을 개점한다. 식당을 서양식 분위기로 연출하고 일본에서 처음으로 프루츠펀치Fruit Punch, 프루츠샌드위치Fruit Sandwitch, 쇼트케이크Shortcake, 아이스크림소다Ice-Cream Soda 등을 판매해 소비자들의 호응을 얻었다.

　호응에 힘입어 센비키야는 니혼바시에 이어 1881년 교바시京橋, 1894년 긴자에도 가게를 열었다. 가게의 확장과 함께 20세기에 들어서서는 과일의 품질 향상이나 품종 개량에도 매진했다. 1914년에는 도쿄의 '세타가야世田谷'에 3천 평 규모의 대규모 농장을 개설하고 다양한 과일의 재배를 시작했다. 대표적인 과일이 다섯 동의 온실에서 재배를 시작한 머스크멜론Musk Melon이었다. 1933년에는 더욱 확장하기 위해 치바千葉의 토미우라富浦에도 새로운 설비를 갖춘 대규모의 농장을 개설했다.

　1920년대 중반에는 본점을 그리스 건축양식으로 신축해 1층은 과일 매장으로 하고 2층에는 과일식당을 더욱 발전시킨 프루츠팔러를 개점했다. 프루츠팔러는 'Fruit Parlor'라는 이름처럼 과일을 재료로 한 디저트나 음료, 또 간단한 식사류를 파는 곳이었다. 과일식당으로 운영되던 때에 비해 새로운 디저트와 과일 메뉴가 추가되었다. 대표적인 것이 '아메리칸 쇼트케이크American Shortcake'였다. 미국 국기의 빨간색과 파란색에 착안해 딸기와 블루베리 두 가지 쇼트케이크를 제공했다. 다른 메뉴로는 망고를 넣은 '망고카레Mango Curry', 파인애플을 재료로 한 '파인애플해시드비프Pineapple Hashed Beef'가 인기를 끌었다.

1920년대 후반 센비키야의 음료 메뉴를 통해 대표적인 음료와 가격을 확인해보자. 먼저 차가운 음료로는 오렌지에이드Orange Ade, 그레이프프루츠에이드Grapefruit Ade가 35전이었다. 뜨거운 음료로는 핫오렌지Hot Orange, 핫레몬Hot Lemon이 각각 30전, 20전이었다. 술을 섞은 음료는 크래릿펀치Claret Punch, 로열펀치Royal Punch, 에그노그Eggnog 등인데 모두 50전으로 가장 비쌌다. 여기에서 크래릿펀치와 로열펀치는 포도, 오렌지 등에 위스키나 브랜디를 섞은 음료이고, 에그노그는 달걀에 우유와 함께 위스키나 브랜디를 섞은 음료다. 현재로 환산하면 20전은 1만 원, 50전은 2만 5천 원 정도 되니까 음료로서는 상당히 고가였음을 알 수 있다.

◇ 1920년대 후반 센비키야의 음료 메뉴. 센비키야 홈페이지.

과일을 팔던 센비키야에서는 1894년 과일식당의 문을 여는 것을 거쳐 1920년대에는 과일식당을 더욱 발전시킨 프루츠팔러를 개점했다. 지금으로 말하면 과일 디저트 카페 정도가 되는데, 이미 1920년대에 개점을 하고 또 그곳을 즐겨 찾는 손님이 많았다는 사실이 놀랍다. 그런데 센비키야는 아니었지만 앞서 식민지 시대 조선에도 경성의 본정 1정목에 '가네보 프루츠팔러'가 있었다는 것을 살펴보았다. 가네보 프루츠팔러의 메뉴가 각종 '주스Juice'를 대표로 해 프루츠펀치, 프루츠파르페Fruit Parfait, 프루츠샌드 등이었으니, 거기서도 멜론을 재료로 만든 펀치나 파르페도 판매했을 것이다.

센비키야는 지금도 일본에서 영업을 하고 있다. 1834년 노점으로 문을 열었던 때부터 따지면 거의 200년에 가까운 역사다. 1층은 과일 매장으로, 2층은 과일을 재료로 한 디저트를 파는 카페로 운영되고 있다. 2층에서 판매하는 프루츠파르페는 아이스크림과 함께 여러 가지 과일을 맛볼 수 있는 메뉴로 과일이 모두 신선해서 각각의 풍미를 느낄 수 있다. 현재 판매되는 프루츠파르페 가운데 가장 비

◇ 지금도 도쿄 긴자에서 영업을 하고 있는 센비키야의 모습.

싼 것은 머스크멜론과 아이스크림으로 구성된 '머스크멜론파르페Muskmelon Parfait'다. 거기서도 센비키야를 대표하는 과일이 멜론임을 알 수 있다.

1층 과일 매장의 멜론 가격표를 보면 머스크멜론 하나에 2만 7천~2만 8천 엔円이라고 되어 있다. 당시 환율을 고려하면 25만 원 정도 되는 가격이다. 이상이 먹고 싶다고

◇ 1층 과일 매장의 진열대.

◇ 2층에서 판매하는 메뉴 중 하나인
프루츠파르페.

했을 때도 멜론이 다른 과일보다 훨씬 비쌌을 테니 죽어가는 남편을
위한 것이었지만 지갑을 여는 변동림도 꽤나 놀랐을 것 같다. 그런데
센비키야에서 파는 멜론은 왜 그렇게 비쌌을까? 어쩌면 그래서 이상
이 먹고 싶다고 했던 것인지도 모르겠다. 이 질문에 답을 하려면 멜론
이 일본에 유입되고 정착되는 과정을 살펴볼 필요가 있다.

# 4

# 더 단 것이 덜 단 것을 밀어내다

멜론의 원산지가 아시아 중부이며 추위에 약한 일년생 식물이라는 등의 일반적 특징에 대해서는 그냥 넘어가기로 하자. 다만 지금 멜론이라고 하면 머릿속에 떠오르는 이미지는 하나지만 예전에는 멜론도 여러 품종이라서 맛과 향, 크기, 모양 등이 다양했다는 것은 기억해둘 필요가 있다.

멜론은 다른 근대의 산물들처럼 일본을 거쳐서 조선에 유입되었다. 일본에 서양의 멜론이 처음 소개된 것은 1870년대였다. 당시 일본에서는 자국 내의 식물의 재배 방식, 해충구제의 방법을 실험하는 등 근대 농업을 진흥시키기 위해 도쿄 신주쿠공원新宿公園에 '국립정원 실험재배장國立庭園 実験栽培場'을 설치했다. 멜론이 소개된 지 20년 정도가 지나서는 그곳에 가습식 온실을 설치하고 멜론 재배를 시도하였다.

◇ 1914년 도쿄 세타가야에 3천 평 규모로 개설된 센비키야의 농장 모습.
오른쪽 위는 머스크멜론을 재배했던 다섯 동의 온실. 센비키야 홈페이지.

당시 재배된 멜론의 품종은 19세기 말 영국과 프랑스에서 개량된 것
이었다. 20세기에 이르기까지 멜론은 고급 과일로 일본 내에서도 극
히 일부의 고위 관리들만 먹을 수 있었다.

1920년대에 들어서는 혼슈本州 중앙에 위치한 시즈오카현静岡県에
멜론 재배를 위한 대규모 온실을 설치해 판매를 위한 멜론을 본격적으
로 재배하기 시작했다. 1925년에는 영국에서 머스크멜론의 한 종류인
'얼스페이버릿Earls Favorite'이라는 품종을 들여왔다. 머스크멜론은 네트
멜론Net Melon 계열로 표면에 선명한 그물무늬가 있다. 또 '머스크Musk'
라는 이름에서 나타나듯 머스크멜론의 가장 큰 매력은 맛도 맛이지만
향기에 있었다. 수컷 사향사슴에서 얻을 수 있는 머스크는 향기가 은
은하고 부드러워 주로 향수의 원료로 이용되었다. 레몬 특유의 강한
향기 때문에 죽기 직전 이상이 남긴 말이 "레몬향기를 맡고 싶소"라고

오해되어왔다. 센비키야에서 판매했던 멜론 역시 머스크 향기를 가득 품고 있었다는 사실은 오해를 해소하는 데 도움이 될 것이다.

머스크멜론은 모양이 둥글고 단맛이 강하며 과즙이 풍부해 부드러웠다. 과육의 색깔은 주로 녹색과 주황색이고 얼스페이버릿은 녹색을 띤다. 또 비타민 C가 풍부하게 함유되어 건강에도 좋은 과일로 여겨졌다. 게다가 영국 궁정 원예용으로 육성되어 하나의 덩굴에서 하나의 열매만을 얻을 수 있는 고급 품종이었다. 이런 이유 때문에 당시 멜론 가운데 가장 고급품으로 인정받아 가격도 상당히 고가였다.

시즈오카를 중심으로 일본에서 멜론이 본격적으로 생산되면서 품종의 개량 역시 이루어졌다. 품종의 개량은 크게 두 가지 방향으로 진행되었다. 하나가 '고급화'였다면 다른 하나는 '대중화'였다. 한편으로 얼스페이버릿을 개량해 더욱 달고 과즙을 풍부하게 만들어 '멜론의 왕'이라고 불리는 '유바리멜론夕張メロン'을 재배해 시판하기 시작했다. 유바리멜론은 '멜론의 왕'이라는 수식어에서 드러나듯 하나의 덩굴에서 하나의 열매를 재배하는 방식을 더욱 엄격히 고수하는 등 온실에서 철저한 관리 속에서 재배되어 멜론 가운데 가장 고급품으로 생산, 소비되었다.

다른 한편으로 1960년대에 이르면 멜론과 일본 전통 참외를 교배해 '프린스멜론Prince Melon'이라는 품종을 개발해 시판하기 시작했다. 프린스멜론은 네트멜론 종류가 아니라서 과일의 표면이 매끄러웠고 머스크멜론보다 단맛이 적고 과즙도 풍부하지 않았다. 하지만 머스크멜론의 5분의 1 정도 가격에 판매했기 때문에 사람들에게 인기가 있었고 대중이 멜론에 익숙해지는 계기가 되었다. 또 멜론 자체의 생산

을 용이하게 한 '안데스멜론アンデスメロン'이나 '퀸시멜론クインシーメロン' 등의 품종을 개발해 가격을 저렴하게 만들려 애를 썼다.

서양에서 멜론이 전해지기 전까지는 일본에서도 한국의 참외와 비슷한 과일을 먹었다. 일본어로 '마쿠와우리真桑瓜'라고 부르는 것으로 단맛이 강하지 않고 식감도 뛰어나 많은 농가에서 재배를 했다. 기후현岐阜県의 남쪽에 위치한 마쿠와무라真桑村라는 곳의 특산물이라서 명칭 역시 산지의 이름을 따랐다고 한다. 이후 생산지에 따라 다양한 이름으로 불렸다. 특히 기후와 풍토에 관계없이 재배가 용이해 많은 양을 수확할 수 있었기 때문에 가격도 저렴했다. 마쿠와우리는 여름이 되면 가장 즐겨 찾는 과일로 노란색, 녹색, 흰색 등의 색깔에 따라 맛도 다양했다.

일본에 멜론이 유입되고 나서도 가격이 비쌌기 때문에 한동안은 저렴한 마쿠와우리를 먹는 사람이 더 많았다. 그런데 프린스멜론이라는 품종이 개발되자 가격이 머스크멜론의 5분의 1 정도로 저렴해졌다. 프린스멜론은 머스크멜론에 비해서는 단맛이 떨어지고 과즙도 풍부하지 않았지만 마쿠와우리와는 단맛과 과즙에서 비교가 안 될 정도였다.

# 5
# 참외도
# 가만있진 않았다

## 1. 지금보다 다양했던 참외들

1920년대 이후 일본에서 멜론의 생산이 꾸준히 확대되고 소비자도 늘어난 것에 비하면 조선에서 멜론은 참외의 위세에 자리를 제대로 잡지 못한 것으로 보인다. 1929년 8월 〈조선일보〉에 실린 "참외, 수박 사태 – 과실 풍년"을 보면 그해에 가뭄이 계속되었는데 수박과 참외만은 큰 풍년이 들었다고 한다. 동대문이나 남대문 시장에 가면 수박과 참외가 넘쳐나고 참외는 열 개에 10전으로 가격도 과일 가운데 가장 저렴하다고 한다. 또 1933년 7월 〈동아일보〉에 실린 글에도 더위 때문에 만물이 허덕이는데 제철을 만난 참외와 수박만은 한창이라며 가게와 노점마다 참외와 수박이 가득하다고 한다. 이어 하루에 경성에

서 소비되는 참외의 양만도 1만
접이 넘는다고 되어 있다. 여기
에서 '접接'은 채소나 과일을 묶
어 세는 단위로 한 접은 100개
를 가리킨다.

　지금 참외라고 하면 떠올리
는 과일의 모습은 거의 비슷하
다. 타원형으로 생겼고 껍질은
노랗고 흰색 세로 줄무늬가 있
는 모습이 그것이다. 그런데 홍
미롭게도 식민지 시대까지 조선
에서 재배되었던 참외는 종류
가 다양했다. 1934년 5월 〈동아
일보〉에는 "참외 재배법"이라는
기사가 실렸다. 거기에서는 조
선의 풍토에 적절한 참외의 품
종을 세 가지로 소개한다. '이과
梨瓜', '황금간성첨과黃金干成甜瓜',
'청대첨과靑大甜瓜' 등이 그것이
다. 이과는 자라면 황백색이 되
고 황금간성첨과는 황색이 되며
또 청대첨과는 녹색이 되는데
참외 중 가장 크고 재배하기 편

◇ 제철 맞은 참외를 손수레에서 파는 모습.
　"한철 맞난 참외장사",
　〈조선일보〉1924.7.20.

◇ 과일 장수 가족이 꽃구경 가는 모습을
　풍자적으로 그린 그림.
　"과실행상 가족 일동 꽃구경 행차시요!",
　〈조선일보〉1934.5.1.

리하다고 전한다.

또 1934년 8월 같은 신문에는 "과중지왕 성환成歡참외"라는 글이 실렸다. 제목은 '과일의 왕 성환 참외' 정도 될 것이다. 참외가 과일 중에 가장 대중적이며 제철인 여름에는 대량으로 소비된다고 했다. 이어 그중에서도 가장 조선적이고 대중적인 것으로 성환 참외를 꼽는다. 성환 참외는 크기가 보통 참외보다 세 배 정도 크고 껍질에 요철이 있으며 색깔은 하늘색과 녹색으로 되어 있다고 한다. 앞의 글은 여러 가지 종류의 참외가 있었다는 데서, 또 다음 글은 성환 참외가 우리가 일반적으로 생각하는 참외와 크기나 색깔에서 다르다는 점에서 흥미롭다.

1937년 7월 〈조선일보〉에는 독자가 투고한 〈참외〉라는 시가 실렸다. 밭에서 참외들이 얘기를 한다고 했는데, 참외들이 나누는 대화는 아래와 같다.

개고리참외야, 너는 잘 익거든 얌전한 애한테로 가거라.
청참외, 너는 익기 전에 군것질 잘하는 애한테 가서 배탈을 내게 해라.
쪼고만 노랑참외야, 너는 귀한 갓난 애기 차지가 되어 가티 놀고 가티 자거라.

글에는 개구리참외, 청참외, 노랑참외 등이 등장한다. 글과 함께 실린 삽화를 보면 이들 셋이 다른 종류의 참외였음을 쉽게 알 수 있다.

모든 참외가 타원형으로 껍질이 노랗고 흰색 줄무늬가 있는 모습이 아니었음은 신사임당의 그림 〈초충도草蟲圖〉에서도 나타난다. 일반

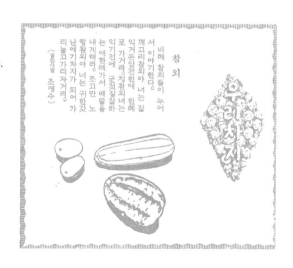

◇ 〈참외〉라는 시와
함께 실린 삽화.
〈조선일보〉1937.7.8.

적으로 〈초충도〉는 풀과 벌레를 그린 그림을 지칭한다. 신사임당이 그린 〈초충도〉 중에 참외와 메뚜기가 그려진 것이 있다. 그림 속의 참외는 초록빛깔을 하고 있다. 줄무늬 역시 흰색이 아니라 짙은 색으로 우리가 참외 하면 떠올리는 것과는 다른 모습을 하고 있다.

　일본에서는 1920년대 이후 멜론 생산이 꾸준히 늘어났다. 특히 프린스멜론이 등장해 가격이 저렴해진 후부터는 일반 서민을 아우르며 소비층이 확대되었다. 멜론이 확산되는 과정은 이전에 존재했던 참외, 곧 마쿠와우리가 멜론에게 밀려나는 과정과 맞물린다. 이와는 달리 식민지 시대 조선에는 노랗고 푸르고 파란 색깔을 지닌 노랑참외, 개구리참외, 청참외 등이 여전히 여름이면 사람들이 즐겨 찾는 과일로 자리하고 있었다. 그렇다면 다양한 참외가 존재했던 조선에 반해, 일본에서는 단맛과 과즙이 풍부한 멜론이 등장하면서 더는 참외를 먹지 않았다고 정리할 수 있을까?

그렇게 단순한 문제는 아닌 듯하다. 앞선 질문에 대답하기 위해서는 먼저 우리가 참외라고 하면 노란 바탕에 흰색 세로 줄무늬가 있는 과일을 떠올리게 된 연유를 따져볼 필요가 있다. 프린스멜론이 저렴한 가격에 대량 생산되자 멜론의 비싼 가격 때문에 마쿠와우리를 먹던 서민들도 프린스멜론을 먹기 시작했다.

멜론에 의해 밀려날 위기에 처한 전통 마쿠와우리 역시 개량을 시도했다. 그 대표적인 것이 '긴센銀泉 마쿠와우리'였다. 긴센 마쿠와우리는 지금의 도야마현富山県 도나미시砺波市에 해당하는 도야마현 '긴센銀泉' 지역에서 생산되었다. 긴센 마쿠와우리는 모양은 조금 긴 원형이며 과육은 흰색이다. 껍질은 노란색이며 흰색 세로 줄무늬가 있고 껍질이 얇아 어렵지 않게 벗겨낼 수 있다고 한다. 과육과 씨가 꽉 차 있지만 식용으로 할 때 보통 씨는 제거하고 먹는다. 다른 마쿠와우리와 마찬가지로 과즙이 풍부하지는 않지만 과육과 과즙 모두 깔끔한

◇ 지금 한국에서 판매되는 참외와 비슷한 긴센 마쿠와우리의 겉과 속.

단맛을 지니며 멜론보다 크기가 훨씬 작아 혼자서도 충분히 먹을 수 있는 양이다.

한국에서는 1950년대 긴센 마쿠와우리를 수입해 성주에서 '은천참외'라는 이름으로 생산하기 시작했다. 이후 역시 개량을 거듭해 당도를 더 높인 '신은천참외'를 내놓았고 또 은천참외, 러시아산 참외, 멜론 등의 유전자를 섞어 '금싸라기 은천참외'를 생산했다. 지금은 '금싸라기 은천참외'와 그 개량종이 한국산 참외의 80퍼센트 이상을 차지한다.

긴센 마쿠와우리는 일본에서 전통 마쿠와우리를 개량해 생산해낸 마쿠와우리였다. 그런데 일본에서는 서민들도 부담 없이 먹을 수 있는 저렴한 가격의 프린스멜론을 대량 생산하기 시작하면서 프린스멜론의 달콤한 맛과 풍부한 과즙에 밀려 정작 긴센 마쿠와우리는 조금씩 사라지고 말았다.

이와 관련해 '웃픈' 얘기가 있다. 일본에서는 멜론이 마쿠와우리를 대신하게 되어 지금은 더 이상 긴센 마쿠와우리를 재배하지 않는다. 그런데도 드물게 예전 마쿠와우리의 맛을 찾는 사람들이 있나 보다. 그런 소비자를 위해 거꾸로 한국의 금싸라기 은천참외를 일본에 수입해 판매한다고 한다. 그런데 그 과일의 이름이 '마쿠와우리'가 아니라 '차메ケャメ', 곧 '참외'라고 한다. 또 참외를 영어사전에서 찾으면 '코리안멜론Korean Melon'으로 되어 있다. 이 정도면 정말 '웃플' 만한 상황일 것이다.

일본에서는 1920~1930년대 멜론이 유입되고 재배되면서 맛있고 고급스러운 과일로 정착했다. 특히 센비키야에서 판매했던 머스크멜론은 하나에 2~3원 이상을 지불해야 먹을 수 있을 정도로 비쌌다. 지금으로 환산하면 10만 원에서 15만 원 정도에 해당되는 고가였다. 일본만큼은 아니었지만 식민지 조선에서도 멜론의 맛을 본 사람들이 하나둘씩 늘어나면서 백화점 식당, 서양요리점, 프루츠팔러 등에서 멜론을 판매하게 되었을 것이다.

사람들이 마쿠와우리와 참외 대신 멜론을 즐겨 먹게 된 것은 과육이 더 달고 과즙이 더 풍부하다는 이유 때문이었을 것이다. 더욱 간단

◇〈항구월경〉전문.
〈동아일보〉1935.2.5.

하게 얘기하면 멜론이 더 맛있었기 때문이다. 하지만 거기에는 또 다른 이유도 있었다. 〈항구월경(港口月景)〉이라는 시를 통해 그 이유에 접근해보자. 1935년 2월 〈동아일보〉에 실린 〈항구월경〉의 의미는 '달빛 속의 항구 풍경' 정도가 되겠다.

내용을 보면 항구에 저녁이 내리자 갈매기들이 먼 나라에서 오는 배들을 맞이한다고 했다. 이어지는 부분에서는 아래와 같이 노래한다.

이윽고 낯서른 궁실(宮室)에 행장(行裝)을 풀고
배들은 긴 여로에 시달린 몸을 펴고 눕소
그러나 지금 그들의 가슴엔 멜론의 향기(香氣) 같은
향수(鄕愁)가 안개같이 자욱히 나리오

배들이 행장을 풀고 긴 여행에 지친 몸을 누이는데, 그들 마음속엔 멜론의 향기 같은 향수가 자욱하다고 했다. 항구에 당도한 배에서 느끼는 향수를 멜론의 향기에 비유하고 있는 데 주목할 필요가 있다. 시의 화자에게 멜론은 알지도 못할 만큼 멀리 있는 나라에서 느끼는 향수와 같은 이국적 존재라는 것이다.

1934년 5월 〈조선일보〉에 발표한 안석영의 글 "남양에서 굴러온 사생아"는 당시 젊은이들과 멜론 등 열대 과일의 의미를 조금은 비판적으로 다루고 있다. 먼저 열대 지방에서 온 진귀한 과일인 바나나, 파인애플 그리고 멜론을 먹으면 '하와이안 기타'나 '남양인의 센티멘털한 노래'가 들린다고 서술한다.

그녀들이 한 광주리, 두 광주리식 딴 과실이 남해를 건너와 조선에서도
서울의 서방님과 아씨의 미각과 후각을 만족식히는 것이다. 남방에서
들어온 과실, 남방에서 온 째즈 음악이 임이 조선의 얌전하고 예의 잇는
도령, 아가씨의 전 육체와 전 정신에 지진을 일으키엿다.

또한 남양 지방에서 온 과일과 음악이 조선의 젊은이들의 육체와
정신에 지진을 일으켰다고 한다. 이어지는 부분에서는 열대의 과일을
씹으며 레코드에서 나오는 음악에 맞춰 훌라댄스를 추고는 있지만 그
것은 마치 열대에서 보낸 사생아와 같은 것이라고 했다.

"남양에서 굴러온 사생아"에서 글쓴이가 말하고자 하는 바는 남양
의 과일을 먹으면서 춤을 추는 것이 열대의 사생아 같다는 것, 곧 조
선인에게는 어울리지 않는다는 것이다. 그런데 이 글에서도 젊은이들
이 바나나, 파인애플과 함께 멜론을 찾는 데는 열대 지방에 대한 동경
이 작용하고 있다는 걸 알 수 있다.
그 동경은 〈항구월경〉에서 멜론을
머나먼 나라에서 온 이국적인 존
재라고 언급한 것과 연결된다.

　 멜론이 일본을 거쳐 조선에 유
입되는 과정에서 그것이 이국적
이라는, 특히 열대의 과일이라는

◇ 훌라댄스를 추는 여성의 이국적 모습이
　눈에 띄는 "남양에서 굴러온 사생아" 삽화.
　〈조선일보〉 1934.5.17.

점과 거기에 대한 동경은 크게 작용을 했던 것으로 보인다. 이국적 열대의 과일이라는 것은 값이 비싸고 고급스러운 과일이라는 뜻이기도 했다. 이후 멜론은 한편으로는 머스크멜론과 유바리멜론이라는 고급화 과정으로, 다른 한편으로는 프린스멜론이라는 대중화 과정으로 품종 개량을 거듭했다.

과일과 채소의 품종 개량은 작물의 크기와 모양, 병충해에 대한 저항력 등 여러 가지 이유 때문에 이루어진다고 한다. 하지만 대표적인 이유를 한 가지만 꼽자면 더 많은 소비자가 원하는 혹은 더 많이 팔리는 상품으로 만들기 위함이다. 멜론 역시 여러 차례 품종 개량이 이루어졌지만 궁극적 목표는 과육을 더욱 달게 만들기 위한 것이었다. 물론 수분을 많이 함유해 부드럽게 만들려는 노력도 있었지만 달게 만드는 것에 비하면 그것은 부차적인 작업이었다.

요즘은 과일의 당도를 측정할 때 주로 과일 100그램 안에 당분이 얼마나 들었는지를 나타내는 '브릭스Brix'를 사용한다. 100을 기준으로 한다는 점에서는 퍼센트percentage와도 유사한데 과일을 비롯해 주스, 탄산음료, 와인, 시럽 등에 포함된 당도를 표시할 때는 브릭스라는 단위를 사용한다. 특히 요즘은 과일을 판매하는 곳에서 몇 브릭스 이상임을 부각해 강조하기 때문에 더 이상 브릭스는 일반 소비자에게도 낯선 개념은 아니다.

그렇다면 멜론의 당도는 어느 정도나 될까? 브릭스를 기준으로 하면 일반 멜론은 10~12 정도인 데 반해, 머스크멜론은 14~15까지 당도가 올라간다고 한다. 숫자가 어느 정도의 당도인지 알기 위해 다른 과일의 브릭스를 살펴보면 당도가 아주 높은 포도가 15~17, 망고가

12~15 정도이고 당도가 조금 높은 파인애플과 수박은 10~14 정도다. 상대적으로 당도가 낮은 토마토와 딸기는 6~10 정도다. 이를 고려해 일반 멜론이 조금 높은 당도라면 머스크멜론은 아주 높은 브릭스에 해당한다고 할 수 있다.

참외는 어떨까? 한국의 재래 참외나 일본의 마쿠와우리가 재배되고 유통될 때는 브릭스라는 단위를 사용하지 않았으니 정확하기 비교하기는 힘들 것 같다. 요즘 성주 금싸라기 참외는 12~13 브릭스 정도이고 금싸라기 참외를 더욱 개량한 품종은 당도가 15 이상 된다고 하니 이 역시 품종 개량의 이유가 무엇인지 말해준다.

당도를 더욱 높이고 수분을 많이 함유하게 할 목적으로 일단의 품종 개량이 이루어진 후에는 맛과 크기가 균질한 멜론을 생산하기 위해 노력한다고 한다. 그것 역시 품종 개량의 이유와 마찬가지로 맛과 모양이 다른 멜론은 상품으로서의 가치가 떨어지기 때문이다. 여기에서는 멜론을 예로 들었지만 다른 과일이나 채소의 품종 개량 역시 더 많이 팔릴 수 있는 균일한 품질의 상품을 목적으로 하는 것은 크게 다르지 않다.

이 글의 주제에서는 벗어나지만 품종 개량이 가져오는 생태계의 문제에 대해서도 생각해볼 수 있다. 하나의 과일이나 채소의 품종 개량이 거듭되어 단일 품종으로 귀착되면 그 품종들은 같은 유전자 배열을 지니게 된다고 한다. 우리에게 익숙한 바나나를 예로 들어보자. 바나나 역시 거듭된 품종 개량을 통해 '그로미셸Gros Michel'이라는 같은 유전자 배열을 지닌 품종으로 단일화되었는데 전염병이 발생하자 95퍼센트 이상의 그로미셸이 사라졌다고 한다. 이처럼 전염병이 발생하면 같은 유전자를 지닌 작물은 그 전염병에서 자유롭지 못하다. 요즘 거의 몇 년마다 반복되는 일정 과일값의 폭등 역시 전염병에 취약한 단일 품종의 문제와 관련되어 있다. 그리고 이 문제가 과일, 채소 등 작물에만 한정되지 않는다는 것은 구제역, 조류독감 등으로 산 채로 살처분되는 돼지와 닭들을 다룬 뉴스를 떠올려보는 것으로 이해가 될 것이다.

# 6
# 멜론에 비친
# 모더니스트의 슬픔

　다시 이상의 바람으로 돌아가보자. 가장 귀하고 가장 비싸고 가장 맛있는 멜론이라서 이상이 죽기 전에 꼭 한 번이라도 먹고 싶어 했는지도 모르겠다. 단순하면서도 절박한 바람이라서 토를 다는 것이 결례 같기도 하다. 하지만 센비키야의 멜론을 먹고 싶다는 바람이, 이상을 '불령선인'이라는 명목으로 검거되게 한, 또 같은 이유로 많은 조선인을 억압했던 논리와 겹쳐져 있다는 얘기를 피하기는 힘들 것 같다.

　일본은 후발 자본주의로 출발해 방적과 철강 산업에 치중했지만, 1918년 '쌀 소동'을 겪으면서 조선을 식량 기지로 만드는 일도 게을리하지 않았다. 자본주의의 논리는 바로 상품의 생산, 유통, 소비 과정을 통해 더 많은 이익을 얻는 것이다. 그런 점에서 자본주의가 상품을 생산하는 데 저렴한 원료와 노동력을 얻고 소비 시장을 획득하기 위해 식민지를 개척하는 것은 정해진 수순이다.

1910년 일본이 조선을 강점한 것은 실제 제국이 식민지를 대륙 진출의 교두보로 삼겠다는 의도도 있었지만 그 과정은 제국이 식민지를 개척하는 논리에 충실한 것이었다. 특히 일본이 조선을 식량 기지화했던 것은 비용을 지불하지 않아도 되는 땅과 저렴한 노동력을 이용해 식량 생산에 드는 비용을 줄이려는 의도에서였다. 상품이 작물일 경우 가장 효과적으로 이윤을 남기는 방법은 단일 품종만 남겨 자신들이 생산한 작물을 소비하게 만드는 것이다.

지엽적으로 보일지 모르지만 멜론 역시 위의 논리에서 크게 벗어나지 않았다. 멜론의 품종 개량은 더 많이 팔리는 상품으로 만들기 위한 것이었고, 그것은 다른 참외의 품종들이 하나둘씩 도태되는 과정과 맞물려 있었다. 그 과정의 표면은 '이국적인, 맛있는, 고급스러운'이라는 수식으로 포장되어 있지만, 그 이면에는 이윤을 극대화하려는 자본주의의 논리가 작용하고 있었다.

이상은 일본 도쿄에 간 지 얼마 지나지 않아 그곳 역시 '근대의 시혜 공간'이 아니라 이름만 근대에 불과한 '속빈 강정'임을 깨달았다. 그는 누구보다 근대가 지닌 허위에 예민하게 반응했던 '모더니스트modernist'였다. 얼핏 멜론을 먹고 싶다는 바람 역시 모더니스트 이상답다고 생각할 수도 있겠다. 하지만 가장 고급스럽고 맛있는 센비키야의 멜론의 이면에도 앞선 논리는 어김없이 각인되어 있었다. 이상의 죽음이 제국 일본과 식민지 조선의 모순 속에서 배태되었다면 그것은 센비키야의 멜론이 먹고 싶다는 바람 속에 이미 예정되어 있었던 것일지도 모르겠다. 그런 점에서 이상의 죽음은 더욱 안타깝게 다가온다.

# 이름은 알지만
# 풍미는 알지 못하는

멜론을 소개한 신문 기사 두 편을 살펴보겠다. 하나는 1927년 8월 멜론의 종류와 맛에 대해 다룬 "수박과 참외 먹는 법과 그의 종류"라는 기사다. 다른 하나는 1932년 5월 "초하의 과물소채", 곧 초여름의 과일과 채소라는 제목으로 발표된 글인데, 멜론이 비싼 이유에 대해 밝히고 있다.

**"수박과 참외 먹는 법과 그의 종류", 〈동아일보〉 1927.8.10.**

서양종에 '마수구며론'이라는 것은 온실에서 재배하야 크기는 공만 하나 빗싸기는 수박 이상이며 우리 조선에는 경긔도 하면 시흥묵사과라는 색이 거믄 것이 잇스며 또 백색, 황백색 등에 맛이 잇는 것이 여러 종류가 잇습니다. 먹는 법은 대개 우리는 껍줄을 벗기고서 그양 먹으나 씨는 뱃고 식염을 조곰 칠하야 먹는 것이 더욱 좃습니다.

다음의 이미지는 1937년 7월 〈조선일보〉에 여름철 과일의 소개와 함께 실린 사진이다. 수박 앞쪽에 파인애플과 함께 멜론이 자리하고 있다. 이 시기가 되면 비록 먹어본 사람은 적어도 멜론도 여름철 과일로 소개되었음을 알 수 있다.

"초하의 과물소채"에서는 먼저 멜론은 풍미가 좋지만 실제 조선에는 좋은 상품이 나오지 않는다고 한다. 그 이유를 비싼 가격에서 찾는다. 소매에서는 도매보다 가격이 두 배 가까이 비싸진다는 것이다. 비싸니까 판매되지 않고 판매되지 않으니 더

◇ 여름철 과일을 소개한 사진.
〈조선일보〉 1937.7.29.

비싸지는 악순환이 반복된다고도 했다. 그래서 멜론이라는 이름은 들어봤지만 그 풍미를 아는 사람은 드물다는 것이다.

---

"초하의 과물소채", 〈조선일보〉 1932.5.6.

메론은 아조 조흔 풍미를 가진 것이나 조흔 것이 나오지 안는다. 메론은 실로 빗산 것을 소매에서는 도매가격의 배액에 갓가운 갑으로 판매하는데 작고 팔니지 안이함으로 빗사게 하야 그 보충을 하려는 것이겟지만은 너무 빗삼으로 수요가 적어진다고 하는 것도 사실이다. 메론이란 일흠은 들엇스나 그 풍미를 알지 못하는 사람이 만치 안흘가 생각한다.

# 호떡

밤에 두어 개 신문지에
싸가지고 와 이불 속에서

처음에 한 쪽 찢어서 입에 넣자 전신의 신경이 극도로 흥분되엇다.

소가죽같이 질긴 놈이지만 입안에서 녹아 버리는 것 같다.

오래오래 씹을 것이 없는 것이 시답잔엇다.

한 쪽 한 쪽 떼어 먹을수록 맛이 난다.

면적이 점점 졸아 들자 더 한칭 맛이 난다.

맨 마주막으로 한 쪽을 배 속에 삼키고

신문지 쪽에 헛손이 갈 때는 곳 사람이 미치는 것 같앗다.

이무영, 《두 훈시》,
〈동광〉 33호, 1932.5.

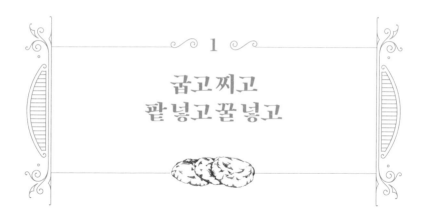

# 1

# 굽고 찌고
# 팥 넣고 꿀 넣고

호떡은 지금 우리에게 친숙한 디저트다. 겨울이 되면 거리 여기저기에 호떡 장수의 손수레가 등장한다. 호떡 장수는 커다란 철판에 기름을 두르고 여러 개의 호떡을 노릇노릇 먹음직스럽게 구워 낸다. 가장 쉽게 접할 수 있는 것은 설탕이 들어 있는 것이다. 가게에 따라 당면과 채소를 넣은 '야채호떡'도 판다. 또 부산 남포동 '영화의 거리'에는 명물 '씨앗호떡'을 사 먹으려 줄을 서서 기다리는 사람들도 볼 수 있다. 그렇지만 호떡 하면 먼저 떠오르는 건 설탕을 넣고 노릇

◇ 설탕을 넣은 호떡이 노릇하게 구워진 모습.

하게 구운 것이다.

호떡에 관한 글을 뒤적이다 보면 식민지 시대에도 비슷했다고 한다. 호떡에는 여러 종류가 있었다. 그중 식민지 조선에 들어와 정착된 것은 설탕을 소로 넣고 구운 '탕휘샤오<sup>糖火燒</sup>'라는 것이다. '탕휘샤오'를 한국식으로 읽으면 '당화소'인데, 재료와 조리 방식에 충실한 이름으로 보인다. 그런데 식민지 시대 호떡에 관한 새로운 정보를 제공하는 글도 있다.

잡지 〈별건곤〉에 실린 "돈 업시 사는 세상, 모던룸펜 천국 안내"라는 글이다. 내용은 주로 학창 시절의 추억을 회고한 것으로 친구들과 함께 호떡집을 찾았던 추억도 이야기하고 있다. 글쓴이는 하루 다섯 끼를 먹어도 배가 고프던 시절이라서 저녁을 먹고 나도 금방 군것질 생각이 났다고 한다. 그러면 친구들과 함께 몰려가는 곳이 호떡집이었다. 그런데 흥미로운 것은 호떡집에 간 일행들이 주문하는 모습이다.

그들은 떼를 지어 호떡집 토벌을 가는 것이다. 그들은 우— 몰려 들어갔다. ……중략…… 떠드는 소리가 왁자짓걸하며 야단법석이 난다. 또 호떡을 찾는 소리도, "꿀 느코 군 것—", "꿀 느코 찐 것—". ……중략…… "팟 느코 찐 것—". "팟 느코 군 것—", "늬야 아무것도 안 느코 찐 것—". 이러케 제각각 외치면 물론 호떡장사 중국 사람은 신이 나서, "에 예" 하며 굽신거리며 호떡을 갓다 주고 그들은 한 사람 압헤 한 서너 개식을 먹어버리는 것이다.

당시 호떡집에서 파는 호떡에는 꿀, 곧 설탕을 넣고 구운 것 이외에도 찐 것도 있었다고 한다. 또 팥을 넣고 구운 것과 찐 것도 있었고, 심지어 아무것도 넣지 않은 것도 팔았다는 사실을 알 수 있다. 1933년 4월에 발표된 글이니 적어도 그때까지 호떡집에 가면 다양한 종류의 호떡을 먹을 수 있었다는 것이다.

식민지 시대에 문세영은 《조선어사전》을 편찬했다. 1938년 초판이 발행되고 1940년 수정증보판이 나왔다. 1940년에 발행된 수정증보판 《조선어사전》에는 호떡이 '양밀가루를 물에 반죽하여 둥글넓적하게 만들고 속에 흑설탕이나 혹은 팥소를 넣어 철판에 구운 떡'이라고 되어 있다. 조리 방식은 굽는 것으로 한정되었지만 소는 위의 인용에서 팥을 넣은 것도 있다는 언급과 어긋나지 않는다.

# 2
# 맛있지만
# 부끄러웠던 이유

## 1 · 호떡의 양면

식민지 시대 소설에 호떡은 드물지 않게 등장한다. 뒤에서 살펴보겠지만 《상록수》로 유명한 심훈의 소설 《불사조》, '카프'의 대표 작가인 최서해의 《먼동이 틀 때》, 채만식의 《인형의 집을 나와서》 등도 호떡이 등장하는 소설이다. 그런데 오히려 식민지 시대 호떡과 호떡집이 가장 잘 드러난 작품은 1923년 7월 〈동아일보〉에 실린 《호떡집》이라는 소설이다. 제목마저 호떡의 소개에 충실할 것같이 느껴지는데 대부분의 독자에게는 생소한 작품일 것이다.

소설은 중심인물 '나'가 호떡집에 앉아 호떡이 나오길 기다리는 것으로 시작된다. '나'의 눈에 비친 호떡집은 때가 긴 테이블이나 찢어진

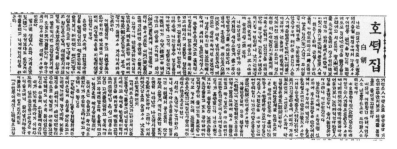
◇ 소설《호떡집》,〈동아일보〉1923.7.

신문지로 도배되어 있는 허름하기 짝이 없는 곳이다. 게다가 화덕이 가게 안에 있어 참기 힘들 정도의 매캐한 연기가 가득하다. 그런데도 '나'가 호떡집에서 버티고 있었던 것은 그 모든 것을 참을 정도로 배가 고팠기 때문이다.

　얼마 지나지 않아 중국인 호떡 장수가 화덕에서 뜨거운 호떡을 쇠꼬챙이로 꺼내 신문지 위에 놓아준다. '누릇누릇'하고 '불긋불긋'하고 '거뭇거뭇'한 호떡을 보자 입에 고인 침이 먼저 반응을 한다. 부리나케 호떡 끝을 뭉텅 자르자 뜨거운 김이 푸 하고 왈칵 쏟아져 손가락을 데고 만다. 그런데 뎄다는 생각도 잠깐 '나'는 서둘러 자른 호떡을 입으로 가져갔다.

　뜨거워서 움찔거리며 씹으니 달콤하고 쫄깃한 데다가 혀끝이 노곤해지며 호떡 특유의 맛도 난다. 소로 넣은 설탕이 녹아 신문지에 떨어졌던지 조청처럼 된 설탕을 꾹꾹 찍어 먹기까지 한다. '나'는 다시 호떡의 위아래를 싹싹 핥으면서 혀로 쪽쪽 들이빨며 짝짝 입맛을 다신다. 맛있는 티를 호들갑스럽게 내는 것이 부끄러웠을 법도 한데 소설에는 '나'가 기쁜 마음에 머리까지 가벼워지는 기분을 느낀다고 되어 있다.

　《호떡집》만큼은 아니지만 이무영의 《두 훈시》에도 호떡이 꽤나 맛깔나게 그려져 있다.《두 훈시》의 중심인물은 상철이다. 겨우 생계를 이어가는 그에게 호떡은 종종 식사를 대신하는 음식이었다. 그날도 끼니를 해결하기 위해 책방에다가 책을 팔려했지만 책방 주인은 낡아서 떨어진 책을 사는 대신 5전을 던져주었다. 그 돈으로 겨우 호떡을 사 먹는다. 호떡 맛은 구걸하다시피 5전을 구한 처지와는 무관하게 맛있기 그지없다.

> 처음에 한 쪽 찢어서 입에 넣자 전신의 신경이 극도로 흥분되엇다. 소가죽같이 질긴 놈이지만 입안에서 녹아 버리는 것 같다. 오래오래 씹을 것이 없는 것이 시답잔엇다. 한 쪽 한 쪽 떼어 먹을쓰록 맛이 난다. 면적이 점점 솔아 들자 더 한칭 맛이 난다. 맨 마주막으로 한 쪽을 배속에 삼키고 신문지 쪽에 헛손이 갈 때는 곳 사람이 미치는 것 같앗다.

처음 조각을 입에 넣을 때부터 신경이 흥분되어 질긴 호떡이 녹아 버리는 것 같았다고 한다. 한 조각, 두 조각 먹으면서 호떡이 없어져 가자 한층 맛있게 느껴진다. 그러다가 마지막 조각까지 먹고 나서도 괜히 신문지 위로 손이 갈 때는 미칠 것 같았다고 한다.《호떡집》이나《두 훈시》를 읽으면 따뜻한 호떡을 서둘러 먹으며 맛있어하는 '나'와 상철의 기쁨이 눈앞에 펼쳐지는 듯하다.

그런데《호떡집》의 이어지는 부분에서는 갑자기 뭔가 다른 분위기가 연출되어 주목해볼 필요가 있다. '나'가 한참 호떡을 핥고 빨며 입맛을 다시고 있을 때 동료인 듯한 사람이 호떡집에 들어선다. 호떡 장수가 아까 구워놓았던 것을 주려 하니 동료는 야단을 치며 호떡을 새로 구워

달라고 한다. 그런데 동료가 들어
오자 '나'는 안절부절 못하는 모습
으로 얼굴이 빨갛게 되어 화끈거
리기까지 한다.

《호떡집》이나《두 훈시》라는 소
설에 드러나듯 호떡은 식민지 시
대에도 인기 있던 디저트였다. 그

◇ 종로경찰서 앞을 서성대는 덕순.
  심훈,《불사조》,〈조선일보〉1931.12.1.

러니 호떡을 주문하는 게 이상한 일도 아니었을 텐데, 왜 '나'의 얼굴이
빨개졌을까? 식민지 시대 호떡이라는 간식이 지녔던 양가적 성격 때문
이다. 이에 대해서는 조금 더 살펴보자.

심훈은 1931년 8월부터 12월까지 〈조선일보〉에《불사조》라는 소설
을 연재했다.《불사조》의 후반부에서는 덕순과 흥룡을 통해 당시 현실
의 억압과 그것에 고통 받는 인물들을 그리는 데 집중하고 있다. 흥룡이
검거되자 덕순은 서대문형무소로 이감되는 흥룡을 멀리서나마 볼 수
있을까 해 종로경찰서 앞을 헤매고 있었다. 그런데 몇 끼를 굶은 덕순은
시장기와 현기증 때문에 금방이라도 길에 쓰러질 것 같다.

시장긔를 견댈 수 업서서 체면을 무릅쓰고 길모퉁이 호떡집으로 들어
가서 호떡 한 개를 사가지고는 뒤도 아니 돌아다보고 나왔다. ……중
략…… 덕순이는 골목 안으로 들어스면서 신문지 쪽에 싼 호떡을 뜨덧다.
옷깃을 스치고 지나다니는 사람의 눈을 피해가면서 걸신이 들린 것처럼
호떡 조각을 씹으려니 빡빡해서 넘길 수가 업다. 이러케 구차허게 먹지
못하면 사람이 죽는단 말이냐 하면서도 우선 허기증은 면하는 것 가텄다.

덕순은 시장기를 견딜 수 없어서 호떡집에 가서 호떡 하나를 사서 나왔다. 그러고는 걸신들린 것처럼 호떡을 뜯어 입에 넣으니 뻑뻑해서 넘길 수가 없었다. 그런데 당장 쓰러질 것 같아 호떡을 사 먹으면서도 사람들의 눈을 피해 골목으로 들어갔다는 점이 눈에 띈다. 거기에는 여자 혼자 길에서 뭘 먹는 것이 지금보다 더욱 꺼려졌던 시대적 배경도 작용했을 것이다. 하지만 더욱 중요한 이유는 앞서 《호떡집》에서 '나'가 동료가 들어왔을 때 얼굴이 빨갛게 화끈거린 것과 마찬가지로 호떡을 먹는 것이 부끄러운 일이었다는 데 있다.

호떡이 드러내놓고 먹을 만한 음식이 아니었다는 사실, 곧 거친 음식이었다는 것은 다른 글에서도 흔하게 나타난다. 김말봉의 소설 《밀림》에서 상만은 자신이 고학생이었을 때 호떡 하나를 사 먹을 5전도 없어 굶은 채 탑골공원에서 자던 일을 회상한다. 최독견의 《향원염사》에서는 원치 않은 임신을 한 정순이 귤, 살구, 살구장아찌 등의 음식을 먹고 싶어 하다가 사 먹을 형편이 안 되자 심지어 호떡집 진열장까지 힐끔거린다는 장면이 등장한다. 또 노동자들의 임시 거처로 사용되는 관수동 노동숙박소에서는 밥 한 끼에 12전 5리를 받는데, 그 돈도 없어 호떡을 사 먹는 노동자들도 있다는 신문 기사 역시 호떡이 값싸고 거친 음식이었다는 것을 뜻한다.

## 2 · 호떡을 둘러싼 아이러니

그렇다면 호떡의 가격은 얼마나 했을까? 1920년대 초반 갈돕회의 고학생이 팔던 만주나 1930년대 후반 소설에 등장하는 만주 모두 한 개에 5전으로 소개하고 있어 식민지 시대 만주 가격에 큰 변화가 없음을 알 수 있다. 그런데 호떡의 가격 역시 만주와 크게 다르지 않았던 것 같다.

1926년 7월 《호떡집》이라는 소설이 〈동아일보〉에 연재됐다. 앞서 살펴본 《호떡집》과 제목은 같지만 다른 소설이다. 소설의 중심인물인 성욱은 시골에서 가족을 데리고 경성으로 올라오지만 일자리를 찾는 데 애를 먹는다. 겨우 전차회사에 취직이 된 날 끼니와 땔감을 마련하기 위해 옷 한 벌을 4원 50전을 받고 전당포에 맡긴다. 그러고는 집으로 돌아가다가 굶고 있을 가족들 생각에 50전을 내고 호떡 열 개를 산다.

1932년 1월 〈조선일보〉에는 《덕수와 호병》이라는 짧은 소설이 실렸다. 거기서 앉은뱅이 거지로 표현된 덕수는 동냥을 해서 겨우 태평동에 있는 호떡집에 들른다. 그러고는 주인인 중국인에게 5전을 내고 호떡 하나를 사지만 내쫓기듯 호떡집을 나가야 했다. 1938년 5월 발표된 한인택의 소설 《보리밭 삽화》에는 오빠가 5전짜리 호떡에 의지해 4년간 객지 생활을 버텨왔다며 영애가 슬퍼하는 장면이 등장한다. 1930년대 후반에도 호떡값의 변화는 없었다. 다만 가격에 변화가 없었던 만주의 크기가 작아졌듯이 호떡도 크기가 작아졌을 가능성이 크다.

〈조선일보〉에 실린 "호떡신세"라는 글에는 호떡이 가장 값싼 음식이라는 언급이 직접적으로 등장한다. 먼저 호떡을 속에 거무스름한 설탕물을 발라서 누릇누릇하게 구워놓은 음식이라고 한다. 이어 중국인이 운영하는 어두컴컴한 호떡집에 가면 쩔쩔 끓는 차와 함께 호떡 하나를 먹는 데 5전이어서 가장 저렴한 음식이자 간식이라고 한다.

앞선 글들은 식민지 시대 호떡의 가격이 5전이었음을 말해준다. 앞서 살펴보았던 만주의 가격과 같다. 같은 시기에 유행했던 겨울 간식 군고구마의 값도 5전에서 10전 정도 했고 5전에는 3~4개, 10전에는 그 두 배를 사고 조금의 덤을 얻을 수 있었다. 5전은 지금으로 따지면 2,000원에서 2,500원 정도로 식사는 물론 디저트 메뉴 가운데도 가장 저렴한 가격이었다.

《불사조》,《호떡집》등에서 호떡을 먹거나 호떡집에 가는 것을 부끄러워했던 이유 역시 호떡이 하층 계급이 주로 먹던 저렴한 음식이었다는 것과 무관하지 않다. 그런데 호떡을 먹거나 호떡집을 방문하는 것을 민망하거나 부끄럽게 생각했던 것은 가격 때문만은 아니었던 것 같다. 비슷한 가격의 만주나 군고구마를 사 먹으면서는 부끄러움을 토로하지 않기 때문이다. 부끄러움은 식민지 시대 조선인이 지니

◇ 호떡을 먹느라 여념이 없는 신사, 학생, 노동자를 그린 삽화.
  "호떡집 대번창",〈동아일보〉1931.1.15.

고 있던 중국이나 중국인에 대한 인식과 관련이 있다.

그러나 오히려 저렴한 가격 덕분에 호떡집이 호황을 맞았던 시기도 있었다. 1931년 1월 〈동아일보〉에 "호떡집 대번창"이라는 글과 함께 실린 삽화를 보자. 당시 〈작금의 사회상〉이라는 기획 기사가 연재되고 있었는데 그중 하나였다. 맨 오른쪽에 양복 차림에 안경 쓴 손님은 신사로 보인다. 중간에 있는 손님은 학생이고 왼쪽의 손님은 노동자인 것 같다. 노동자는 잔을 들고 있는데 호떡집에서 무료로 제공하는 차를 마시는 잔일 가능성이 크다. 세 사람은 호떡을 먹는 데 여념이 없다. 호떡집이라는 장소가 그리 내세울 만한 곳이 아니라 그런지 서로 다른 곳을 보고 있는 점도 눈에 띈다. 또 삽화에 등장한 호떡집이 그나마 괜찮은 집이었는지 신문지가 아니라 접시에 호떡을 제공한 것도 보인다. 대부분의 호떡집에서는 신문지 위에 호떡을 놓아줬다. 접시를 꼼꼼히 들여다보면 모두 호떡 한 개만 시켜 먹고 있다. 당시가 1930년 전후 쌀값 폭락에 따른 불경기여서 서민들의 주머니 사정이 좋지 않았기 때문일 것이다. 또 호떡의 크기도 작용했을 것이다. 그것은 호떡이 만주와의 경쟁에서 승리했던 이유를 알아보는 데서 다시 살펴보겠다. 아래는 삽화와 함께 실린 글이다.

불경긔! 불경긔! 의 소리는 세상의 구석구석에 봉화와 같이 일어나지만 다만 호떡장사 늬야만은 이 경계선 박게서 경기 100%에 흥성거리고 잇다! 학생, 신사, 로동자! 모도가 군입은 다시구 십고 돈이 업스니 계집이 설비되어 잇는 요릿집에는 좀 해서 가지 못하고 5전짜리 한 푼 쥐고 호떡집으로, 호떡집으로.

인용에는 신사, 학생, 노동자가 5전짜리 한 푼 쥐고 호떡집으로 향해 호떡집이 번창한다고 되어 있다. 다시 삽화로 돌아가보자. 호떡집 창문 뒤로는 중화요리점이 보인다. 식민지 시대에 중국음식을 판매하는 곳은 크게 호떡집, 중국음식점, 중화요리점으로 구분되었다. 아서원, 대관원, 사해루 등 중화요리점은 호떡집이나 중국음식점과는 달리 넓은 공간을 차지하고 고급요리를 팔았다. 또 기생을 불러 연회를 여는 등 조선요릿집과 비슷한 성격을 지니고 있었다. 1930년 전후로 불경기가 닥치자 중화요리점을 찾는 손님들은 급격히 줄어들었다. 창문에 서 있는 사람들은 여자 종업원이나 기생으로 보이는데, 손님이 줄어들자 호황을 맞은 호떡집을 부러운 듯 바라보고 있다.

1931년 1월 〈조선일보〉에 "저기압"이라는 제목으로 실린 삽화를 보면 두 사람이 심각하게 장기를 두고 있고 구경꾼으로는 어른 한 명과 아이 하나가 있다. 삽화와 함께 실린 글에서는 불경기로 인해 실직을 해 굶주리는 사람이 많다고 한다. 그들은 내기 장기를 두고 있는데, 이긴 사람에게 호떡 한 개가 돌아가는 내기다. 온종일 굶주려 쓰라린 위장과 마음의 고통을 잊기 위해서 내기 장기를 두는 것이라고 한다. 그것이 가장 저렴한 호떡 한 개 내기라는 데서 안타까움이 느껴진다.

◇ 호떡 내기 장기를 두는 모습을 그린 삽화.
　"저기압", 〈조선일보〉 1931.1.21.

# 3

# 이것이 소위
# '호떡인'이라는 것이다

호떡집을 찾는 손님 가운데 학생이 많았던 것도 가격과 무관하지 않았을 것이다. 게다가 상밥이나 하숙밥만으로는 한창 식욕이 좋은 학생들의 배를 채우기 어려웠던 것으로 보인다. 여기에서 상밥은 사전적으로는 밥과 반찬을 상에 차려 한 상씩 따로 파는 밥을 말하며 보통 식당에서 파는 밥 정도를 뜻했다. 앞서 설탕을 속에 넣은 호떡 외에도 다양한 호떡이 있다고 했는데, 그 글에서도 학생 때란 세 끼가 아니라 다섯 끼를 먹어도 게 눈 감추듯 하고 돌멩이도 집어삼켜 금방 소화가 되는 시절이라는 것을 호떡집 토벌의 명분으로 삼는다. 1925년 4월 잡지 〈개벽〉에 실린 "형형색색의 경성 학생상"이라는 글 역시 학생들이 호떡집을 자주 찾는 모습을 언급한다.

당시 학생들은 예전에 비해 어느 정도 모양은 갖추었지만 그래도

◇ 겉멋 든 학생을 풍자한 삽화.
"형형색색의 경성 학생상",
〈개벽〉 58호, 1925. 4.

못마땅한 풍조에서 완전히 벗어나지 못했다고 한다. 글과 함께 실린 삽화에는 겉멋이 들어 담배를 물고 연애 서적과 바이올린을 들고 다니는 학생이 있다. 글쓴이는 못마땅한 풍조 중 하나로 '호떡집 순례'를 든다. 학생들이 이런저런 호떡집을 '무슨 호텔', '무슨 호텔' 등으로 부르면서 거의 매일 출석한다는 것이다. 또 각 학교마다 단골 호떡집이 있는데, '보성고보'는 견지동 영매루 앞집, '중동고보'는 수송동 김규진 집 앞 가게, '휘문고보'는 모 양복점 앞집 등을 예로 든다. 중앙, 경신, 배재, 양정 등도 단골 호떡집을 거느리고 있었다고 하니 1970, 1980년대 학교 앞 단골 분식집과 비슷했나 보다.

학생들의 호떡 사랑은 1930년대에 들어서도 여전했던 것 같다. 1932년 3월 잡지 〈별건곤〉에는 "학생과 유혹 등"이라는 글이 실렸다. 제목처럼 학생들을 유혹하는 것들을 다루고 있고 음식 가운데는 호떡이 대표적이라고 한다.

남 먹는 것 보고 안 먹을 수는 업는 고통이란 크고 적지 안은 것이다. 갑싼 것이 학생료리 5전짜리 호떡. 생각나는 때 업시 먹게 되는데 점심에는 점심추념 밤에는 밤참추념 길가다가 시장할 때 어느 때고 갑싸고 간단하게 리용할 수 잇는 군것질감이다. 이것이 소위 '호떡인'이라는 것이다.

글을 보면 유혹하는 음식으로 유독 호떡을 고른 것도 그런데, 글에서는 호떡을 아예 '학생요리'라 부른다. 게다가 친구들이 먹는 것을 보고 호떡을 먹고 싶은 유혹을 참는 것이 큰 고통이라고 한다. 대부분의 학생은 유혹에 지고 말아서 점심에는 점심추렴, 밤에는 밤참추렴으로, 길 가다가 호떡집을 보면 어느 때고 먹었다. 심지어 때도 없이 호떡을 먹어 '호떡인'이라고 불리는 학생까지 등장했다는 것이다.

남학생뿐만 아니라 여학생들도 호떡을 즐겨 먹었다. 막상 호떡집에 가면 여학생은 없어 호떡을 안 먹는다고 생각하기 쉽지만 그들은 남들의 이목을 생각해 숙소로 사 가서 먹는다며 실제로 먹는 양을 따져보면 남학생보다 더 많이 먹을지도 모른다고 한다. 심지어 먹고 싶은 유혹에 외상으로 많이 사 가서 호떡 장수가 밀린 외상값을 받으러 여학생 기숙사를 찾는 경우도 많았다는 것이다.

이태준의 소설 《화관》에서 기차를 타고 가던 정희와 동옥은 학창 시절에 선배들 심부름으로 호떡을 사러 갔던 일도 많았다고 추억한다. 이를 고려하면 선배가 후배에게 호떡을 사 오라는 심부름도 많이 시켰던 것 같다. 특히 여학생의 경우 앞서 언급된 '남들의 이목' 역시 작용했을 것이다. 설사 심부름에 관한 것이 아니더라도 호떡은 학창 시절을 떠올릴 때 애틋한 추억으로 많이 등장한다.

이 역시 그만큼 학생들이 호떡을 많이 먹었다는 것을 말해준다. 호떡과 경쟁했던 만주나 군고구마는 주로 밤에 사서 먹는 간식이었다. 호떡은 학교 앞에 단골 호떡집이 있을 정도로 시간에 구애받지 않는 간식이었다. 둘의 차이는 만주나 군고구마가 궤짝이나 손수레에 싣고 행상으로 팔았던 반면, 호떡은 작고 누추할망정 화덕이 있는 가게

◇ 이원수의 소설《눈속의 꽃》에서 정길이 친구들과 함께 학교 앞 호떡집에서
  호떡을 먹는 모습. 해방과 6·25 전쟁을 거친 이후에도 학생들이 여전히 호떡집을
  즐겨 찾았음을 보여준다.〈조선일보〉1957.1.22.

에서 팔았다는 데서 비롯되는 것으로 보인다. 한 가지 간과해서 안 될
사실은 학생들의 경우 호떡을 먹거나 호떡집에 가는 것이 부끄럽다는
언급을 하지 않는다는 것이다. 앞서 살펴본 글에 '호떡집 토벌'이라는
말까지 사용하면서 호떡집에 가는 것을 즐겁게 표현하고 있는 것도
마찬가지다.

# 4
# 설렁탕집보다
# 많아진 호떡집

## 1 · 만주 지고 호떡 뜨다

잡지 〈별건곤〉에 실린 "돈 업시 사는 세상, 모던룸펜 천국 안내"라는 글을 통해 호떡이 처음 식민지 조선에 유입되었을 때 여러 가지 종류가 있었음을 확인했다. 학생들이 주문한 것에 한정해도 굽거나 찐 것, 설탕, 팥을 넣은 것과 아무것도 넣지 않은 것 등이 있었다. 중국이나 대만에서는 호떡을 '후빙胡餅'이라고 부른다. 후빙에는 그 외에도 소로 부추, 파, 마늘종 등의 채소를 넣은 것, 또 돼지, 양, 닭고기를 넣는 것도 있다고 한다.

당시 글을 통해서도 호떡의 맛과 모양을 추측해볼 수 있다. 1936년 3월 〈동아일보〉에 실린 《똘똘이》에는 똘똘이와 수동이가 호떡집에

◇ 대만의 스린야시장士林夜市에서
   파는 호떡. 노릇노릇 구워진 데다가
   깨가 많이 뿌려져 있다.

◇ 소로는 돼지고기와 함께
   부추, 양파 등의 채소가 들어 있다.

가 꿀 넣은 호떡을 달라고 하는 장면이 등장한다. 이때 꿀 넣은 호떡은 사실 소로 넣은 설탕이 녹은 모습을 뜻하는 것이다. 그래도 콕 집어 '꿀 넣은 호떡'을 달라고 한 걸 보면 다른 호떡도 판매하고 있었다는 것도 알 수 있다.

그런데 "호떡신세"에는 호떡이 밀가루 떡 속에 거무스름한 설탕물을 발라 구운 것이라고 설명되어 있고, 동화《고까지것》에서는 만돌이 먹던 호떡 속에서 검은 설탕물이 후물후물하며 뚝뚝 떨어진다고 한다. 이와 같이 이후 소설이나 기사에 등장하는 호떡은 대부분 반죽에 설탕을 넣고 구운 것이다. 가끔 꿀을 넣은 것도 등장하는데 거기서도 꿀은 설탕물을 뜻한다. 이를 통해 식민지 조선에 정착되면서 호떡 하면 설탕을 넣어 구운 것, 곧 탕휘샤오를 가리키게 되었음을 알 수 있다.

그런데 호떡에 넣었다는 '거무스름한 설탕물'은 무엇이었을까? 여기서 거무스름한 설탕물은 요즘 우리가 먹는 황설탕이나 흑설탕과는 다른 것이다. 황설탕과 흑설탕은 오히려 정제당인 백설탕에 다시 한 번 열을 가하거나 색소를 첨가하는 과정을 거친 설탕이다. 호떡에 들었던 거무스름한 설탕은 황설탕이나 흑설탕이 아니라 '흑당黑糖'으로 보인다. 흑당은 '천연원당' 혹은 제조 과정을 거쳤지만 당밀이 함유된 '함밀당'을 가리킨다.

중국에서는 19세기 말까지 주로 자국에서 전통적 방식으로 만든 흑당을 사용했다. 또 정제당이 등장한 이후에도 1920년대 중반 들어 사용이 보편화될 때까지는 여전히 흑당에 대한 소비가 적지 않았다. 다른 한편으로 당시까지 정제당의 가격이 비싸서 극히 일부의 상류층만이 소비할 수 있었다는 것 역시 호떡에 흑당을 넣었을 것이라는 추정을 뒷받침한다. 그런데 어떻게 설탕을 넣어 구운 것이 다른 종류를 밀어내고 호떡을 대표하게 되었을까?

이 질문에 답하기 위해서는 만주의 유행과 쇠퇴를 환기해봐야 한다. 만주는 1910년대 후반에서 1920년대 중반까지 겨울밤이 되면 골목골목에서 "만주노 호야호야!" 외치는 소리를 어렵지 않게 들을 수 있을 정도로 인기가 있었다. 가격도 하나에 5전으로 저렴해 겨울에 가장 즐겨 찾는 디저트로 자리 잡아갔지만 1920년대 중반이 되면 만주의 인기가 이전만 못하게 된다. 여러 가지 이유가 있었지만 가장 주된 이유는 바로 호떡의 등장이다. 호떡은 처음에는 같이 이주한 중국인을 대상으로 판매가 됐지만 1920년대에 들어서면서 점차 호떡 맛을 알게 된 조선인에게까지 판매망이 넓어졌다.

만주와 호떡 모두 식민지 시대 전반에 걸쳐 겨울을 대표하는 간식

◇ 식민지 시대 호떡 행상의 모습.
〈매일신보〉 1940.3.14.

이었다. 하지만 시기적으로 만주가 호떡보다 먼저 등장했다는 것을 고려하면 호떡이 조리나 판매 방식에서 어떤 식으로든 만주의 영향을 받았을 것임을 유추할 수 있다.

조선에서 판매했던 만주는 소로 단팥을 넣은 것이었다. 호떡이 만주를 밀어내고 경쟁에서 이기기 위해서는 만주를 찾는 사람들의 기호를 만족시킬 수 있어야 했다. 그 핵심은 단맛이었지만 그렇다고 팥을 넣는다면 차별점이 없었다. 이러한 과정을 거치면서 설탕을 소로 넣은 것이 호떡을 대표하게 된 것으로 보인다.

또 다른 영향은 쪄서 만드는 만주와 달리 구워 만드는 호떡의 조리 방식이다. 사실 굽는 것보다 찌는 조리 방식이 훨씬 편리하다. 그런데도 굽는 방식을 택한 것은 먼저 위와 같이 만주와 다른 호떡만의 경쟁력을 가져야 했기 때문일 수도 있다. 하지만 더욱 중요한 이유는 중국에서 '병餠'이라는 것 자체가 구워서 만드는 음식이었기 때문일 것이다. 후빙 역시 한나라 때 서역에서 유입되었을 당시부터 굽는 조리 방식으로 전해졌다. 대대로 이어져 관습화된 조리 방식을 바꾸는 일이 쉽지는 않았을 것이다.

그런데 호떡 때문에 만주의 인기가 예전만 못해졌다는 상황은 식

◇ 호떡 반죽을 화덕 안쪽에 붙여
전통 방식으로 굽는 모습.

◇ 요즘 호떡을 굽는 데 사용되는 드럼통으로
만든 간이 화덕.

민지 시대 호떡의 특징을 파악하는 데 도움을 준다. 물론 재료와 조리 방식은 다르지만 호떡과 만주는 비슷한 성격을 지닌 디저트였다. 그런데도 호떡이 만주와의 경쟁에서 우위를 점할 수 있었던 이유는 무엇일까? 우선 호떡과 만주의 가격은 5전으로 같았다. 가격이 같다면 호떡을 만주보다 선호했던 다른 이유가 존재했을 것이다.

〈조선일보〉에 실린 "호떡신세"라는 글에서 뜨끈뜨끈하게 구워 낸 호떡을 한 개만 먹으면 요기가 된다는 언급을 주목해보자. 비슷한 언급은 최서해의 소설《먼동이 틀 때》에도 등장한다. 소설의 중심인물 허준은 경제적인 곤란 때문에 청년회관에서 지낸다. 먹는 것도 마찬가지라서 며칠씩 밥 구경을 못 하는 경우도 많았다. 그러면서 호떡 하나 사서 먹을 돈은 있지만 호떡도 한 끼나 두 끼지 벌써 사흘이나 쌀 구경을 못 했다고 한다. 정홍교의 소설《팔리는 몸》에서도 다들 저녁을 못 먹자 병철이 '영신환'을 두 봉 팔아서 호떡 네 개를 신문지에 싸와 그것으로 끼니를 때운다. 최독견의 《난영》이나 이석훈의 《회색가》 같은 소설에서도 바람 차가운 겨울날 호떡으로 저녁을 대신하는 장면을 어렵지 않게 찾을 수 있다. 요즘 호떡을 떠올려보면 아무리 주머니 사정이 안 좋더라도 그 자그마한 호떡 하나가 끼니를 때울 만큼 요기가 되지는 않을 것 같은데, 당시의 한 삽화를 보면 궁금증이 풀린다. 식민지 시대 호떡의 크기가 요즘과는 달랐다는 것을 알 수 있기 때문이다.

1938년 10월 〈동아일보〉에 실린 《고까지것》의 삽화에서 귀득은 친구 만돌이 호떡 먹는 모습을 부러운 듯 보고 있다. 그런데 만돌이 들고 있는 호떡을 보면 두 손이 작아 보일 만큼 호떡의 크기가 크다. 만돌이나 귀득이 아이임을 고려하더라도 지금 호떡보다 서너 배는 커 보인다. 삽화와 함께 실린 글도 확인해보자.

만돌이가 호떡을 먹습니다. 두 손으로 웅켜들고 쩝쩝 자꾸 먹습니다. 귀득이가 그 앞에 서잇습니다. 침을 꿀떡꿀떡 넘기며 배를 내밀고 서잇습니다. 겉은 누르스름하고 속은 검은 사탕물이 후물후물하는 호떡ㅡ보름달처럼 둥그런 호떡ㅡ지금 만돌이가 먹는 호떡은 그런 호떡입니다.

삽화와 같이 실린 글에도 만돌이 호떡을 두 손으로 움켜쥐고 먹는데 호떡이 보름달과 같이 둥글다고 되어 있다. 홍성유가 '김두한'을 모델로 쓴 《인생극장》이라는 소설이 있다. 큰 인기를 얻자 이후 제목을 《장군의 아들》로 바꿔 《장군의 아들》이라고 부르면 "아! 그거" 할 수도 있겠다. 《장군의 아들》을 보면 김두한과 '쌍칼'이 호떡을 사 먹는

◇ 만돌이 얼굴보다 큰
호떡을 먹는 모습.
《고까지것》, 〈동아일보〉
1938.10.2.

장면이 나온다. 거기에는 호떡의 크기가 작은 방석만 하다고 되어 있
다. 이를 통해 거칠게나마 당시 호떡의 크기를 짐작하는 한편으로 호
떡 하나로 끼니를 때운다는 말을 이해할 수 있다. 또 궁극적으로는 호
떡이 만주와의 경쟁에서 승리한 이유에도 접근할 수 있다. 앞서 신사,
학생, 노동자 등이 정신없이 호떡을 먹고 있던 "호떡집 대번창"이라는
그림을 다시 확인해보자. 거기서 세 사람은 모두 호떡 한 개씩만을 시
켜 먹는데, 그 크기 역시 지금의 호떡보다 훨씬 커 보인다.


## 2 · 중국인과 함께 들어온 호떡

그렇다면 호떡이 조선에 처음 등장한 것은 언제쯤이었을까? 여기
에 대해서는 정확히 밝혀진 바가 없어서 번거롭더라도 우회적으로 접
근할 필요가 있다. 식민지 시대까지 호떡 장수는 대부분 중국인이었

다. 그렇다면 호떡이 언제 등장했는지를 파악하기 위해서는 중국인이 조선에 본격적으로 들어왔던 시기를 확인해야 한다. 우동, 소바, 오뎅 등의 음식이 조선에 유입된 시기가 일본인이 조선에 본격적으로 들어온 시기와 맞물려 있는 것과 마찬가지다.

중국 상인들은 1882년 일어난 임오군란을 계기로 처음 조선에 유입되었다. 임오군란 이후 독립당이 정권을 잡자 명성황후는 서둘러 중국의 '광서제光緖帝'에게 지원군을 요청했다. 명성황후의 다급한 요청에 득실을 따져본 광서제는 광동수사 '오장경吳長慶'과 군사 5천 명을 조선으로 보낸다. 그들은 큰 어려움 없이 독립당 정권을 진압하고 명성황후에게 실권을 찾아주는 한편, 대원군을 중국으로 압송해갔다. 이후 오장경을 비롯한 중국 관리들은 중국인 조계지를 조성하는 등 자신들의 본래 목적을 행하기 시작한다. 중국인이 조선에 들어와 화교로서 자리를 잡을 수 있는 기반을 만들어간 것이다. 이를 계기로 중국 상인들이 조선에 대거 유입된다.

하지만 호떡 장수가 등장하는 것은 조금 더 이후의 일이다. 1894년 발발한 청일전쟁에서 중국이 패배하자 1890년대 후반에는 오히려 조선에 거주하던 중국인 다수가 본국으로 돌아갔다. 그러던 가운데 1910년대부터 다시 러시아인, 몽골인과 더불어 수십만 명의 중국인이 조선으로 이주하기 시작했다. 거기에는 1898년 황하 범람, 1900년을 전후로 한 극심한 가뭄, 군벌과 관료들의 억압과 착취가 작용하고 있었다.

특히 1920년대 들어서는 산둥山東 지방의 노동자가 대규모로 조선에 들어왔다. 일본의 조선 강점 과정에서 토목, 건축 등에서 값싼 노동력이 필요했기 때문이다. 1923년 초에는 1만여 명, 1924년에는 2만여 명 등이 이주했다. 그런데 당시 이주한 중국인은 청일전쟁 이전과는 달리 노동자 등 하층계급 중심이었다. 따라서 이들을 위한 음식점, 상점 등도 늘어났고 하층계급의 중국인이 값싸고 양이 많은 음식을 요구함에 따라 그 조건에 어울리는 음식을 팔게 되었다.

조선에 호떡집이 본격적으로 들어섰던 1920년대 중반이 중국인 노동자들이 대규모로 조선에 자리 잡은 시기와 맞물린다는 점 역시 그 영향을 짐작해볼 수 있게 한다. 조선총독부의 조사에 따르면 1924년 경성에 중국인이 경영하는 호떡집이 150여 개였다고 한다. 당시 조선인이 가장 부담 없이 찾았던 설렁탕집이 100여 개였음을 고려하면 호떡집이 얼마나 많았는지 알 수 있다. 1937년 8월 〈동아일보〉에는

◇ 시국을 내세워 금품을 요구한 강도가 침입했던 호떡집.〈동아일보〉1937.8.30.

시국 표방 강도가 침입한 호떡집의 사진이 실렸다. 기사는 괴한 두 명이 시국을 내세우며 금전을 강탈해 달아났다고 설명한다. 흥미롭게도 호떡집 이름이 부산역 앞에 가장 손님이 많이 찾는 중국음식점과 같다.

앞에서 금방 구워진 호떡의 달콤하고 쫄깃한 맛은 손가락을 데는 것도 참고 먹을 정도였다고 했다. 그런데 호떡집에서 아는 사람을 만나자 얼굴이 빨갛게 되어 어찌할 줄을 모를 정도로 부끄러워했다. 먼저 호떡이 저렴하고 거친 음식이어서 그랬을 것이라 추측했다. 하지만 그렇다고 해도 그 이유만으로 호떡 먹기를 부끄러워하는 건 여전히 이상하다. 이 책에서 함께 살펴보는 겨울철 대표 간식 만주와 군고구마 역시 호떡과 비슷한 가격이었다. 그런데도 만주나 군고구마의 경우는 사 먹는 사람이 부끄러워하기보다 오히려 그것을 파는 고학생이나 장수의 처지를 애처롭게 여기는 경우가 많았다.

# 5

## 어둡고 불결하다는 꼬리표

그렇다면 호떡 먹는 것을 부끄러워했던 데는 가격 말고 다른 이유가 있었음을 짐작할 수 있다. 당시 소설과 신문 기사를 통해 이 문제에 접근해보자. 1931년 11월 〈조선일보〉에 연재되던 한인택의 소설《선풍시대》에는 명순이 카페 따리아에서 나오자 누군가 다가와 수창동으로 오라는 말을 전하고 사라진다. 그 사람이 나온 곳이 호떡집이었는데, 소설에는 '컴컴하고 불결한 곳'이라고 되어 있다. 1925년 11월 〈조선일보〉에 실린 "호떡신세"에도 호떡이 어떤 음식인지 소개를 한 후에 5전만 있으면 '어두컴컴한 호떡집'에 가서 맛볼 수 있다고 했다.

앞서 이야기한《호떡집》에 그려진 그곳도 때가 낀 테이블이나 찢어진 신문지로 도배되어 있는 '누추한 곳'이었다. 1936년 6월 〈조선일보〉에는 위생 문제 때문에 호떡집을 단속할 거라는 기사도 실렸다. 호떡집은 어느 관내에 있든 가게가 협소할 뿐 아니라 호떡 장수들이 거기서 주거까지 하기 때문에 기생충이 들끓고 전염병균이 많아 철저히 단속할 예정이라고 했다.

1936년 3월《똘똘이》가 〈동아일보〉에 연재될 때 실린 삽화에는 똘똘이와 수동이가 호떡집에 들러 꿀 넣은 호떡을 먹는 모습이 담겨 있다. 식민지 시대 호떡집의 내부를 다룬 드문 이미지 자료라서 주목할 필요가 있다. 이미지를 보면 뒤편에 호떡을 굽는 화덕이 눈에 띈다. 그리고 호떡집 식탁과 의자도 확인할 수 있는데 실제로는 삽화에 그려진 것보다 더 좁고 불편했다고 한다. 또 식탁 위에 호떡을 먹으면 공짜로 마실 수 있던 차를 담은 주전자와 군데군데 깨져 있는 유리창이나 거울도 눈에 띈다. 그리고 호떡집 주인으로 보이는 두 중국인의 인상 역시 선량해 보이지는 않는다.

《선풍시대》나 "호떡신세" 같은 글에서 '컴컴하다', '어두컴컴하다'는 표현은 정말 어둡다는 글자 그대로의 뜻뿐만 아니라 부정적이라는 뉘앙스 역시 담고 있다. 그런데 중국인이 영업하는 가게 가운데 '컴컴

◇ 똘똘이와 수동이가 중국인이 운영하는 호떡집에 들른 모습.
　《똘똘이》, 〈동아일보〉 1936.3.25~26.

하고 불결한 곳'은 호떡집만은 아니었다. 장혁주는 1935년 2월 〈동아일보〉에 《삼곡선》을 연재하는데, 거기에는 중심인물 상수가 중국음식점을 방문하는 장면이 나온다. 상수는 중국음식점의 더러운 방과 때가 더덕더덕한 식탁을 보고는 마음에 들지 않아 다시 나갈까 생각한다. 게다가 분 냄새를 풍기는 여자종업원이 달라붙어 탕수육과 잡채를 가져올지, 술은 무엇으로 할지 끈적이는 태도로 묻자 저렇게 더러운 여자가 또 있을까 탄식한다.

현진건의 소설 《적도》에서도 고급 중화요리점에서 제공된 음식인데도 중국음식은 '텁텁하고 질번질번한 음식'으로 표현된다. 또 1930년 6월 〈조선일보〉에 실린 기사는 중국에서는 기름에 볶은 것이든 튀긴 것이든 지진 것이든 데친 것이든 무친 것이든 안 먹는 것이 없다고 전한다. 기사의 제목 역시 "세상에서 제일 이상야릇한 것"이었다. 호떡집에 한정하지 않더라도 식민지 시대에 중국음식, 중국음식점 등은 무언가 불결하고 컴컴한 것으로 그려져 있다. 호떡을 사 먹거나 호떡집에 가는 것을 부끄러워했던 이유 역시 이와 무관하지 않을 것이다.

사실 종로 거리를 사이에 두고 골목에 즐비하게 들어서 있었던 설렁탕집, 장국밥집, 냉면집 등도 위생적으로 불결하기는 마찬가지였다. 1939년 〈매일신보〉에 연재되었던 채만식의 소설 《금의 정열》에는 '이문식당'이 등장한다. 작가는 이문식당의 설렁탕 맛에 대해서는 칭찬을 아끼지 않는다. 하지만 설렁탕집은 지저분한 시멘트 바닥, 질질 넘치는 타구, 행주질이라고는 한 번도 안 한 식탁에다가 수천 마리의 파리가 주인을 대신해 손님을 맞는다고 그리고 있다. 이문식당뿐만 아니라 조선음식점에서 먹고 난 뚝배기나 수저를 제대로 씻지 않고, 또 먹다 남은 김치를 다시 김칫독에 넣어 비위생적이라는 불만은 빈번하게 제기되었다. 그럼에도 호떡집이나 중국음식점은 그런 불결함과 더불어 무언가 어둡고 음침한 분위기까지 풍기는 곳으로 그려진다.

비단 음식에만 한정되지 않았다. 1924년 12월 〈조선일보〉에는 "대경성 한복판에 일 전율할 악마의 소굴"이라는 기사가 실렸는데, 제목처럼 중국인과 중국인의 거주지를 악마나 그 소굴로 그리고 있다.

나날이 신문지상에는 중국인이 남의 집 아이를 꾀어다가 팔아먹었느니, 아편 침장이가 도적질을 하다가 잡히엇느니, 도수장에도 가지 안코 개를 잡아먹엇느니, 아편을 밀매하다가 잡히엇느니 하는 보도가 나타날 때는 반드시 뎡동貞洞 서소문정西小門町, 태평통太平通일대에 사는 중국인의 이름이 한목을 보고 마는 것이니 ……후략……

이처럼 호떡집에 한정되지 않고 중국음식점, 나아가 중국인을 바라보는 부정적 인식이 분명 존재했다. 글과 함께 실린 사진의 설명에

◇ 중국인 거주지를
악마굴로 표현한 기사의 사진.
〈조선일보〉 1924.12.7.

도 악마굴을 지키는 모습이라고 되어 있다.

그렇다면 중국음식이나 중국인에게는 왜 이렇게 어둡고 불결한 꼬리표가 붙어 다녔던 것일까? 영세한 자본을 밑천으로 가게 문을 열었으니 실제 호떡집이나 중국음식점이 어둡고 불결했던 것도 사실이다. 하지만 식민지 조선에서 중국음식이나 중국인을 비하하거나 모멸하게 된 것에는 중국을 부정적인 존재로 자리매김하려는 일본의 의도 역시 작용하고 있었다.

중국에 대한 인식의 문제는 일본의 근대화 과정과 밀접하게 관련되어 있다. 일본은 문명, 편리 등으로 상징되는 서양의 근대를 수용하고 뒤좇으려 했다. 그 과정에서 스스로가 아시아의 일원이라는 자각은 의도적으로 억압되거나 망각되었다. 스스로를 '아서구亞西歐', 곧 아시아의 서양이라고 지칭한 것은 일본의 지향을 상징적으로 드러낸다. 그리고 그 과정에 정당성을 부여하기 위해 다른 아시아 국가를 자신과는 반대편에 부정적 타자로 위치시키려 했다.

이를 위해서는 전제되어야 할 것이 있다. 그것은 이전까지 세계관의 중심에 위치했던 중국의 영향에서 벗어나는 일로, '중화中華', '화이華夷' 등으로 집약되는 중국 중심의 유교적 세계관을 새롭게 해야 했다. 그것을 가능하게 했던 두 가지 중요한 계기가 각각 1840년과 1894년에 일어난 '아편전쟁'과 '청일전쟁'이다.

일본에서는 이미 19세기 초에 서양이 중국보다 우월하다는 생각이 싹텄다. 그런데 중국이 아편전쟁에서 영국에게 무력하게 패배하면서 그것이 현실에서 드러났다. 이를 통해 '서양=문명=우월'과 '중국=고루=열등'이라는 새로운 도식이 만들어졌다. 이러한 도식은 이전 시대 중국 중심의 세계관을 송두리째 뒤집는 것이었다.

이어 청일전쟁에서는 조선을 둘러싼 중국과 일본의 각축전이 현실화됐다. 일본이 청일전쟁에서 승리하자 부정적 인식은 중국과 중국인에 대한 모멸과 차별로 이어지게 되었다. 그것을 잘 보여주는 예가 명칭이다. 이전까지 지칭했던 '중국', '중화', 곧 중심을 상징하는 명칭을 더 이상 사용하지 않고 영어 '차이나China'를 음차한 '지나支那'라는 명칭으로 부르게 된 것이다.

이러한 모멸과 차별은 앞서 말했듯 일본의 의도가 투영된 것이기도 했다. 중국을 부정적 타자로 규정하는 과정을 통해 스스로 강력한 중앙집권 국가를 건설하는 한편, 아시아에 대한 침탈을 정당화하려던 것이다. 모멸과 차별로 상징되는 중국과 중국인에 대한 새로운 인식은 식민지 조선에서도 확산되어갔다.

조선에서도 중국은 더 이상 세계의 중심인 아닌, 고루하고 열등한 국가로 인식되었다. 이러한 인식은 일본의 위정자의 정책에서 출발해 이후 거듭된 언론 기사의 보도를 통해 확산됐다. 나아가 학자들의 저서와 논문들을 통해 '사실'이라는 권위를 획득했다. 앞서 호떡집과 중국음식점이 어둡고 불결하게 그려진 것, 또 중국인을 악마에, 그들의 거주지를 악마의 소굴에 비유한 것 역시 이러한 과정과 긴밀하게 관련되어 있었다.

일본이 중국을 부정적 타자로 자리매김하는 과정을 통해 아시아에 대한 침탈을 정당화한 논리는 조선을 식민지화하는 과정에서도 나타났다. 19세기 말 일본의 식민정책 기안자들은 조선인의 성격을 완고하고 고루함, 의심이 많음, 구태의연함, 겁 많고 게으름, 잔혹하고 염

치없음, 고루하고 명확하지 못함 등 부정적으로 규정했다. 1910년대 후반 일본의 정책으로 자리 잡는 '조선정체성론', '조선인열등성론'은 이를 논리적 근간으로 했다. '조선정체성론', '조선인열등성론'에 이어지는 논리는 외부의 우세한 문명만이 조선인을 부정적 규정에서 벗어나게 할 수 있다는 것이었다. 여기서 '외부의 우세한 문명'이 가리키는 대상은 누구든지 쉽게 알 수 있다.

# 6
## 호떡이라는 이름에
## 담긴 속뜻

마지막으로 호떡이라는 이름에 대해 생각해보자. 일반적으로 '호떡'이라는 이름은 '중국胡'에서 전해진 '떡餠'이라는 데서 유래한 것으로 파악된다. 여기서 '호胡'는 주지하다시피 '오랑캐'를 가리키는 말이다. 그런데 의아한 점은 중국에서도 여러 가지 재료로 된 소를 넣고 구운 음식을 부르는 데 '후빙胡餠'이라는 이름을 사용했다는 것이다.

실제 '호胡'는 오랑캐를 뜻하는 것처럼 긍정적이기보다 부정적인 의미로 많이 사용된다. 터무니없는 말이라는 '호언胡言', 함부로 어지럽게 쓴 글씨라는 '호서胡書' 등이 그렇다. 몹시 뒤엉키어 어수선한 생각을 가리키는 '호사난상胡思亂想'도 크게 다르지 않다. 그렇다면 중국인이 자신들이 먹는 음식을 후빙이라고 불렀다는 것은 스스로를 부정적으로 여기거나 비하했음을 뜻한다. 그런데 중국에서 '후빙', 식민지 조선에서 '호떡'이라고 불렀던 음식은 같기도 하지만 다르기도 하다.

실제 중국에서 후빙이라고 불렀을 때 '호胡'는 중국의 서역 지방을 가리켰다. 중국에서 얇고 둥근 '병'이 등장한 것은 한대漢代 후기다. 당시는 '호胡'라는 수식어가 부정적 의미를 지니기 전이다. '호胡'는 중국이 아닌 지역, 곧 이방이라는 의미 정도만을 지니고 있었고 서역 지방에 전해진 얇고 둥근 병이라서 후빙이라고 불렀다. 《속한서續漢書》에는 한나라의 영제靈帝가 후빙을 즐겨 먹었고, 뤄양洛陽의 귀족도 먹었다고 되어 있는데, 이 역시 앞선 사실을 뒷받침한다.

중국은 기후 때문에 남방은 쌀을 주로 먹었던 반면, 북방은 밀을 주식으로 삼았다. 밀을 재료로 한 후빙 역시 후한 말에서 삼국시대에 이르러 중국의 북방 여러 지역으로 퍼져나갔다. 당대, 송대를 거치는 동안 더욱 확산되어 서민들도 일반적으로 먹는 음식이 되었다. 조리 방식으로 보면 후빙 역시 구워서 만드는 '샤오빙燒餅'의 일종이었다. 반죽을 화덕 안쪽에 붙여 표면이 비스듬하게 아래쪽을 향하게 구워 속은 부드럽고 겉은 바삭바삭하게 익게 했다.

그런데 당시까지 후빙은 지역에 따라 재료와 조리법이 달라 맛 역시 다양했다고 한다. 2012년 노벨문학상을 수상한 중국의 소설가 모옌莫言은 한국에서는 《붉은 수수밭》이라는 제목으로 상영되었던 영화의 원작 《홍까오량가족紅高粱家族》을 쓴 작가다. 그의 소설 가운데 《티엔탕 마을 마늘종 노래天堂蒜之歌》도 있다. 소설에는 티엔탕 마을 사람들이 호떡으로 식사를 하는 장면이 나온다. 마늘 농사를 짓는 마을이라서 소로 마늘종이나 파를 넣어 호떡을 만들어 먹는다.

근래 중국에서는 후빙보다 샤오빙이라는 이름을 더 많이 사용한다. 그러니 후빙과 호떡은 다른 나라에게 전해진 떡이라는 의미에서는 같지만 그 기원이 서역과 중국이라는 점에서는 달랐다. 중국인이 서역에서 전해진 떡을 가리켜 '후빙'이라고 불렀을 때 '호<sup>胡</sup>'는 중국이 아닌 이방이라는 의미를 지니고 있다. 그런데 식민지 조선에서 중국에서 전해진 떡을 '호떡'으로 지칭했을 때 '호<sup>胡</sup>'에는 비하나 모멸이 자리하고 있다.

식민지 조선에 호떡이 자리를 잡았던 것은 중국음식, 나아가 중국인에 대한 부정적 인식이 정착하는 과정과 맞물려 있다. 거기에는 중국을 부정적 타자로 자리매김하는 과정을 통해 아시아에 대한 침탈을 정당화하려는 일본의 의도가 작용하고 있다. 서역에서 건너온 음식을 후빙이라고 불렀던 데 '중화<sup>中華</sup>'라는 사고가 작용하고 있다면, 중국에서 들어온 음식을 호떡이라고 지칭한 데는 '아서구<sup>亞西歐</sup>'라는 준거가 작용하고 있다.

한 삽화를 보자. 1986년 3월 〈조선일보〉에 게재된 것으로, 본래는 1898년 1월 프랑스 신문 〈르 프티 파리지앵 Le Petit Parisien〉에 실린

◇ 열강들에 의해 분할된 중국의 영토를 호떡에 비유한 삽화.
"한말 역사의 무대",〈조선일보〉1986.3.18.

삽화라고 한다. 중국의 영토를 분할해 뺏으려는 열강들의 모습을 엿볼 수 있다. 왼쪽부터 영국의 여왕, 독일의 황제, 러시아의 황제, 프랑스의 여성 등이 보인다. 맨 오른쪽에 있는 일본인 역시 영토 분할에 빠질 수 없다는 듯 인상을 찌푸리고 있다. 삽화의 제목은 "중국 호떡 나눠 먹기"다. 프랑스 신문에 실린 그림이라서 그런지 칼로 나누고 있는 음식은 아무리 봐도 피자처럼 보인다. 하지만 "중국 호떡 나눠 먹기"라는 제목을 고려하면 당시 서양인 역시 중국을 대표하는 음식 하면 호떡을 떠올렸던 것 같다.

## 더 읽을거리

# 학생들의
# 최애 간식

식민지 시대 호떡은 학생들이 가장 즐겨 먹는 간식이었다. 각 학교 앞에는 단골집이 있을 정도였으며, 학생들은 호떡을 사 먹는 부끄러움에서도 자유로웠던 것 같다. 여기서는 호떡이 학생들의 최애 간식이었음을 알게 해주는 글 두 편을 소개하려 한다.

1932년 11월 잡지 〈별건곤〉에 발표된 "호떡"은 기숙사 생활을 하는 학생들에게 호떡 사 먹는 재미가 쏠쏠했음을 말하고 있다. 외출했다가 밤에 돌아오는 길에 호떡을 사서 이불 속에서 먹는 맛을 별미라고 한다. 또 학생 하나가 외출 허락을 받으면 각 방마다 호떡 주문이 굉장하다고도 했다.

역시 〈별건곤〉에 실린 "인간계에서 모르고 잇는 여학교 기숙사의 비밀"은 여학생들 역시 호떡을 즐겨 먹었음을 말해준다. 먼저 호떡 장수가 여학생 기숙사로 외상값을 받으러 간 것으로 시작된다. 외상 당사자 여학생은 기숙사 어멈에게 1원을 주며 호떡 장수에게 50전을 주고 어멈이 나머지 반을 가지라고 한다. 어멈에게 50전을 준 이유가 밤에 몰래 외출을 하는 데 편의를 봐달라는 대가였다는 점도 흥미롭다.

---

"호떡", 〈별건곤〉 57호, 1932.11.

겨울이 차저오면 제일 인상 깁흔 것이 호떡이다. 밤에 외출하엿다가 도라오는 길에 호떡을 두어 개 사서 신문지에 싸가지고 도라와 이불속에서 먹는 것은 별미다. …… 기숙사 생활에는 더욱 호떡이 필요하다. 밤낮 시래기국 아니면 좀 낫대야 두부국이나 먹는 터이니까 자연 간식이 는다. …… 누가 사감선생 허락 맞고 외출하게 되면 각 호실에서 호떡 주문이 굉장하다. 간식은 금함으로 사감선생이 알까바 쉬—해가며 구멍 뚜러진 돈을 쥐여준다.

"인간계에서 모르고 잇는 여학교 기숙사의 비밀", 〈별건곤〉 15호, 1928.8.

긔숙에서 밥 지여주는 어멈이 조심성스럽게 미닫이를 연다.

"여보시우! 호떡 장사 호인 녀석이 호떡 갑 밀닌 것 밧으러 왓대요." 하는 어멈의 말이 끗나기가 무섭게 그 어엽분 아가씨는 잠간 쨍그리는 듯 하드니 ……

"자—, 어멈 이것 1원 짜리니 50전만 위선 밧어가라고 그레고 남는 50전은 어멈 용돈으로나 써요. 그런대 오늘밤에는 활동사진 구경을 좀 갈 텐대 지금 사감선생님 한 분만 게시지?"

어멈은 빙그레 우스면서,

"네! 선생님 계서도 념려 업서요. 내 잘 직혀 드리지요. 오날도 부억 뒷문으로 나가세요. 늦게라도 열어 들일게—. 그럿치만 스립빠는 이 방 압헤 잘 맞초아 노아주세요."

# 5 장

# 라무네

여름이면서 여름 아닌 고요한 행복

언제까지던지 푸른 하늘을 우러러보고 있으면

나종에는 현기증이 나며 눈이 둘러빠질 듯싶다.

두 눈을 뽑아서 푸른 물에 이윽히 채웠다가

라무네 병 속의 구슬같이 차진 놈을

다시 살 속에 박아넣은 것과도 같이 눈망울이 차고

어리어리하고 푸른 듯하다.

이효석, 《들》,
〈신동아〉, 1936.3.

# 1

# 병 속의
# 푸른 구슬

목이 마를 때 탄산음료를 마시면 시원한 데다 짜릿한 기분까지 느껴진다. 무더운 여름에는 더욱 그런데, 탄산음료의 매력을 알게 되면 설령 여름이 아니라도 자꾸 찾게 된다. 목마를 때뿐 아니라 소화가 안 될 때 마셔도 속이 뻥 뚫리는 기분을 느낀다. 가장 즐겨 찾는 탄산음료는 콜라cola다. 처음에 콜라가 약국에서 판매하는 약으로 탄생했다는 사실은 조금 뜻밖이다. 콜라는 1950년 한국에 모습을 드러냈고 1960년대 이후 본격적으로 생산, 판매되었다고 한다. 콜라 다음으로 인기가 있는 음료는 사이다cider일 텐데, 사이다는 콜라보다 한참 먼저인 1920년대에 처음 선을 보였다.

그렇다면 한국에 처음 등장했던 탄산음료는 무엇이었을까? 그 맛은 어땠으며 가격은 얼마였을까? 또 처음 탄산음료를 마시고 멀쩡하던 코끝이 찡해지는 경험을 한 사람들은 어떤 기분이었을까? 이 장에서는 조선에 처음 등장한 탄산음료에 대해 살펴보려 한다. 식민지 시대 조선인에게 코끝이 알싸해지는 맛을 선보인 탄산음료를 소개해줄 작가는 소설 《메밀꽃 필 무렵》으로 유명한 이효석이다.

《메밀꽃 필 무렵》은 짧은 분량에 교과서에 실린 적도 있어 독자에게도 친숙한 작품일 것이다. 그리고 《메밀꽃 필 무렵》이라고 하면 달빛에 하얗게 물든 메밀밭 길을 걷는 장돌뱅이를 떠올릴지도 모르겠다. 아마 식민지 시대 조선의 자연을 가장 아름답게 그린 소설 가운데 한 편일 것이다. 그런데 《메밀꽃 필 무렵》을 읽으면서 조금 의아하게 생각했던 것은 오히려 소설에서 달빛에 비친 메밀꽃을 '아름답다'고 한 부분이다. 소설에 그려진 식민지 시대 장돌뱅이의 고단한 처지를 생각하면 메밀을 보고 '아름답다'보다 '배고프다'는 생각이 먼저 떠오르지 않았을까?

한 가지 짚고 넘어가야 할 부분은 이효석이 강원도 평창에서 태어나긴 했지만 일찍부터 경성에서 유학을 했으며 당시 문인 가운데서도 두드러지게 모던한 인물이었다는 사실이다. 이효석의 소설 가운데는 《메밀꽃 필 무렵》만큼 알려져 있지 않지만 《들》이라는 소설이 있다. 《들》의 중심인물은 '나'인데, 경성에서 학교를 다니다 고향에 돌아와 있는 인물이다. 소설에 직접 언급되지는 않지만 시국과 관련해 귀향한 것같이 그려져 있다. 그와 무관하게 '나'는 여기저기를 유유자적하게 돌아다니며 고향의 토속적인 정취에 젖어든다. 시선은 푸른 들과 여기저기 핀 꽃을 거쳐 하늘에 이른다. '나'는 하늘을 바라보고 있는 자신의 눈망울을 다음과 같이 표현한다.

언제까지던지 푸른 하늘을 우러러보고 있으면 나중에는 현기증이 나며 눈이 둘러빠질 듯싶다. 두 눈을 뽑아서 푸른 물에 이윽히 채웠다가 라무네 병 속의 구슬같이 차진 놈을 다시 살 속에 박아넣은 것과도 같이 눈망울이 차고 어리어리하고 푸른 듯하다.

푸른 하늘을 보고 있으면 현기증이 나서 눈이 빠질 것 같은데, 그 눈망울이 라무네 병 속의 구슬같이 차고 어리어리하고 푸를 것 같다고 한다. 눈망울이 하늘빛에 물든 것과 같이 푸른빛을 띤다는 표현일 것이다. 그런데 라무네 병 속의 구슬은 무엇이기에 푸른 하늘빛에 물든 눈망울을 거기에다가 비유했을까?

병 속의 구슬보다 먼저 라무네가 무엇인지부터 알아보는 게 순서일 것 같다. 목이 마르거나 속이 답답할 때 콜라나 사이다를 벌컥벌컥 마시면 음료 속에 들어 있는 '탄산 carbonic acid' 덕분에 시원한 데다 알싸한 기분까지 느낀다. 그래서 콜라나 사이다를 탄산음료라고 부른다. 라무네를 간단하게 설명하자면 조선에 가장 먼저 등장했던 탄산음료라고 할 수 있다.

◇ 이효석의 소설 《들》이 게재된
  잡지 《신동아》의 창간호 표지.

식민지 시대 사람들도 탄산음료를 맛깔나게 마시는 방법을 알고 있었나 보다. 1928년 4월 〈동아일보〉에 실린 "소다수 먹는 법"에는 더워진 날씨와

◇ 라무네(가운데)와 사이다 병.
  "녹음 밑에 마시는 시원한 사이다,
  라무네", 〈동아일보〉 1934.7.3.

함께 탄산음료의 시절이 왔다고 한다. 그러고는 탄산음료를 마실 때는 빨대로 마시지 말고 컵째 벌컥벌컥 마셔야 제 맛을 알 수 있다고 한다. 물론 김말봉의《찔레꽃》에 나오는 정순처럼 탄산음료를 빨대로 마시다 탄산이 코로 올라와 눈물을 흘리는 사람도 드물지 않았다.

이름에서 이미 눈치를 챘겠지만 '라무네ラムネ'라는 명칭은 '레모네이드lemonade'가 일본을 거치면서 붙은 것이다. 근대의 문물 대부분이 일본을 거쳐서 조선에 들어온 것은 익히 알고 있는 사실이니 탄산음료도 그랬구나 정도로 생각할 수 있겠다.

그러니 '라무네 병 속의 구슬'에서 오히려 궁금한 것은 라무네라는 탄산음료 병 안에 왜 구슬이 들어 있었나 하는 의문일 것이다.《들》에서 이효석이 하늘빛과 같은 푸른색이라고 했으니 장식용이었나 하는 생각이 들지도 모르겠다. 하지만 장식용과는 거리가 멀다. 어쩌면 사람들이 라무네의 맛을 온전히 느끼는 데 가장 중요한 역할을 했던 존재일지도 모르겠다.

# 2
# 김빠지지
# 않게 하라

　　'김빠진 사이다'라는 말이 있다. 본래 맛이나 재미가 없었진 것을 가리키니 정확히는 '탄산 빠진 사이다'가 맞는 표현일 것이다. 이 말은 거꾸로 콜라나 사이다가 지닌 매력 가운데 탄산이 가장 중요한 요소임을 가리키기도 한다. 라무네가 처음 탄산음료로 생산되었을 때도 어떻게 탄산이 새는 것을 막을 수 있을까 하는 것이 가장 긴요한 문제였다.

　　라무네 병 속의 구슬은 바로 탄산이 새는 것을 막는 역할을 한다. 중간 부분이 오목하게 들어간 독특한 병의 디자인도 같은 이유 때문이다. 다행히 지금도 판매를 하고 있어서 100년도 더 된 라무네의 맛을 볼 수 있다.

　　1934년 7월 〈동아일보〉에 실린 글에는 라무네를 마실 때 구슬을 처리

방법을 아래와 같이 설명하고 있다.

라무네 병을 막고 잇는 유리구슬은 병 속에 든 물속에 섞여 잇는 탄산와사 때문에 치바쳐서 잇으므로 먹을 때에는 손고락으로 눌르면 되는 것입니다.

◇ 현재 판매되고 있는,
  독특하게 생긴 라무네 병.

인용에는 구슬은 탄산이 새지 않게 하려고 오목한 부분을 막고 있는 것이니 손가락으로 구슬을 눌러 아래로 내려가게 한 후 마시면 된다고 했다. 라무네는 탄산의 압력만을 이용해 밀폐하는 구조라 구슬이 핵심 역할을 했다. 그런데 마실 때마다 손가락으로 구슬을 눌러야 했다면 조금은 번거로웠을 것이다.

처음 일본에서 라무네를 생산했을 때는 '해밀턴병Hamilton Bottles'이라고 부르는 병을 사용했다. 개발자의 이름을 따서 해밀턴병이라고 불렀다. 타원형으로 넓적하게 생겼는데, 일본에서는 오이 모양과 비슷하다고 해서 흔히 오이병이라고 불렀다.

탄산음료가 처음 출시되었을 때, 탄산이 새는 것을 막는 게 가장 중요했다. 코르크 마개를 사용해보기도 했지만 코르크가 마르면 탄산이 새어나갔다. 와인병을 눕혀 보관하듯이 음료의 병을 옆으로 보관하면 코르크가 마르는 것을 막을 수 있지만 가게나 상점에서 병을 눕혀 보관하는 건 쉽지 않았다.

이를 해결하기 위해 1814년 윌리엄 해밀턴<sup>William</sup> <sup>Hamilton</sup>은 타원형으로 넓적하게 생긴 병을 만들었다. 게다가 아래를 동그랗게 만들어 아예 세우지는 못하게 했으니 꽤나 머리가

◇ 탄산이 새는 것을 막기 위해
눕혀 보관하게 만든 해밀턴 병.

좋은 사람이었나 보다. 해밀턴병은 1840년대부터 탄산음료를 담는 용기로 사용되어 수십 년 동안 인기를 유지했다. 해밀턴병에 담아 라무네를 판매했을 당시에는 철사를 이용해 코르크 마개를 고정했다.

이후 유리구슬을 통해 탄산이 새는 것을 막았는데 이를 '코드 넥 보틀<sup>Cord Neck Bottle</sup>' 방식이라고 부른다. 1890년 전후로 등장한 방식으로, 라무네 병은 코르크 마개를 사용한 해밀턴병이나 이후 사용하게 되는 금속마개 병과는 달리 구슬까지 포함해 세척해서 다시 사용할 수 있다. 다시 사용한 데는 병 모양이 제조하기 까다로운 모양이라는 이유 역시 작용했던 것으로 보인다.

이후 흔히 '크라운캡<sup>Crown Cap</sup>'으로 불리는 마개가 탄산음료와 맥주 등의 병마개로 등장했다. 탄산이 새어나가지 않게 병 끝 부분에 홈을 파고 마개 역시 톱니 모양으로 만든 것이다. 톱니 모양이 마치 왕관과 비슷한 모양이어서 크라운캡이라고 불렀다. 지금도 병에 담긴 탄산음료나 맥주에 사용되고 있다.

관심을 가지고 세어보는 일이 드물겠지만 어떤 음료든 마개가 크라운캡으로 되어 있으면 톱니의 개수는 21개다. 톱니가 21개보다 적으

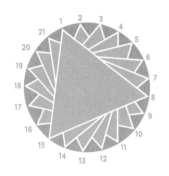

◇ 동그라미에 정삼각형을
그려가며 적합한 톱니의 개수를
찾은 크라운캡의 원리.

면 탄산이 새어나가거나 잘못하면 마개가 벗겨질 수 있고 21개 이상이 되면 마개를 딸 때 과도한 힘이 들어가 병이 깨질 수도 있다고 한다.

크라운캡은 1892년 미국인 윌리엄 페인터William Painter가 발명했다고 한다. 그는 동그라미에 정삼각형을 하나씩 그려가며 병뚜껑에 적합한 톱니의 수를 찾아냈다. 지금까지 수많은 탄산음료와 맥주가 등장했지만 마개로는 크라운캡을 사용해왔다. 흥미로운 점은 단일 음료나 맥주를 판매해 가장 많은 돈을 번 제품도 크라운캡이 올린 수익에는 못 미친다는 것이다. 지금은 프라스틱 마개인 '트위스트캡Twist Cap'도 사용되지만 여전히 크라운캡이 사용되는 비중이 더 높다고 한다.

일본에서 라무네가 인기를 얻자 탄산음료인 사이다와 시트론이 생산, 판매되기 시작했다. 그런데 사이다, 시트론 등은 마개로 크라운캡을 사용했다. 편리한 데다가 제조 단가도 저렴했기 때문일 것이다. 그런데 라무네는 계속해서 구슬로 탄산이 새어나가는 것을 막는 방식을 사용했다. 라무네 하면 소비자가 그 병을 떠올릴 정도로 익숙해져서 그랬을 수도 있다. 하지만 그보다 이미 많이 생산된 병을 재사용하는 편이 비용이 적게 들었기 때문일 가능성이 더 크다. 라무네를 대형 회사에서 생산하지 못하게 규제해, 중소 회사에서만 생산할 수 있었던 상황도 한몫했다.

## 3
# 다방엔 없고,
# 극장엔 있고

조선에 처음 선을 보인 탄산음료였던 만큼 라무네의 인기는 대단했던 것으로 보인다. 1927년 7월 〈동아일보〉에 실린 "하절에 다용하는 청량음료수"라는 기사는 여름철 음료수는 차고도 상쾌한 맛이 있어야 한다고 했다. 그러고는 라무네와 같은 음료에는 탄산이 들어 있어서 마시면 마음이 상쾌해지는 것이라며 탄산의 효능에 관해 언급한다.

1937년 6월 〈조선일보〉에 실린 사진도 보자. 사진에 딸린 기사에서는 한여름이면 더위 때문에 땀범벅이 되어 허덕이지만 그 덕분에 차가운 물의 고마움을 느낄 수 있다고 한다. 이어 예전에는 시냇물이나 샘물을 마셨지만 지금은 문명의 힘으로 더 시원한 청량음료를 마신다는 것이다. 그러고는 사이다サイダー, 시트론シトロン과 함께 라무네

를 청량음료의 대표적인 예로 들고 있다.

> 찌는 듯한 아스팔트의 폭사열을 바로 눈 압헤 두고도 가게 한 모롱이 아
> 담한 자리를 잡고 마음에 드는 벗 더군다나 사랑하는 안해와 어린 아들
> 과 더부러 라무네를 마시는 맛이란 정말 여름이면서도 여름 아닌 서늘
> 하고 고요한 행복이다.

　인용에서는 뜨거운 여름날 가게 한편에서 가족이나 친구와 함께
라무네를 마시는 것이 여름을 잊게 하는 서늘하고 고요한 행복이라고
했다. 사이다와 시트론은 라무네의 경쟁 상품이기는 했지만 라무네가
가장 인기가 있었을 때는 사이다와 시트론이 등장하기 전이다.
　식민지 시대 소설을 보면 커피, 홍차와 같은 차 혹은 사이다, 시트
론과 같은 탄산음료를 마시는 장면이 드물지 않게 등장한다. 소설 속

등장인물들이 그러한 차나 음료를 마시는 곳은 대개 다방이나 카페다. 그런데 같은 공간에서 라무네를 마시는 장면을 찾아보긴 힘들다. 당시 카페와 다방의 메뉴에 라무네가 없었기 때문이다. 여기에는 크게 두 가지 이유가 있다. 먼저 사이다나 시트론이 등장하기 전 라무네의 인기가 가장 높았을 때는 다방이나 카페가 생겨나기 전이다. 앞서 살펴본 것처럼 조선에 온전한 의미의 근대적 다방이나 카페가 정착되는 것은 1920년대 후반에 이르러서였다. 또 같은 탄산음료 중에서 라무네가 사이다, 시트론에 비해 수익이 높지 않았던 것도 큰 이유였다.

그렇다면 라무네는 주로 어디에서 판매했을까? 라무네는 조금은 뜻밖의 장소에서 팔았다. 그곳에 대한 도움을 받을 수 있는 소설로 이태준의 《사상의 월야》가 있다. 《사상의 월야》는 1941년 3월부터 7월까지 〈매일신보〉에 연재된 소설로 작가의 경험에 기반을 둔 자전소설이기도 하다.

한 두 시간 뒤에 불이 켜젓다. 기다리기나 한 것처럼 "우유 잡쇼. 라무네요." 소리가 일어낫다. 윤수 아저씨는 라무네를 세 병 사고 화루짝만큼식한 과자를 사더니 먹자고 하면서 송빈이더러 "어떠니?" 물엇다. "뛰구 쪼차가구 하는 건 알겟는데 왜 그리는건진 모르겟어요……" 하니까 은주가 날름 "어쩜 그러케 재미잇는 걸." 하고 "바보!" 라는 듯이나 말둥히 본다.

인용에서 라무네는 우유와 함께 극장 '우미관'에서 파는 음료로 등장한다. 영화가 끝나자 "우유 잡쇼. 라무네요" 하는 소리가 들렸다는

◇ 송빈과 은주가 함께 우미관에서 영화를 보는 장면을 그린 삽화.
이태준, 《사상의 월야》, 〈매일신보〉 1941.5.3.

것처럼 활동사진이 상영되기 전후 판매원이 직접 관객석을 돌아다니며 팔았음을 알 수 있다.

앞선 인용은 라무네에 대한 다른 정보도 제공해준다. 작가의 모델인 송빈이 은주와 윤수 아저씨와 같이 활동사진을 보러 간 것이 17세 때의 일이다. 그러니 이미 1920년 즈음 우미관에서 라무네를 판매했을 뿐 아니라 라무네가 조선에 들어온 것은 그보다 이전이었음을 알 수 있다.

라무네를 판매한 곳으로는 열차 정거장도 있었다. 소설 《상록수》로 유명한 심훈의 작품 중 《동방의 애인》이라는 소설이 있다. 《동방의 애인》은 박진이 봉천에서 열차를 타고 경성으로 가는 장면으로 시작된다. 봉천역에서 출발한 열차는 안동현정거장에서 정차한 후 국경을 넘어 다시 신의주정거장에 정차한다.

◇ 박진이 탄 열차가 압록강철교를 지나는 모습을 그린 삽화.
심훈,《동방의 애인》,〈조선일보〉1930.10.29.

그동안에 기차가 신의주정거장에 들어와서 김빠진 긔관차는 한울로 벌
린 코구멍으로 물을 갈어삼키고 잇는 중이엿다. 안동현정거장보다 갑
절이나 되는 승객이 오르고나리며 삼등객차 안은 북도 사람의 거세인
목소리와 중국인 '구리<sub>苦力</sub>'의 게우<sub>鵝鳥</sub>의 멱을 따는 듯한 소리며 "에ㅡ
사이다, 라무네ㅡ 오짜니벤또 !"가 한데 얼버무려서 떠들썩하얏다.

열차가 신의주정거장에 정차하니 삼등실 안은 북도인의 거센 사
투리와 중국인 구리의 외침과 함께 "에ㅡ 사이다, 라무네ㅡ 오짜니
벤또!"라는 소리로 가득 찼다. '구리'는 중국인 노동자를 가리키고 '게
우'는 거위의 방언이다. 열차가 신의주정거장에 도착하자 판매원이
"에ㅡ 사이다, 라무네ㅡ 오짜니벤또 !"라고 소리치고 다녔다는 부분
에 주목할 필요가 있다. 판매원은 도시락이나 음료를 파는 사람으로
'우리코<sub>売り子</sub>'라 불렸고 '오짜니벤또<sub>お茶に弁当</sub>'는 '차(물)와 도시락' 정

도가 되겠다. 열차가 신의주정거장에 정차하니 팔러 다녔다는 것으로 보면 정거장에서만 판매했다는 것도 알 수 있다.

열차 정거장에서 라무네를 파는 모습은 다른 소설에서도 어렵지 않게 찾을 수 있다. 《팔리는 몸》에서는 병철, 복희, 할머니가 함경도에서 경성으로 가는 열차를 탄다. 열차는 퇴조, 서호진 등을 지나 함흥역에 정차를 하는데 거기서도 "라무네, 사이다, 벤또!"를 외치고 다니는 우리코 소리가 들렸다. 연작소설 《소년기수》에서는 금강산으로 가는 열차를 타니 역시 우리코가 "라무네, 사이다, 고벤또!"를 외치고 다니는 소리가 들렸다고 했다.

위의 소설들을 보면 정거장에서 우리코가 외치고 다니는 소리가 거의 같았다는 것, 나아가 승객들에게 파는 먹을거리가 라무네, 사이다, 도시락 정도로 정해져 있었다는 것도 알 수 있다. 정리해보면 라무네는 주로 극장이나 열차의 정거장에서 팔았고 그 밖에 점방이나 노점과 같은 작은 가게에서도 팔았다는 것을 알 수 있다.

다방이나 카페가 들어선 후에도 라무네는 수지가 높지 않아 사이다나 시트론에 밀렸다. 그런데 왜 라무네는 다방이나 카페에서 팔기에 수익이 높지 않았을까? 그것은 라무네가 사이다나 시트론과 비교할 때 가격이 2분의 1에서 3분의 1 정도밖에 되지 않았기 때문이다. 손님 입장에서는 싸서 좋았겠지만 가게 입장에서는 사이다나 시트론에 비해 수지가 맞지 않는 제품이었다.

그렇다면 라무네는 사이다나 시트론에 비해 얼마나 저렴했을까? 앞서 살펴본 "소하의 왕자! 청량음료"에는 가게에서 5전을 내고 라무네를 먹었다는 언급이 있다. 이를 통해 1930년대 후반 소매점에서 라무네가 5전이었음을 알 수 있다. 5전이라는 가격은 1920년대에도 큰 차이가 없었다.

1924년 5월 〈동아일보〉에 실린 "흥행장의 물가"라는 글은 관청이 연극장이나 활동사진관 등 흥행장에서 판매하는 음식 가격을 규정한 것을 알리는 기사다. 거기서는 라무네의 가격이 10전으로 되어 있어 일반 가게보다 두 배 정도 비쌌다는 것도 알 수 있다.《사상의 월야》에서 라무네를 사 먹은 우미관도 흥행장이었으니 윤수 아저씨도 한 병에 10전 정도를 줬을 것이다.

기왕 얘기가 나왔으니 흥행장에서 팔았던 다른 품목의 가격도 확인해보자. 사이다와 시트론의 가격은 30전, 맥주는 60전, 커피는 10전, 화로와 방석이 5전이었다. 흥행장에서 파는 라무네의 가격은 맥주의 6분의 1 정도였고, 커피값과는 비슷했다. 또 사이다, 시트론 등 다른 탄산음료 가격의 3분의 1 정도밖에 안 됐다. 일반 가게에서 파는 가격과 비교하면 차이가 더 컸다. 당시 흥행장에 좌석이나 난방이 제대로 갖춰지지 않아서 그랬는지 돈을 내고 화로와 방석을 대여했다는 사실도 흥미롭다.

# 4
# 사이다에
# 자리를 내주기까지

## 1 · 라무네의 등장

이름에서도 알 수 있듯이 라무네는 다른 근대의 문물처럼 일본을 통해 조선에 전해졌다. 라무네가 일본에 유입된 것은 메이지시대 이전인데, 정확한 시기는 알려져 있지 않다. 에도시대 후기 서양 문물이 전해지는 통로였던 나가사키長崎에 네덜란드의 음료가 '오란수オラン水'라는 이름으로 등장했던 것을 고려하면 라무네의 유입도 비슷한 시기였으리라 추정되는 정도다.

유입된 시기뿐만 아니라 일본에서 제조되어 판매된 시기에도 이런 저런 얘기가 있다. 먼저 1866년 나가사키에 살던 일본인이 영국인에게 만드는 방법을 배워 제조해 판매했다는 얘기가 있다. 또 1868년 외국인 거류지가 조성되어 있던 도쿄 쓰키지築地에서 중국인 '연창태蓮昌泰'가 처음 라무네 가게의 문을 열었다고도 한다. 같은 해 요코하마에 거주하던 영국인이 라무네를 제조하는 기계와 원료를 들여와서 라무네를 제조, 판매했다는 얘기도 있다.

이렇듯 라무네가 일본에 유입되거나 판매된 상황이 분명하지 않은 이유 중 하나는 대형 회사나 공장에서 생산되지 않아서다. 당시 라무네는 수공업 방식으로 제조되었기 때문에 간단한 기계와 공간만 있으면 가능했다. 또 에도 후기와 메이지 초기는 시기적으로 대형 회사나 공장이 등장하기 이전이다. 1899년 4월 〈도호쿠닛포東北日報〉에 실린 광고를 보면, 크기도 크지 않고 체계도 복잡하지 않음을 알 수 있다.

사이다와 시트론이 일본에 등장했을 때, 사이다는 '미쓰야三ツ矢', 시트론은 '리본リボン'이라는 생산 브랜드 이름을 앞에 붙였다. 이에 반해 라무네는 여러 회사에서 생산되었고 심지어 가게에서도 제조되었기 때문에 특정한 브랜드 이름이 붙지 않았다. 사이다나 시트론이 등장하고 나서도 라무네는 대형 회사에서 생산하지 못하도록 한 규제에서 자유롭지 못했다. 이는 관청에서 중소업체에 기회를 부여하기 위

◇ 라무네 제조 설비를
판매한다는 광고.
〈도호쿠닛포〉1899.4.6.

◇ 일본에서 시판했던 라무네 광고.

해 대형 회사에서 생산을 독점하는 것을 허용하지 않았기 때문이다. 당시 일본에서 판매되었던 라무네의 광고 문구를 보면 '현에서 유일한 위생음료'라고 되어 있다. 라무네가 중소업체에서 생산되었던 까닭에 오히려 위생 문제가 많았음을 알 수 있다.

1880년대부터 라무네를 즐겨 찾는 사람들이 늘어나자 제조, 판매하는 회사나 가게 역시 급격히 증가한다. 나쓰메 소세키도 라무네를 비롯한 탄산음료를 좋아해 즐겨 마셨다고 한다. 다니구치 지로谷ロジロ―와 세키카와 나쓰오関川夏央가 함께 펴낸《'도련님'의 시대'坊っちゃん'の時代》라는 만화가 있다. 모두 5권으로 되어 있는데, 나쓰메 소세키를 중심으로 모리 오가이森鷗外, 이시카와 다쿠보쿠石川啄木 등 비슷한 시기에 활동했던 문인들을 다룬다. 만화이지만 웬만한 역사서보다 더 촘촘하고 생동감 있게 그 시대를 재현하고 있어 흥미를 더해준다. 《'도련님'의 시대》1권을 보면 나쓰메 소세키가 지인들과 '니콜라이성당ニコライ聖堂' 근처를 산책하면서 라무네를 마시는 장면이 나온다.

시간적 배경은 1900년대 초로 나쓰메 소세키가 간다神田에 위치한 메이지대학明治大學에 출강할 무렵이다. 한 병에 3전을 주고 라무네를 구매하는데, 당시 전차 요금 역시 3전이었다는 데서 라무네 가격이 어느 정도였는지 가늠할 수 있다. 또 나쓰메 소세키가 쓴 소설 《행인行人》에는 뒤에서 살펴볼 '히라노스이平野水'와 '사이다'를 마시는 장면도 등장한다. 나쓰메 소세키가 라무네를 비롯한 탄산음료를 즐겨 마셨다는 설명 역시 여기에 따른 것이다.

라무네의 높은 인기는 일본에 처음 등장한 탄산음료의 탄산이 독특한 느낌의 맛을 낸다는 입소문이 크게 작용했을 것이다. 또 라무네를 제외한 다른 탄산음료가 본격적으로 생산되기 전이라는 상황도 영향을 미쳤던 것 같다. 1880년대부터 사이다나 시트론이 경쟁 상대로 부각되는 1920년대까지 일본 탄산음료 시장에서 라무네가 90퍼센트 이상을 차지할 정도였다.

라무네는 다른 근대 문물과 마찬가지로 일본을 거쳐 조선에 유입됐다. 들어온 시기 역시 일본인이 조선에 유입된 때와 무관하지 않다. 그런데 1910년 조선 강점을 계기로 일본인이 본격적으로 이주를 시작한 데 비해 라무네가 그보다 이른 시기에 조선에 등장했다는 것에 유의할 필요가 있다. 이미 1901년 7월에서 8월까지 〈황성신문〉에 종로 한성상회에서 판매하는 라무네의 광고가 여러 차례 실린다. 또 1902년 10월부터 12월까지는 같은 신문에 영국 '부루너몬드 소다 제조회사' 광고가 여러 차례 실렸다.

이 소다는 각종 식료, 음료, 약료에 사용하나니, 식료 중에는 면포, 왜떡, 지단가오, 각종 과자 제조하는 데와 음료 중에는 맥주, 나무네 제조하는 데와 약료 중에는 건위健胃, 치체治滯 기타 제증에 수용하는 데 사용하나니

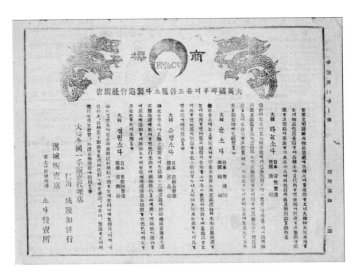

◇ '부루너몬드 소다 제조회사' 광고. 〈황성신문〉 1902.10.21.

인용에는 면포, 왜떡, 지단가오, 맥주 등과 함께 라무네에도 소다를 넣는다고 언급한 부분이 있다. 면포는 빵을 가리키는 것이고, 지단가오는 중국식 계란빵을 뜻한다.

또 1908년 7월 〈황성신문〉의 기사는 술 취한 사람이 일본인의 차에 실려 있는 라무네 병 70개를 깨뜨렸다는 사고 소식을 전한다. 이미 사고를 알리는 기사에 나올 정도로 라무네가 친숙한 음료가 되었음을 알 수 있다. 기사들을 고려하면 적어도 1900년대 들어서는 라무네가 조선에 유입되어 판매 시장을 넓혀갔음을 짐작할 수 있다.

처음 유입되었을 당시 라무네의 주된 소비자는 역시 일본인이었을 것이다. 그들은 일본에 있을 때 마셨던 라무네의 맛과 향을 떠올리면서 조선에서도 라무네를 찾았을 것이다. 그러다가 일본인과 교류하던 조선인도 한 명, 두 명씩 맛을 보게 되고 조선인 사이에서도 확산됐을 것이다. 그러한 과정을 거쳐 라무네는 우미관, '단성사' 등의 극장, 또 열차 정거장, 노점이나 점방의 매대 위에 한 자리를 차지하게 되었다.

## 2 · 경쟁 상품의 등장

일본의 경우 1920년대까지 판매되었던 탄산음료 가운데 라무네의 비중이 사이다, 시트론보다 압도적으로 높았다. 라무네를 대신해 사이다를 찾는 사람들이 점차 늘어나기 시작한 것은 1920년대 말부터였다. 1920년대 말에 이르러 라무네를 대신해 사이다가 부각된 이유는 무엇일까? 이 질문에 답하기 위해서는 먼저 사이다에 관한 오해에서 벗어나야 한다.

당시 등장해 지금도 즐겨 마시는 사이다는 서양의 '사이다cider'가 아니라 일본의 '사이다サイダー'에서 연원한 음료다. 유럽에서 사이다는 원래 사과즙을 발효시킨 술을 뜻했다. 미국이나 캐나다로 건너가면서 알코올이 들어가지 않은 주스까지 포함하게 되었다. 그럼에도 사이다라는 지칭은 사과를 원료로 한 경우에 한정되었다. 지금도 서양 쪽 사전을 뒤적여보면 사이다를 '발효시킨 사과에 알코올을 넣은 술' 정도로 설명하고 있다.

일본에 사이다를 처음 소개한 것은 1868년 요코하마에 위치한 '노스&레이 상회ノース&レー商会'다. 당시 사이다는 일본에 건너온 외국인을 위한 상품으로 개발되었으며, 정확한 상품명은 '샴페인사이다シャンペンサイダー'였다. 이후 사이다를 찾는 일본인이 증가하면서 1875년

◇ 1909년 무렵
미쓰야사이다의 라벨과 병.
《明治·大正·昭和のラベル,
ロゴ, ポスター》,
誠文堂新光社, 2008.

◇ 현재의 미쓰야사이다.
아사히음료 홈페이지
(asahiinryo.co.jp).

에 일본인이 제조한 '킨센사이다金線サイダ
ー'가 판매되기 시작했다. 또 1899년에는
탄산의 보존을 용이하게 만든 크라운캡이
사용되면서 사이다의 유통, 판매가 본격
화됐다.

미쓰야사에서는 1907년 히라노 지역
에서 솟아나던 천연탄산수 '히라노스이'
를 기반으로 '히라노 샴페인사이다平野 シ
ャンペンサイダー'라는 제품을 출시한다. 이때
까지는 파인애플과 함께 사과를 원료로
했으니, 사이다라는 명칭에서 아예 벗어
나는 것은 아니었다. 히라노 샴페인사이
다의 등장은 주목할 필요가 있다. 대형 공
장에서 생산해 판매 시장을 전국으로 넓
혀가는 선구적 역할을 했기 때문이다.

'시트론'은 사이다와는 달리 익숙하지
않은 음료일 것이다. 라무네는 레몬을, 사
이다는 사과를 원료로 쓰는 반면, 시트론
은 같은 이름의 '시트론citron'이라는 과일
을 원료로 만든다. 시트론은 운향과의 과
일로, 히말라야 주변과 북인도에서 남중
국에 이르는 지역에서 생산된다. 1909년
부터 판매하기 시작한 '리본시트론リボンシ

◇ 1910년대 리본시트론 광고와 1920년대 기린레몬 광고.
《明治·大正·昭和初期 日本ポスター史大圖鑑》, 國書刊行會, 2019.

トロン'이 대표적인 상표로, '삿포로맥주サッポロビール'의 전신이었던 '다이닛폰맥주大日本麦酒'에서 생산을 했다.

　이즈음 일본에서는 전국적 규모로 판매되는 탄산음료가 하나둘 늘어났다. 히라노 샴페인사이다가 이름을 바꾼 미쓰야사이다를 비롯해 리본시트론, '기린레몬麒麟レモン' 등이 대표적이다. 이들은 미쓰야사이다와 함께 지금도 일본 탄산음료를 대표하는 상품으로 자리 잡고 있다. 세 제품을 생산했던 회사는 이후 각각 '아사히朝日', '삿포로', '기린

麒麟' 등 일본을 대표하는 맥주회사가 된다. 더 정확하게 얘기하면 탄산음료가 인기를 얻자 아사히, 삿포로, 기린 등 맥주를 생산, 판매하던 회사가 탄산음료까지 손을 뻗쳤다고 할 수 있다.

그런데 이들 가운데 사과가 원료로 들어간 것은 미쓰야사이다뿐이다. 처음 리본시트론과 기린레몬이 사이다가 아닌 시트론과 레몬을 명칭으로 사용했던 것 역시 그 때문이다. 하지만 이후 후발 주자였던 리본시트론, 기린레몬이 미쓰야사이다에 비해 판매량이 부진하자 모두 사이다라는 일반적인 이름을 택하게 된다. 지금 마시는 사이다가 서양의 사이다가 아니라 일본의 사이다에 연원을 두고 있다는 말은 이를 가리킨다.

요즘 한국에서 판매되는 사이다도 마찬가지다. 칠성사이다는 레몬라임lemon lime 향을, 스프라이트는 시트러스citrus 향을 가미한 것이다. 나랑드사이다도 칠성사이다와 마찬가지로 레몬라임 향을 가미했다고 한다. 천연사이다는 조금 복잡한데, 소다 향에 레몬과 딸기 향을 가미했다고 한다. 여러 가지 향을 가미했지만 정작 사과 향을 섞은 제품은 없다. 1950년 출시 당시 칠성사이다의 모양을 보면 지금의 사이다병보다는 맥주병과 더 비슷한 게 흥미롭다.

◇ 1950년 5월 출시 당시 칠성사이다.

그렇다면 식민지 조선에서 사이다, 시트론 등 탄산음료의 생산과 소비는 어떻게 이루어졌을까? 〈황성신문〉의 기사나 광고 등을 고려하면 적어도 1900년대에 이르러 조선에도 라무네가 유입되어 소비되었다. 일본 탄산음료 시장의 영향을 직접적으로 받았던 식민지 조선의 상황을 고려하면 1920년대까지는 조선에서도 라무네가 차지하는 비중이 사이다, 시트론보다 압도적으로 높았을 것이다.

1920년대 중반 식민지 조선의 탄산음료 상황을 파악할 수 있는 글로 1924년 8월에서 9월까지 〈동아일보〉에 연재된 "경성의 일선인 공장 세력"이라는 기사가 있다. 일본인과 조선인이 운영하는 경성의 공장을 방문해 그 특징을 소개한 기사인데, '식료품 공업'이라는 항목으로 정곡업, 양조업과 함께 '청량음료 제조업'을 다룬 부분을 주목할 필요가 있다.

기사를 보면 먼저 경성에 있는 탄산음료 공장으로는 일본인 소유가 113개, 조선인 소유가 74개이며, 평수는 일본인 공장이 8,085평, 조선인 공장이 2,066평이라고 했다. 또 공장의 생산액은 일본인 공장이 606만 원, 조선인 공장이 267만 원이라고 했다. 공장의 숫자와 비교하면 일본인 공장의 평수, 생산액 비중이 조선인의 그것보다 훨씬 크다는 것을 알 수 있다. 이는 반대로 조선인 소유의 공장이 영세했음을 말해준다.

탄산음료 공장에서 생산된 제품에 대해 도움을 받을 수 있는 글은 1930년 5월 〈조선일보〉에 실린 기사다. 그 글에는 라무네, 사이다, 시트론 등은 일본에서 유입되거나 조선에서 생산되었는데, 후자, 곧 조선에서 생산된 것도 일본 제품이라고 했다. 1920년대 말까지는 일본인이 운영하든 조선인이 운영하든 탄산음료 공장에서 생산되는 것은 일본 제품이었다는 것이다.

1930년 5월 〈조선일보〉의 기사는 조선인이 처음 운영한 탄산음료 공장에 대해서도 소개한다. 보성고등보통학교를 나온 고흥찬은 일본의 사이다 공장에서 수년 동안 일하면서 제조 방법을 익힌 후 기계를 구입해 귀국했다. 이어 1930년 4월 경성에 공장을 짓고 '감천'이라는 이름으로 라무네, 사이다, 시트론, 소다수 등의 생산을 시작했다고 한다.

위의 기사에는 시트론도 등장한다. 조선에서 시트론은 라무네나 사이다 정도로 많이 팔리지는 않았지만 어느 정도 인기가 있었던 것으로 보인다. 1925년 4월 〈동아일보〉에는 '신문기자대회'가 열렸고 조선요릿집인 '식도원'에서 맥주와 함께 시트론 한 박스를 기증했다는 기사가 실려 있다. 또 같은 해 8월 신문에 실린 "상품시황"에는 여름을 맞아 미쓰야사이다와 함께 시트론을 찾는 사람이 증가해 가격이 강보합세라고 되어 있다. 1940년 4월 〈조선일보〉에 게재된 물가 인상에 대한 기사에는 일본의 리본시트론, 기린시트론 등과 함께 조선에서 생산된 시트론에 대한 가격도 제시되어 있다. 이를 고려하면 식민지 시대를 걸쳐 시트론 역시 꾸준히 소비되었음을 알 수 있다. 가격은 라무네보다 비싸고 사이다와 비슷한 정도였다.

1920년대까지 탄산음료 시장의 90퍼센트 이상을 차지했던 라무네는 이후 미쓰야사이다, 리본시트론, 기린레몬 등에게 급격히 시장을 빼앗긴다. 라무네는 대형 회사가 아니라 여러 중소 회사에서 생산되었다. 처음 등장했을 때는 가내수공업이 주류를 이루던 시기라서 그랬고 나중에는 대형 회사에서 생산하는 것을 규제한 정부의 정책 때문이었다. 값싼 원료를 이용해 소규모로 생산되었던 라무네가 대기업에서 생산해 전국적 규모로 판매했던 상품들과 경쟁하기는 힘겨웠다.

라무네는 지금도 일본에서 생산되고 있어 구매할 수 있다. 하지만 편의점이나 백화점과 같은 일반 식품 코너에는 진열되어 있지 않다. 일본의 만물상이라고 하는 '돈키호테ドン・キホーテ'에 가서 찾다가 나중에는 문의까지 했는데도 제품이 없다는 대답을 들어야 했다. 최초의 탄산음료로 등장해 한때 폭발적인 인기를 누렸던 라무네가 지금은 애를 써야 겨우 구할 수 있는 상품이 된 것이다. 인기를 누릴 때와 마찬가지로 그것이 자본의 논리 때문이라는 점도 흥미롭다.

# 5

# 전염병이 무서워
# 탄산음료를 찾다

 

 

그런데 왜 라무네를 비롯한 사이다, 시트론 등의 탄산음료를 즐겨 마시게 되었을까? 식민지 시대 소설이나 기사를 통해 확인했듯이 그 주된 이유는 탄산의 '톡' 쏘는 맛이 시원하고 상쾌했기 때문인 듯하다. 요즘 사람들이 콜라나 사이다와 같은 탄산음료를 즐겨 마시는 이유와 크게 다르지 않다. 라무네의 경우 처음 등장한 탄산음료라서 경쟁 상품이 없었던 데다 가격도 쌌기 때문에 더 인기가 있었을 것이다.

그런데 19세기 말, 20세기 초 일본에서 탄산음료를 즐겨 마시게 된 데는 다른 이유도 있다. 19세기 말 일본에서는 장티푸스, 콜레라 등 전염병에 걸려 사망하는 사람이 적지 않았다. 특히 1880년대 중반에는 장티푸스로 3만 5천 명, 콜레라로 2만 명이 넘는 사람이 죽었다. 장티푸스, 콜레라 이외에도 이질 등 전염병에 감염되어 사망한 사람의 숫자도 2만 7천 명이 넘었다. 장티푸스와 콜레라는 둘 다 물을 통해 전염이 되는 수인성 전염병이다. 게다가 당시 콜레라는 치사율이 70퍼센트가 넘었으니 세 명이 걸리면 두 명이 죽는 정도였다. 일본 정부에서는 1880년 〈전염병예방규칙伝染病予防規則〉을 제정하는 등 경찰을 중심으로 공권력을 활용하여 위생 체제를 구축하려 했지만 무서운 속도로 번지는

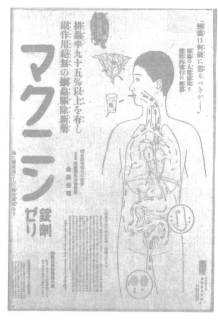

◇ 기생충의 유입 경로를 통해 위생의 필요성을 강조한 광고. 〈게이조닛포〉 1928.7.19.

전염병 유행에 제대로 대응하지 못했다.

장티푸스와 콜레라가 수인성 전염병인 만큼 전염은 마시는 물과 밀접하게 관련된 것으로 파악되었다. 당시 식수를 공급하는 방법은 주로 우물과 수도, 두 가지였다. 그중 우물이 전염병의 주된 병원으로 지목되었지만 수도 역시 불완전한 시설 때문에 수질에 문제를 안고 있었다.

특히 1886년 여름에는 고온이 계속되어 콜레라 환자가 전국적으로 16만 명이 넘었다. 그때까지 콜레라는 치료제가 없어 사람들은 일단 걸리면 죽는 병이라고 알고 있었다. 그러던 중 〈요코하마마이니치

신분橫浜毎日新聞〉, 〈오사카닛포大阪日報〉 등에 "탄산가스를 포함한 음료를 섭취하면 콜레라 걸릴 가능성이 줄어든다"는 근거 없는 기사가 실렸다. 당시에 탄산음료로는 라무네가 유일해 기사가 실리자 라무네의 수요가 폭발적으로 증가했다. 여러 제조회사에서 매일 철야를 해도 주문량의 10분의 1도 만들지 못할 정도였다. 제조가 수요를 따라가지 못하자 불량품, 위조품, 무허가 제품까지 등장했다. 이를 통해 전염병의 확산과 식수에 대한 불신이 물 대신 탄산음료를 찾는 또 하나의 이유였으며 이후 탄산음료가 소비자 곁에 자리 잡는 계기로 작용했음을 알 수 있다.

한편 식민지 조선에서는 일본보다 뒤인 1920년대에 들어 장티푸스, 콜레라 등의 전염병이 유행했다. 위생적으로 더욱 열악한 상태에 놓였던 조선에서도 전염병은 급격히 확산됐다. 식민지 시대에 콜레라는 '호열자'라고 불렸다. 1938년 8월 〈동아일보〉에는 "호열자와 그 예방"이라는 기사가 실렸다.

마침내 경성의 물론 연안 각지에 '호열자 침래!'의 경종이 울게 되엇읍니다. 호열자는 다른 어떤 전염병보다도 두려운 것으로 감염 후에 발병이 속한 것과 그 사망률이 높은 것 등으로 과연 무서운 병입니다.

인용에서는 콜레라가 다른 전염병보다 급속히 전파되고 사망률이 높은 무서운 병임을 강조하고 있다. 이어지는 기사에서는 콜레라의 예방법에 대해 언급한다. 주로 예방주사를 맞는 것, 생식을 하지 않는 것, 폭음과 폭식을 하지 않는 것 등을 예방법으로 들고 있다.

한 가지 아이러니한 현상은 당시 조선인은 주로 우물물을, 이주 일본인은 수돗물을 식수로 사용했다는 것이다. 그런데 수인성 전염병인 장티푸스와 콜레라에 걸린 사람들 대부분은 오히려 수돗물을 마신 일본인이었다. 의료계에서는 상수도 시설과 수질의 문제를 원인으로 지적했다. 반면 상수도 건설과 관리를 맡고 있던 경성부 측은 상수도 시설과 수질은 원인이 아니라고 주장했다. 이후 전염병의 확산이 진정되자 원인 역시 제대로 밝혀지지 못한 채 논쟁은 마무리됐다. 그것과 무관하게 장티푸스, 콜레라 등 전염병의 확산은 조선에서도 사람들이 물 대신 탄산음료를 찾는 이유로 작용했다.

# 6
# 문명의 세례 이후
# 발견되는 자연미

지금은 너무 익숙해 의식하지도 못하지만, 처음 생수를 사서 마실 때 이젠 물도 사서 마셔야 하는구나 하고 생각했던 것 같다. 1934년 7월 〈동아일보〉에 실린 "록음 밑에서 마시는 시원한 사이다 라무네"라는 기사는 더우면 시원한 물이 먹고 싶은 것은 자연스러운 욕구인데, 그 욕구를 만족시키기 위해 여러 가지 탄산음료가 생산된다고 했다. 그렇다면 물 대신 음료를 구매해 마셨던 역사도 그리 짧다고는 할 수 없겠다. 그런데 둘 사이에 존재하는 간극에도 유의할 필요가 있다.

흥미로운 점은 시냇물이나 우물물이 맑고 순수한 표상으로 자리잡게 된 것이 공장에서 생산된 음료에 익숙하게 되면서라는 사실이다. 물론 맑고 순수하다는 표상의 이면에는 비위생적이라는 표상이 같이하고 있다. 고개를 갸우뚱거릴지도 모르겠지만 지금 시냇물이나 우물물을 위생 걱정 없이 마실 수 있는지를 생각해보면 답을 내릴 수 있을 것이다. 자연이 지금과 같은 낭만적 의미로 덧씌워진 때가 근대 문명이 부정적 모습을 드러낼 때였음을 환기해보는 것도 도움이 될 것이다. 이미 1931년 7월 〈동아일보〉에 가능하면 어린이에게 냉수를 주지 말고 라무네, 사이다, 시트론 등 탄산음료를 마시게 하라는 기사가 실린 것 역시 이와 무관하지 않다.

이 장의 서두에서 이효석의 《들》이라는 소설을 살펴보았다. 왜 눈망울을 하필이면 라무네의 구슬에 비유했을까를 궁금해했지만 이제 그 이유를 알 것 같다. 작가가, 또 당시 많은 사람이 떠올릴 수 있는 가장 푸른 존재가 라무네 구슬이었기 때문이다. 메밀밭을 보면서 서둘러 꽃이 지고 메밀이 익기를 바라는 것이 아니라 달빛에 비친 메밀꽃이 아름답다고 한 이유도 크게 다르지 않다. 이효석은 1927년 경성제국대학에서 영문학을 전공으로 선택한 후 영국문학을 비롯한 외국문학을 섭렵했다. 최신 유행의 옷을 입고 나비 모양의 장식을 단 구두를 신고 다니며 피아노로 모차르트나 쇼팽의 곡을 연주하는 것을 즐겼다.

누구보다 열심히 모던을 좇았던 이효석이 근대 조선의 자연미를 발견한 것을 이상하게 생각할지도 모르겠다. 하지만 그것 역시 가장 푸른 존재를 라무네라고 생각한 것과 마찬가지 이유였다. '순수하다', '깨끗하다'는 근대 자연의 아름다움은 문명의 세례를 거친 사람의 눈에만 보이는 것이기 때문이다. 이효석이 쓴 소설 속 흐드러진 메밀꽃을 떠올리면서 아름답다고 생각하는 우리들 역시 똑같은 전도 속에 자리하고 있다는 사실도 부정할 수 없을 것이다.

# 나쁜 청량음료
# 골라내는 법

식민지 시대에도 라무네를 비롯해 사이다, 시트론 등의 탄산음료를 즐겨 마셨고, 탄산음료는 지금처럼 청량음료라는 이름으로도 불렸다. 재료를 가리키는 '탄산'보다 맑고 시원하다는 '청량'이라는 표현이 더 매력적이어서 그랬는지도 모르겠다. 여기서는 탄산음료를 만드는 방법과 좋은 탄산음료를 구별하는 방법을 소개한 글 두 편을 살펴보려 한다.

---

"청량음료수의 분별과 만드는 법", 〈조선일보〉 1929.6.9.

청량음료수라 하면 항용 '라무네', '사이다', '시토롱', '소다수' 등인데 이것은 서로 일홈만 달랏지 다 가튼 것으로 즉 물에다 '탄산까스'를 타서 거긔다가 맛을 들이고 살충을 식힌 것에 불과합니다. …… 대개 엇더케 만든다는 법만은 상식으로라도 아러둘 필요가 잇슬 듯합니다. 백사탕 1관문匁, 구연산 10문匁 내외, 물 2승升 3합合, 과실 특유향료 20~30와瓦, 착색료 등. 이것을 섭씨 70도 가량의 열도로 40분간 이상 끌이면 되는 것입니다.

---

1929년 6월 〈조선일보〉에는 "청량음료수의 분별과 만드는 법"이라는 글이 실렸다. 내용은 제목 가운데 후자를 주로 소개하고 있다. 먼저 탄산음

료는 여러 가지가 있지만 모두 물에 탄산가스를 섞고 맛을 낸 것이라고 했다. 또한 설탕, 구연산, 물, 과실 향료, 착색료 등의 재료를 넣고 70도 정도에서 40분 이상 끓이면 탄산음료가 만들어진다고 소개한다.

---

**"조코 납분 청양음료 구별하는 법", 〈조선일보〉 1934.6.16.**

청량음료수라면 얼마든지 먹고 싶어지는 이즈음 그 구별법을 잠간 이야기해 둡시다. 병을 흔들지 말고 그대로 병을 각구로 들고 병 밋흘 봅니다. 만약 불량품이라면 밋헤 까러안젓든 것이 병 주둥이 쪽으로 내려옵니다. 이것은 먹어서 안 되는 음료수입니다. ······ '라무네' 가운데는 깨진 유리쪼각이 석겨 잇는 수가 잇습니다. 이것은 위험하기 그지 업는 것입니다. 이것은 병을 햇빛 쪽으로 들고 보면 번쩍번쩍 함으로 곳 발견할 수 잇습니다.

---

1934년 6월 〈조선일보〉에 실린 "조코 납분 청양음료 구별하는 법" 역시 제목과는 달리 글 대부분을 불량 청량음료를 구별하는 방법을 소개하는 데 할애하고 있다. 병을 거꾸로 들었을 때 가라앉아 있던 것이 보이면 먹어서는 안 되는 음료다, 또 라무네의 경우 병을 햇빛에 비추어 봤을 때 속에 번쩍이는 것이 있으면 깨진 병조각이 섞인 것이라서 위험하다는 등이다. 이 글을 통해서도 중소 회사에서 생산하던 라무네의 경우 깨진 병조각이 섞여 있는 등 문제가 많았음을 알 수 있다.

# 6장

# 초콜릿

련애사탕이 뭐니?

쪼코렛트도 모르나

"읍내로 산보가자."

"읍내로? …… 뭐 사주면 가지."

"뭘 사주늬?"

"련애사탕!"

"호호호… 련애사탕이 뭐냐?"

"쪼코렛트도 몰나."

두 처녀는 풀밧헤 대골대골 굴느며 우서댓다.

이기영, 《고향》,
〈조선일보〉 1934.1.11.

# 1
## 디저트의
## 제왕

요즘 '초콜릿chocolate'은 가장 인기 있는 과자로 대접받고 있다. 비슷한 시기에 등장한 '드롭스drops'나 '비스킷biscuit'과 비교하면 인기는 금방 실감된다. 게다가 밸런타인데이Valentine Day나 빼빼로데이가 되면 초콜릿이나 초콜릿과자가 날개 달린 듯 팔려나간다. 또 수학능력시험을 앞두고 대학에 합격하라고 주던 엿의 자리도 슬그머니 넘보는 중이다. 비단 특별한 날뿐만 아니라 식사를 마치고 달콤한 게 먹고 싶을 때 가장 먼저 떠오르는 디저트이기도 하다.

초콜릿의 인기는 역시 달고 부드러운 맛에 있는 것 같다. 다이어트 때문에 먹기를 망설일지언정 드러내놓고 초콜릿을 싫어하는 사람이 드물 정도다. 또 하나 초콜릿의 특징은 연인들의 과자라는 것이다. 연인들은 초콜릿을 같이 먹거나 선물하며 서로의 마음을 확인한다. 초콜릿이 사랑을 상징하는 과자가 된 것 역시 달콤하고 부드러운 맛과 무관하지 않을 것이다. 그런데 초콜릿은 어떻게 가장 인기가 있는 과자이자 디저트가 되었을까? 또 초콜릿이 연인들의 사랑을 상징하게 된 것은 언제였을까? 이 장에서는 식민지 시대 소설을 통해 앞선 질문들의 답을 찾으려 한다.

염상섭은 독자들에게 《삼대三代》로 잘 알려진 작가다. 《삼대》는 1930년대 초 경성을 배경으로 조 의관, 조상훈, 조덕기 등 삼대에 걸친 가족이 겪는 삶의 굴곡을 묘사한 소설이다. 그런데 작가는 《삼대》를 발표하기 전인 1929년 10월에서 다음해 8월까지 〈조선일보〉에 소설 《광분狂奔》을 연재했다. 《광분》은 도쿄에서 음악학교를 졸업한 민경옥과 연극단체 적성좌를 운영하는 주정방을 중심으로 돈과 애욕이 얽히고설키는 당시의 세태를 그리고 있다.

소설에서 경옥이 정방이 묵는 여관을 찾아가 그를 기다리는 장면이 등장한다. 이때 경옥이 먹었던 음식이 초콜릿이다. 잠시 후 돌아온 정방은 어떻게 초콜릿 한 갑을 다 먹었냐고 핀잔을 주지만 사실 그 장난 섞인 핀잔에는 경옥을 연모하는 마음이 담겨 있었다.

◇ 초콜릿으로 실랑이를 벌이는
경옥과 정방의 다정한 모습.
염상섭, 《광분》, 〈조선일보〉
1929.10.23.

초콜릿은 1927년 1월 〈조선일보〉에 실린 이기영의 소설《유혹》에도 등장한다.《유혹》의 중심인물은 옥단인데, 서울에서 온 남자가 그녀의 호감을 끌기 위해 꺼내놓은 것이 초콜릿이었다.

"자, 하나 먹어보—!" 하고 그는 호주머니에서 무엇을 한오큼 끄내놋는다. 유지로 네모나게 싼 것은 그 전에 어머니가 정거장에서 사다준—권연갑 가튼 데 든 것이엇다마는 납지에 돌돌 뭉친 것은 처음 보는 것이엿다.

서울에서 내려온 남자는 옥단에게 먹어보라며 초콜릿을 건넨다. 옥단은 남자가 건네는 초콜릿을 보고 유지에 쌓여 궐련갑 같은 데 들어 있는 것이 예전에 어머니가 사다 준 것과 비슷하지만 납지에 돌돌 뭉친 것은 처음 본다고 한다. 여기서 '유지油紙'는 기름을 먹인 종이를 뜻한다. '납지蠟紙'는 포장을 위해 납을 입힌 종이를 의미한다. 요즘 초콜릿을 포장하는 데 쓰이는 포일foil 정도로 생각하면 되겠다.

초콜릿은 달콤하고 부드러운 맛 덕분에 디저트라는 이름에 잘 어울리는 음식이다. 또 굳이 디저트가 아니더라도 가장 인기 있는 과자이기도 하다. 또 두 소설에서는 초콜릿의 특징이 하나 더 제시되고 있다.《광분》에서 정방과 경옥은 연인 사이이며,《유혹》에서 초콜릿을 건네는 그 남자 역시 제목처럼 옥단을 유혹하려는 마음을 품고 있다. 이를 통해 초콜릿이 연인들이 즐겨 먹는 혹은 사랑을 상징하는 과자라는 것을 알 수 있다.

그렇다면 초콜릿은 언제 디저트를 대표하는, 또 사랑을 상징하는 과자가 되었을까? 일반적으로 초콜릿이 디저트를 대표하는 과자가 된 건 한국전쟁 이후라고 언급된다. 비싼 가격 때문에 식민지 시대까지는 정착되지 못하다가 한국전쟁을 거치면서 인기 있는 과자가 되었다는 것이다. 그리고 거기에는 "기브 미 쪼코레트!Give me a chocolate!"를 외치며 미군에게 초콜릿을 구걸해 먹었다는 이제는 식상한 이야기도 작용한다.

그런데 초콜릿이 한국전쟁 이후에 본격적으로 유입되었다는 위의 주장은 사실일까? 1920년대에 발표된 소설《광분》과《유혹》에서 이미 초콜릿이 등장한 것을 확인했다. 초콜릿은 강경애의 소설《인간문제》에도 나온다.《인간문제》는 1934년 8월부터 12월까지 〈동아일보〉에 연재된 소설이다.《인간문제》는 이기영의《고향》, 한설야의《황혼》과 함께 식민지 시대 프롤레타리아 소설을 대표하는 작품으로 평가받는다.

《인간문제》에서 고향을 떠나 인천에 있는 공장에 들어간 신철은 몸에 익지 않은 노동일에 힘들어한다. 그러던 하루는 예전 자신을 좋아했던 옥점을 떠올리며 시집갔는지 궁금해하며 아래와 같이 생각한다.

옥점이 그는 시집을 갓을까? 그러케 나를 못 잊어 하더니…… '내가 너무 과했어!' 그의 눈에는 요령부득의 눈물이 고엿다. 그리고 옥점이가 쵸코레트를 벗겨가지고 자기를 바라보면서 입을 버리라고 하며 빨개지던 그 얼굴이 지금 와서는 귀엽게 나타나 보인다.

인용에서 신철은 옥점이 부끄러운 듯 빨간 얼굴을 하고는 초콜릿을 들고 입을 벌려보라고 하던 모습을 떠올린다. 그러고는 자신이 옥점에게 너무 박절하게 대한 것을 깨닫고 후회한다. 《인간문제》에서도 입을 벌려보라며 건넸던 초콜릿에는 신철을 연모하던 옥점의 마음이 담겨 있었다는 것을 기억해두자.

1930년대 후반에 발표된 김말봉의 《밀림》이나 이태준의 《딸 삼형제》 등에도 초콜릿은 여러 차례 등장한다. 또 이들 외에도 식민지 시대 소설에서 초콜릿이 등장하는 장면은 어렵지 않게 찾을 수 있다. 물론 독자의 관심을 끌어야 하는 소설이라서 접하기 어려운 근대의 새로운 문물을 등장시켰을 수도 있다. 1935년 10월 〈조선일보〉에 연재된 이효석의 소설 《성화聖畵》에서 '나'는 유례를 연모하지만 그녀는 '나'에게 마음을 열지 않는다. 소설에서 작가는 '나'의 유례에 대한 미련이 "몬지 안즌 벤취에도 때 무든 그네줄에도 지천으로 버려진 초코레트 조희에도 고요하게 때 무덧슬 뿐이다"라고 표현한다. 초콜릿 종이가 지천으로 버려져 있다는 언급은 당시에도 초콜릿이 그리 드물지 않았음을 말해준다.

신문, 잡지에 실린 기사 역시 이를 뒷받침한다. 1932년 11월 〈동아일보〉에 실린 기사는 당시 은종이에 싼 초콜릿 한 개에 2전에서 3전 정도 한다고 했다. 그런데 어떤 상품이든 인기가 있으면 품질이 떨어지더라도 가격이 저렴한 것이 등장하나 보다. 기사는 당시 야시장에 가면 1전에 다섯 개, 열 개씩 하는 싸구려도 어렵지 않게 살 수 있다고 전한다.

1930년대가 되면 이미 조잡하게 만든 싸구려 초콜릿을 야시장에서도 팔았다는 것이니 그만큼 초콜릿을 쉽게 접할 수 있었다는 것을

◇ 야시장에서 파는 싸구려 초콜릿 가운데 벌레 먹은 것을 구별해내는 방법을 실은 기사.
〈동아일보〉 1932.11.2.

뜻한다. 앞의 기사와 비슷한 시기인 1931년 6월 〈동아일보〉에 발표된
"초콜릿은 언제 생겼나"라는 기사는 초콜릿의 유래를 설명한다. 거기
에는 당시 시골에 가도 초콜릿을 모르는 사람이 없을 정도라는 언급
이 있다. 이 역시 식민지 시대에도 초콜릿을 즐겨 찾는 사람들이 많았
다는 것을 말해준다.

# 2
# '로맨쓰' 같은
# 맛

　　그렇다면 식민지 시대 초콜릿의 맛은 어땠을까? 추리소설 작가로
유명한 김내성은 1939년 2월부터 10월까지 〈조선일보〉에 《마인魔人》
이라는 소설을 연재한다. 《마인》 역시 작가의 대표적인 추리소설 가
운데 한 편이다. 소설의 중심
인물은 어머니의 유언에 따
라 복수를 하려는 주은몽과
이어지는 살인 사건을 파헤
치는 탐정 유불란으로 둘은
과거 연인 사이였다. 유불란
은 소설의 주무대인 주은몽
집의 계단을 오르면서 그녀

◇ 오 변호사의 피격 소식을 듣고 응접실에
　모인 유불란, 주은몽, 임 경부 등의 모습.
　김내성, 《마인》, 〈조선일보〉 1939.7.7.

와의 지나간 로맨스를 떠올린다.

> 유불란은 층층대를 올라가면서 그 층층대의 한 칭이 자기와 공작부인
> 주은몽의 지난간 '로맨쓰'를 이야기해 주는 것 가타서 우울하기 비할 데
> 업스면서도 한편으로 '초코렛' 맛처럼 달콤한 감정이 가슴 속으로 기여
> 드는 것이엇다.

유불란에게 주은몽과의 추억은 한편으로 우울하면서도 달콤한 감
정이 가슴속으로 스며드는 것이 초콜릿의 맛과 같다고 했다. 소설에
서 '달콤하다'와 '기어든다', 곧 '스며든다'고 언급한 것은 초콜릿의 두
가지 맛을 표현하고 있다.

또 같은 작가가 〈조선일보〉에 연재한 《애인愛人》이라는 소설에서도
초콜릿 맛에 대한 언급이 나온다. 《애인》의 중심인물은 석란과 지운
이다. 석란은 누운 채 하늘을 쳐다보며 초콜릿을 먹고 있다가 엎드려
있던 지운에게 갑자기 입을 맞춘다. 그러자 지운은 초콜릿의 감미로
운 미각 속에서 황홀한 경련을 일으키는 애정을 느낀다고 했다.

소설 《마인》과 《애인》에서 초콜릿의 맛이 감미롭다, 곧 달콤하고
부드럽다고 표현되어 있는 것은 기억해둘 필요가 있다. 달콤하고 부
드러운 맛은 지금 초콜릿 하면 어렵지 않게 떠올릴 수 있는 맛이지만,
초콜릿이 단맛과 부드러운 맛을 지니게 된 것은 생각보다 오래되지
않았다.

그렇다면 당시 초콜릿의 가격은 어느 정도였을까? 이미 1932년 11월
〈동아일보〉에 실린 기사에서 은박지에 싼 초콜릿 하나에 2전에서 3전

◇ 삼영제과의 초콜릿 광고.
〈동아일보〉1926.12.22.

◇ 명치제과의 초콜릿 광고.
〈동아일보〉1929.11.8.

정도 했으며 야시장에서는 1전에 다섯 개에서 열 개씩 파는 싸구려도 있다고 했다. 초콜릿 가격에 접근하는 데는 신문 광고를 참고하는 방법이 효과적일 것 같다. 〈매일신보〉, 〈동아일보〉, 〈조선일보〉 등 식민지 시대 신문에는 당시 초콜릿, 캐러멜 등 과자로 경쟁했던 '삼영제과'와 '명치제과'의 광고가 자주 실렸다. 삼영제과는 모리나가제과, 명치제과는 메이지제과로도 많이 알려져 있는 회사다. 아마 '아지노모토味の素'라는 조미료 광고를 제외하면 이들의 광고만큼 자주 그리고 꾸준히 실린 광고도 드물 것이다. 조선어 신문에 한정해서 둘을 비교하면 삼영제과의 광고가 명치제과보다 두 배 정도 많이 실렸다.

　신문에 실린 광고를 통해 가격을 확인하면 삼영제과의 초콜릿은 1920년대 전반까지는 10전과 20전짜리 두 종류가 있었다. 그러다가

1920년대 중반이 되면 5전짜리도 추가되어 5전, 10전, 20전 등 세 종류가 판매되었다. 지금으로 환산하면 2,500원에서 7,500원 정도 된다. 초콜릿을 출시하는 데 삼영제과보다 후발주자였던 명치제과는 대표 상품이었던 '명치 메리밀크明治 メリーミルク'를 섞은 '밀크초콜릿'을 내세워 삼영제과를 따라잡으려 애썼다. 가격은 삼영제과의 초콜릿과 크게 다르지 않았다. 5전, 10전, 20전짜리가 있었고 거기에 대용량 제품을 50전에 판매하기도 했다.

앞서 대개의 논의에서 초콜릿이 한국에 정착한 것은 한국전쟁 이후이며, 그 중요한 이유를 쉽게 사 먹기 힘든 비싼 가격 때문이라고 했다. 하지만 실제 식민지 시대에 가장 유명한 초콜릿이었던 삼영제과, 명치제과 초콜릿의 가격은 5전에서 20전이었다. 소비자에게 가장 인기가 있었던 제품은 5전짜리로 지금의 2,500원 정도에 해당하는 가격이었다. 당시 5전짜리 디저트는 만주와 호떡 정도였다. 5전이 저렴한 가격은 아니었지만 그렇다고 가격 때문에 사 먹지 못할 정도는 아니었다.

그것은 삼영제과와 명치제과에서 식민지 조선의 소비자를 더욱 적극적으로 끌어들이기 위해 '경성판매소京城販賣所'를 개점했다는 사실을 통해서도 알 수 있다. 물론 경성판매소를 주로 찾았던 것은 조선에 체류하는 일본인이었지만 조선인 손님도 적지 않았다. 회사의 규모로 보면 명치제과보다 삼영제과 쪽이 더 컸지만 경성판매소만 놓고 본다면 적극적으로 마케팅에 나선 쪽은 명치제과였다. 거기에는 삼영제과의 경성판매소가 시기적으로 늦게 개점을 했던 이유도 작용했을 것이다. 한편 경성판매소를 개점했다는 것은 삼영제과와 명치제과에서 생산된 초콜릿이 각각의 직영점에서 판매되었음을 의미한다.

삼영제과와 명치제과에서 생산된 초콜릿은 미쓰코시, 조지아, 미나카이 등의 백화점에서도 판매됐다. 또 일본인이 주로 활동했던 본정, 명치정, 장곡천정 등의 상점에서도 흔하게 구할 수 있었다. 1938년 8월 〈조선일보〉에 실린 《여름 풍경화》라는 수필은 원산을 공간적 배경으로 하는데, 글에는 서양인 별장 지대에 위치한 상점에서 초콜릿을 구입하는 장면이 나온다. 이를 고려하면 일본인을 비롯하여 서양인이 거주하는 지역에 위치한 상점에서도 판매했음을 알 수 있다.

앞서 얘기한 것처럼 초콜릿이 처음 조선에 들어왔을 때 주된 소비자는 일부 조선인이나 서양인을 제외하면 대부분 조선에 체류하거나 이주한 일본인이었다. 그리고 조선인도 하나둘씩 초콜릿의 달콤하고 부드러운 맛에 눈을 뜨게 되자 조선인을 타깃으로 하는 초콜릿 역시 생산되었다. 주로 품질은 떨어지지만 저렴한 제품이었고 종로의 야시나 노점 등에서 판매되었다. 그렇다고 조선인 소비자가 저렴한 초콜릿만을 먹었던 것은 아니었다. 김말봉의 소설 《찔레꽃》에는 경애와

◇ 경애와 정순이 함께
  초콜릿을 먹는 모습.
  김말봉,《찔레꽃》,
  〈조선일보〉
  1937.7.10.

정순이 함께 초콜릿을 먹는 장면이 등장한다. 두 사람이 먹은 초콜릿은 속에 위스키가 든 것이었다.

조선에 유입된 초콜릿이 일본인은 물론 조선인에게도 고급 과자로 받아들여지면서 다른 사람의 집을 방문하거나 병문안을 할 때 선물로도 애용되었다. 1937년 10월 발표된 소설《명일의 포도》나 1937년 5월 발표된 《입원》 등에는 손님들이 사온 '밤톨만 한 초콜릿의 은지를 벗겨' 먹는 장면이 나온다. 또 이와는 반대로 손님들이 방문했을 때 접대하는 용도로도 사용되었다. 1924년 12월 〈조선일보〉 기사에서는 손님을 접대할 때 차를 내놓는 것이 유행한다며 커피, 홍차와 함께 코코아를 만드는 방법을 소개하기도 한다.

# 3

# 밸런타인데이
# 없던 시절에도

## 1 · 연인들의 과자

앞서 확인한 것처럼 초콜릿이라고 하면 연인들이 함께 먹는 혹은 사랑을 상징하는 과자라는 생각을 떠올린다. 꽤 오래전 광고임에도 지금까지 가장 기억에 남는 초콜릿 광고는 한 여성이 초콜릿을 들고 남성의 트렌치코트에 얼굴을 숨겼다 내밀었다 하며 부끄러운 듯 웃는 광고일 것이다. 이후에도 이 광고를 오마주hommage하거나 패러디parody한 광고가 여러 차례 만들어질 만큼 상징적이었다.

유럽에서 초콜릿이 연인들이 주고받는 사랑의 선물이 된 것은 역시 밸런타인데이에 힘입은 바 크다. 1868년 영국 제과회사 '캐드베리Cadbury'에서는 밸런타인데이 선물 용도로 하트 모양 초콜릿을 판매했다. 물론 유럽에서는 이전부터도 기념할 날이 되면 카드와 선물을 주고받는 것이 풍습으로 자리하고 있었다. 판형 초콜릿이 개발되어 시판되자 일반 선물용으로 많이 찾았다고 한다. 하지만 밸런타인데이 선물로 자리 잡은 것이 주된 계기였다.

한국에서 초콜릿이 연인들의 마음을 전하는 선물이 된 것은 1960년 대 일본의 영향이라고 파악된다. 1960년 삼영제과에서는 밸런타인데이 이벤트로 "밸런타인데이에는 사랑하는 사람에게 초콜릿을 보내세요"라는 광고를 했다. 그러다가 1968년 소니사가 개점한 판매소 '소니플라자'에서도 밸런타인데이에 여성들이 자기 회사에서 수입한 초콜릿을 남성들에게 선물하는 이벤트를 시행했다. 이렇듯 초콜릿은 밸런타인데이 선물이라는 기업의 마케팅 전략에 의해 연인이나 사랑을 상징하게 되었다고 한다.

그런데 식민지 시대 여러 소설들에서도 초콜릿은 연인들이 주고받거나 사랑을 상징하는 과자라는 생각이 드러난다. 그렇다면 1960년 대에 기업의 마케팅 전략으로 초콜릿이 지금의 상징을 갖게 되었다는 주장에는 쉽게 동의하기 어려워진다.

염상섭의 《광분》에서 왜 그렇게 초콜릿을 많이 먹었냐는 정방의 장난 섞인 핀잔에는 연인인 경옥에 대한 연모의 감정이 들어 있다. 또 이기영의 《유혹》에서도 초콜릿은 서울에서 온 남자가 옥단을 유혹하는 선물로 사용된다. 그것은 강경애의 《인간문제》에서도 다르지 않다. 회상 속에서 초콜릿을 들고 입을 벌려보라고 하는 옥점의 빨간 얼굴에는 신철을 좋아하는 옥점의 마음이 담겨 있다. 자기가 너무 박절하게 대했다며 이제는 옥점의 얼굴을 귀엽게 떠올리는 신철의 마음

역시 마찬가지다.

1929년 5월 〈동아일보〉에 실
린 명치 초콜릿 광고에는 깊은
산속 호수에서 보트에 앉은 연인
의 그림과 "두리서 초코레트만을
먹고 잇습니다"라는 카피가 보
인다. 이 광고 역시 초콜릿이 연
인들이 같이 먹는 과자라는 것을
말해준다. 이것만으로 초콜릿이
연인들이 주고받거나 마음을 전

◇ 연인들이 초콜릿만을 먹고 있다는
  명치제과의 광고.
  〈동아일보〉 1929.5.11.

하는 과자라고 하기는 어려울 수 있다.

식민지 시대부터 이미 초콜릿이 사랑을 상징하는 디저트였다는 사
실을 확인하는 데는 오히려 《고향》이라는 소설이 도움될 것 같다. 《고
향》은 이기영의 작품으로 1933년 11월에서 1934년 9월까지 〈조선일
보〉에 연재되었다. 이광수의 《흙》, 심훈의 《상록수》와 함께 1930년대
농민소설을 대표하는 작품으로 파악된다.

농민소설을 대표한다는 평가를 고려하면 《고향》에 초콜릿이 등장
한다는 것이 다소 의아할 수 있다. 《고향》에 초콜릿이 등장하는 것은
갑숙과 갑성 남매가 여름방학을 맞아 고향을 찾았을 때였다. 마름 안
승학의 딸과 아들인 둘은 경성에서 학교를 다니다가 방학을 맞아 고
향에 내려간다. 갑숙은 예전 친하게 지내던 인순을 만나 이런저런 얘
기를 나눈다. 그러던 갑숙은 개울에서 물놀이를 하던 동생에게 함께
읍내에 가자고 한다. 다음의 내용은 거기에 이어지는 남매의 대화다.

"웨 불넛서!"

"고만 나오너라."

"왜?"

"읍내로 산보가자."

"읍내로?— 뭐 사주면 가지."

"뭘 사주늬?"

"련애사탕!"

"호 호 호 – 련애사탕이 뭐냐?"

"쪼코렛트도 몰나."

두 처녀는 풀밧헤 대골대골 굴느며 우서댓다.


　누나인 갑숙이 읍내에 가자고 하자 한참 물놀이에 재미를 붙이던 갑성은 뭘 사주면 같이 가겠다고 한다. 무엇을 사줄까 하니 '연애사탕'이라고 하고 그게 무언지 다시 묻자 초콜릿이라고 대답한다. 초콜릿을 연애사탕이라고 불렀다는 데서 식민지 시대에도 이미 연인들이 함께 먹는 혹은 사랑을 상징하는 과자로 받아들여졌음을 알 수 있다. 물론 갑숙과 인순이 연애사탕이 무엇인지 묻는 것을 보면 모두가 그렇게 알고 있었던 것은 아닌 것 같다. 그런데 연애사탕이 초콜릿이라는 말에 두 사람이 재미있다는 듯 풀밭을 구르기까지 하며 웃은 것은 거기에 대해 동의한다는 뜻도 담고 있다.

　그런데 초콜릿은 어떻게 연인의 과자로 자리 잡게 되었을까? 김내성의 소설 《마인》에서 유불란은 예전 주은몽과의 로맨스를 떠올리며 쓸쓸함을 느끼는 한편으로 다른 감정이 떠오르는 것을 느낀다. 작가는

◇ 갑숙과 인순이 수영복을 입고 물놀이에 여념이 없던 동생 갑성에게
  같이 읍내에 가자고 하는 모습. 이기영,《고향》,〈조선일보〉1934.1.11.

그 감정을 사르르 스며드는 달콤한 초콜릿의 맛에 비유한다.《애인》에
서도 초콜릿을 먹던 석란은 갑자기 지운에게 입을 맞춘다. 지운은 초
콜릿의 감미로운 미각에 황홀한 경련이 일어나는 것을 경험한다. 이를
고려하면 초콜릿이 사랑을 상징하고 또 연인들이 먹는 과자가 된 것
은 초콜릿이 지닌 달콤하고 부드러운 맛에 따른 것으로 보인다.


## 2 · 과자보다 음료로

　식민지 시대 소설에는 또 다른 종류의 초콜릿도 등장한다. 1929년
6월부터 10월까지 〈동아일보〉에는 《황원행》이라는 소설이 연재됐

다. 최독견, 김기진, 염상섭, 현진건, 이익상 등 다섯 명의 작가가 돌아가며 연재를 하는 연작소설의 형식을 취했다.《황원행》에는 이철호와 홍한경이 도쿄에 가서 머무는 장면이 나온다. 형사과장인 홍면후가 철호를 시국표방강도 사건의 용의자를 보고 수사망을 좁혀오자 도쿄로 피신한 것이다.

이런 상황을 모르는 한경은 어렵게 도쿄까지 왔다며 철호에게 이것저것을 해달라고 조른다. 어떤 날은 긴자 구경을 시켜달라, 다른 날은 '낫토納豆'를 사달라고 한다. 낫토는 요즘 한국에도 많이 알려졌지만 콩을 발효시킨 일본의 전통 음식이다. 그런데 하루는 한경이 철호에게 '초콜릿 크림chocolate cream'을 사달라고 조른다. 여기서 한경이 사달라고 조른 초콜릿 크림은 앞서 살펴본 과자와는 다른 음료로 '코코아cocoa'라고 부르기도 한다. 박태원의《소설가 구보 씨의 일일》에 등장한 낙랑파라의 메뉴를 보면 커피, 홍차, 가루삐스カルピス와 함께 코

◇ '낙랑파라'의 메뉴에도 있었던 코코아.
  박태원,《소설가 구보 씨의 일일》,〈조선중앙일보〉1934.8.15.

코아도 자리하고 있다.

초콜릿 음료를 가리키는 말로 코코아 이외에 '핫초코<sup>hot chocolate</sup>'라는 용어도 사용된다. 핫초코는 카카오버터를 제거하지 않은 상태에서 초콜릿을 음료로 마실 수 있게 만든 것이다. 이에 반해 코코아는 초콜릿의 버터를 제거한 후 페이스트를 만들어 음료로 타 먹을 수 있게 만든 것이다. 하지만 지금은 초콜릿 음료를 코코아와 핫초코로 구별하지 않고 편의에 따라 둘 중 하나로 부른다.

초콜릿 크림은 최독견의 《향원염사》에도 등장한다. 장일은 '나'와 혼인한 후 퇴근할 때마다 '나'의 군것질거리를 사 가지고 온다. 하루는 '나'가 초콜릿을 좋아한다는 사실을 떠올리고 초콜릿을 사서 퇴근한다. 그러고는 '나'에게 "초콜릿 안 먹으려오? 초콜릿?" 하고 생색을 내며 초콜릿을 권했다. 그런데 소설에는 정작 '나'가 먹고 싶었던 것은 초콜릿 크림이라고 되어 있다.

식민지 시대 소설에는 초콜릿 크림이 그냥 초콜릿이라고 나오기도 해 유의할 필요가 있다. 전무길의 소설 《적멸》에는 인애가 같은 학교 친구들과 함께 부여로 수학여행 가는 얘기가 나온다. 부여에 도착해 점심시간이 되자 순복이 인애에게 뜨거운 물이 있는지를 묻는다.

"인애야, 너 물 잇니? 더운 물 말이야."
순복이는 인애 곁으로 닥어오면서 쇼코레트를 끄내엿다.
"응, 잇서. 너 참 좋은 것을 가저왓구나."
인애는 마호병에서 물을 따루면서 이러케 말했다.

◇ 수학여행을 가서 친구들과 점심을
먹으며 초콜릿 크림을 마시는 순복.
전무길,《적멸》,〈동아일보〉1937.6.6.

순복이 인애에게 꺼내놓은 것, 또 인애가 마호병에서 물을 따르면서 좋은 것을 가져왔다고 했을 때 좋은 것은 과자 초콜릿이 아니라 초콜릿 크림이었다. 여기서 '마호병魔法瓶'은 보온병의 일본어 표현이다.

그런데《황원행》,《향원염사》등의 소설을 보면 고개를 갸웃거리게 만드는 부분이 있다.《황원행》에서 한경은 철호에게 과자가 아니라 음료 초콜릿을 사달라고 한다.《향원염사》에는 장일이 초콜릿 과자를 사서 왔을 때 '나'가 먹고 싶었던 것은 음료였다고 직접 표현되어 있다. 이를 보면 식민지 시대에는 과자보다 음료 초콜릿을 더 좋아했다는 것인데 지금으로 보면 의아하다. 지금의 초콜릿 음료, 곧 코코아나 핫초코는 아이들이 간식 먹을 때 함께 먹는 음료 정도로 대접받는다. 찻집에 가도 메뉴에 없거나 구색을 맞추기 위해 한편에 자리하고 있을 뿐이다.

그런데 식민지 시대 소설에는 다방이나 찻집에서 초콜릿 음료를 마시는 장면도 드물지 않게 등장한다. 현경준의 소설《마음은 태양》에는 경호와 인숙이 미쓰코시백화점 식당에서 코코아를 마시는 모습이 등장한다. 김말봉의 소설《밀림》에서 자경과 상만은 같이 활동사진을 보기로 하고 인애를 기다리기 위해 명치제과 2층을 방문한다. 두 사람은 코코아와 케이크를 주문하고는 코코아를 몇 잔씩이나 다시 주문해서 마시기까지 한다. 《밀림》의 후반부에서는 애나와 인택이 'ㅇㅇ티룸'에 가서 박스형 좌석에 자리를 잡았을 때 주문한 메뉴 역시 초콜릿 음료였다.

◇ 인택과 함께 'ㅇㅇ티룸'에서
초콜릿 음료를 마시는 애나.
김말봉, 《밀림》, 〈조선일보〉 1938.8.12.

또 초콜릿 음료는 본정뿐 아니라 종로에 위치한 다방에서도 인기가 있던 메뉴로 보인다. 1933년 8월부터 9월까지 〈동아일보〉에는 이무영의 중편소설 《지축을 돌리는 사람들》이 연재됐다. 《지축을 돌리는 사람들》에서는 종로가 좁다며 하루에도 몇 곳의 다방을 전전하는 '차당파茶黨派'가 등장한다. 그들이 다방을 돌아다니며 마시는 차 가운데는 초콜릿 음료도 빠지지 않았다.

지금과는 달리 과자보다 음료 초콜릿을 선호했던 데는 그것을 먹는 공간의 성격이 크게 작용했던 것으로 보인다. 식민지 시대 사람들이 커피를 즐겨 마셨던 데는 우아한 분위기에서 클래식이나 재즈 음악이 흘렀던 다방이나 찻집의 역할 역시 적지 않았다. 초콜릿 음료를 접할 수 있는 곳도 커피를 마시는 곳과 크게 다르지 않았다. 염상섭의 《광분》에 나오는 장면처럼 드물게 집에서 마시는 경우도 있었지만 대부분 다방이나 찻집이었다. 과자보다 음료 초콜릿을 선호했던 데는 다방이나 찻집이라는 공간이 주는 아우라 역시 작용했을 것이다.

◇ 집 베란다에서 코코아를 마시는 경옥.
   염상섭,《광분》,〈조선일보〉1929.10.26.

그렇다면 다방이나 찻집에서 초콜릿 음료의 가격은 어느 정도나
되었을까? 초콜릿 음료의 가격 역시 변동이 있었다. 대개 1920년대는
15전, 1930년대 중반 이후에는 20전 정도 했다. 지금으로 환산하면
7,500원에서 1만 원에 해당되니 싼 가격이 아니다. 커피와 홍차 역시
가격이 오르내렸지만 초콜릿 음료의 가격이 커피나 홍차보다 5전 정
도 비싼 것은 변함이 없었다. 거꾸로 초콜릿 음료는 맥주 작은 병이나
사이다, 시트론 같은 탄산음료보다는 5전에서 10전 정도 저렴했다.

# 4
# 초콜릿의
# 세계사

초콜릿에 대해서는 일찍부터 관심이 있던 것으로 보인다. 1926년 8월 〈동아일보〉에 실린 "챠클넷트"에는 초콜릿은 처음 맛보는 조선인에게는 쓰기만 하지만 서양인에게는 가장 맛있는 것이라고 소개한다. 이어 모리스라는 인물의 언급을 빌려 초콜릿이 만들어지는 과정을 설명한다. 카카오를 말려서 가루로 만든 것이 코코아이고 거기에 코코아버터를 넣고 설탕을 넣으면 초콜릿 과자가 된다고 했다.

조선에 초콜릿이 전해지고 얼마 지나지 않아 발표된 기사라서 맞는 부분도 있고 그렇지 않은 부분도 있다. 초콜릿에 대한 다소 어수선하고 복잡한 지식을 한번 정리할 필요가 있다. 초콜릿의 원료가 카카오라는 것은 이제 상식에 가깝다. 고대 마야인이 처음 재배했고 코르테스Hernan Cortes라는 멕시코인이 16세기에 새로운 문물을 소개할 용

◇ 초콜릿의 원료인 카카오 열매.　　　◇ 카카오 열매를 포장한 포대.

기였는지 한몫 돈을 벌 욕심이었는지 스페인으로 가지고 건너갔다는 것도 대충 넘어가도록 하자. 유럽에 처음 진출했을 때만 해도 카카오는 달콤하지도 부드럽지도 않았으며 엄청 썼다는 것 정도는 기억할 필요가 있다. 게다가 비싸기까지 했으니 당시에는 효과가 뛰어난 약이나 건강에 좋은 음식 정도로 여겨졌다고 한다.

　지금의 초콜릿과 비슷해진 첫 번째 계기는 네덜란드인 콘라드 판 하우턴Coenraad Van Houten이 마련했다. 카카오를 가공할 때 반 이상을 차지하는 버터는 당시까지 가장 큰 문제였다. 버터를 제거하려면 다시 오랜 시간을 끓이면서 걷어내야 해 작업에 품과 시간이 많이 들었다. 판 하우턴은 압착을 통해 버터를 절반 이상 줄인 후 건조시켜 페이스트paste로 만드는 방법을 개발했다. 페이스트는 이전보다 훨씬 맛있는 데다 물에도 잘 녹았다. 그 결과 초콜릿을 음료로서 즐겨 마시게 되었다. 빵이나 과자에 맛과 향을 더하는 데도 활용되었다. 19세기 중반 관세가 대폭 인하되어 카카오를 저렴하게 구할 수 있었던 상황도 한몫했다.

　두 번째 계기는 압착을 통해 제거된 카카오버터를 활용하는 과정에서 나타났다. 영국의 조셉 프라이Joseph Storrs Fry와 그의 세 아들은 'JS 프라이앤드선JS Fry and Sons'이라는 초콜릿 회사를 운영하고 있었다. 이들 역시 판 하우턴 덕분에 카카오버터를 제거한 후 건조시킨 페이스트를 생산하는 데 몰두했다. 그러던 중 제거된 카카오버터에 페이스트를 다시 섞는 시도를 했다. 어쩌면 생산 과정에서 반 이상 버려지는 카카오버터가 아까워서 그랬는지도 모르겠다.

그 과정에서 몇 가지 첨가물을 더하자 지금의 초콜릿으로 불리는 과자가 만들어졌다. 우리가 일반적으로 먹는 초콜릿이 초콜릿 음료의 찌꺼기를 활용할 방법을 찾다가 우연히 탄생한 과자라는 사실이 놀랍다. 이런 과정을 통해 JS프라이앤드선사는 영국에서 가장 큰 초콜릿

◇ JS프라이앤드선사에서 생산된 초콜릿과 코코아를 파는 가게. 〈조선일보〉1992.11.12.

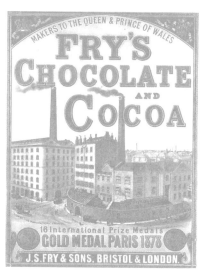

◇ JS프라이앤드선사 제품이 1878년 파리에서 열린 박람회에서 금메달을 수상했음을 알리는 광고.

회사로 발전했다.

첫 번째와 두 번째 계기에 비하면 이어진 시도는 순조로울 정도였다. 1847년 프랑스인 쇼콜라 델리시우 아망제Chocolat Delicieux a Mange는 최초로 판형 초콜릿을 생산했다. 판형 초콜릿이란 지금 우리가 먹는 얇고 네모난 초콜릿을 가리킨다. 판형 초콜릿이 등장하자 먹기에 편리하다는 이유로 판매량이 급격히 증가했다. 한 가지 흥미로운 사실은 그때까지도 생산 과정에서 설탕을 넣지 않아 단맛이 강하지 않았다는 것이다. 초콜릿은 여전히 아이들을 위한 과자가 아니라 어른을 대상으로 한 건강식품 정도로 팔렸다.

1876년에는 스위스인 다니엘 페터Daniel Peter가 8년간의 노력 끝에 초콜릿에 우유를 첨가한 밀크초콜릿을 만들었다. 그는 반복된 실패 끝에 페이스트, 카카오버터, 연유, 설탕을 정확한 비율과 온도로 혼합하는 방법을 찾아내 밀크초콜릿을 만들 수 있었다. 그런데 밀크초콜릿을 만들기 위한 혼합물에 다른 재료와 함께 연유와 설탕이 포함되었다는 데 주목해보자. 적어도 19세기 후반 밀크초콜릿이 등장하면서부터는 초콜릿에 부드럽고 단맛이 가미되었음을 뜻하기 때문이다. 밀크초콜릿이 현재 초콜릿을 대표하는 상품이 된 것 역시 연유의 부드러움과 설탕의 달콤함을 지니게 되었기 때문일 것이다.

미국에서는 1900년 밀턴 허쉬Milton Snavely Hershey가 밀크초콜릿 바를 처음 생산하기 시작했다. 1907년에는 허쉬와 함께 미국 초콜릿을 대표하는 '키세스Kisses' 제품이 출시되었다. 요즘은 성분에 따라 초콜릿을 다크초콜릿, 밀크초콜릿, 화이트초콜릿으로 나누기도 한다. 다크초콜릿은 카카오고형분이 35퍼센트, 카카오버터가 18퍼센트 이상,

밀크초콜릿은 카카오고형분이 25퍼센트, 우유가 14퍼센트 이상 함유되어 있어야 한다. 이에 비해 화이트 초콜릿은 카카오버터가 20퍼센트 이상 함유되어 있는 제품이다.

초콜릿은 다른 근대 문물과 마찬가지로 일본을 거쳐서 조선에 전해졌다. 일본인은 1873년에 최초로 초콜릿을 맛보았다고 한다. 당시 이와구라 도모미岩倉具視를 단장으로 하는 견구사절단見歐使節團이 유럽을 방문했는데, 이들이 프랑스 리옹에서 일본인 최초로 초콜릿 음료를 시음한다. 당시는 다니엘 페터가 밀크초콜릿을 개발하기 위해 시행착오를 거듭하고 있을 때였다. 견구사절단이 맛본 초콜릿 음료에 단맛이 가미되었는지는 확인하기 힘들다.

1878년 12월 신문 〈유빈호치郵便報知〉에는 와카마쓰若松町에 위치한 과자점 '후게쓰도風月堂'에서 서양과자 초콜릿을 출시했고 부드러운 맛과 향으로 사람들에게 좋은 평판을 받았다는 기사가 실려 있다. 후게쓰도는 1753년에 문을 연 서양과자점이다. 19세기 중반에는 비스킷, 사탕, 아이스크림 등을 판매해 인기를 얻었다. 그러다가 1878년에 요네즈 마쓰조米津松造의 주도로 초콜릿을 생산하게 됐다.

1899년에는 이후 삼영제과를 설립하는 모리나가 타이치로森永太一郎가 미국으로 건너가 초콜릿 제조 기술을 배워서 돌아왔다. 그는 1903년 오사카에서 열린 식품박람회에서 수상을 한 후 1911년부터 판형 초콜릿을 생산하기 시작했다. 그리고 1918년 10월에 밀크초콜릿을 만드는 데 성공한 후 1920년대에 밀크초콜릿이 삼영제과의 주력 상품으로 자리 잡게 했다.

명치제과에서 밀크초콜릿을 생산한 것은 그보다 조금 뒤인 1926년이

◇ 1918년 10월 삼영제과에서
  처음 생산한 밀크초콜릿.
  삼영제과 홈페이지(morinaga.co.jp).

다. 명치제과는 '메리밀크'로 대표되는 우유나 분유를 주력 상품으로 하고 있었기 때문에 품질이 뛰어난 밀크초콜릿을 생산할 수 있었다. 1920년대 후반에는 초콜릿이 드롭스나 비스킷 등 명치제과에서 판매하는 다른 상품들보다 더 큰 인기를 얻었다. 삼영제과와 명치제과를 중심으로 생산, 판매된 일본의 초콜릿은 1920년대부터 1930년대까지 폭발적인 인기를 얻어 판매량 역시 급격히 늘어났다.

# 5
## 맛은 물론
## 건강까지

초콜릿은 언제, 어떻게 한국에 전해졌을까? 식민지 시대에도 초콜릿을 즐겨 먹었다는 것을 몇몇 소설에서 확인할 수 있다. 경성에서 사온 초콜릿이 등장하는 이기영의 소설 《유혹》은 1927년 1월에 발표되었다. 초콜릿 음료를 마시고 싶은 아내의 마음을 모르는 채 초콜릿 과자를 사서 퇴근하는 남편이 등장하는 《향원염사》는 1928년 12월 연재분이었다. 1929년 10월 〈조선일보〉에 연재되던 《광분》에서도 정방의 숙소에서 경옥이 초콜릿을 먹는 장면이 나온다. 이를 고려하면 1920년대 후반에는 초콜릿이 이미 식민지 조선에 등장해 자리를 잡았음을 알 수 있다.

이를 뒷받침하는 것은 당시 신문에 실린 초콜릿 광고다. 조선에서 판매된 초콜릿은 대부분 삼영제과와 명치제과에서 생산된 제품이었다. 따라서 조선에서 초콜릿이 언제부터 본격적으로 소비되었는지를 따져보려면 〈동아일보〉, 〈조선일보〉 등 조선어 신문에 실린 삼영제과와 명치제과 광고를 확인해보면 된다. 일본인 소비자를 위한 광고는 주로 〈조센신분〉, 〈게이조닛포〉 등 일본어 신문에 게재되었기 때문이다.

　삼영제과의 밀크캐러멜 광고가 조선어 신문에 처음 실린 것은 1922년 7월이었다. 이후 밀크캐러멜과 함께 '피스piece', '연유condensed milk' 등의 광고가 번갈아가면서 실렸다. 피스는 정과를 넣은 작은 과자를 가리킨다. 밀크초콜릿 광고가 처음 실린 것은 같은 해 12월이었으며, 이후 초콜릿 역시 캐러멜, 피스, 연유 등과 교대로 광고에 등장했다. 초콜릿을 비롯한 삼영제과의 과자 광고는 1930년대 말까지 꾸준히 이어졌다.

◇ 선물할 때는 명치제과에서 나온 과자가 좋다는 '명치의 과자' 광고. 〈동아일보〉 1930.12.15.

◇ 명치제과 경성판매소 개점 광고.
　〈동아일보〉1930.9.30.

◇ 삼영 캔디스토어 개점 광고.
　〈조선일보〉1939.10.10.

　명치제과의 연유인 메리밀크 광고가 조선어 신문에 처음 실린 것은 1925년 12월이었다. 이후에도 명치제과의 광고는 주력 상품인 메리밀크에 집중되었으며, 삼영제과의 밀크캐러멜의 경쟁 상품으로 만든 '리본캐러멜' 광고를 가끔씩 싣기도 했다. 명치제과의 초콜릿 광고가 처음 실린 것은 1927년 7월이었다. 이후 '명치의 과자'라는 카피로 드롭스, 비스킷, 캐러멜 등과 함께 초콜릿의 광고가 실렸다. 명치제과의 광고 역시 삼영제과와 마찬가지로 1930년대 말까지 꾸준히 신문에 게재되었다.

삼영제과와 명치제과는 식민지 조선의 소비자를 끌어들이기 위해 경성판매소를 개점했다. 경성판매소의 문을 연 것은 명치제과가 먼저였다. 명치제과가 1930년 10월 본정 2정목에, 또 삼영제과가 1939년 10월 본정 1정목에 경성판매소의 문을 열었다. '명치제과 경성판매소 明治製菓 京城販賣所' 개점 광고를 보면 1930년 10월 1일 개업한다며 3층으로 된 건물 사진과 약도를 같이 싣고 있다. '삼영 캔디스토어 森永キャンディストア' 개점 광고는 1939년 10월 10일 문을 연다며 몇 가지 상품과 함께 판매점으로 향하는 여성의 사진을 실었다. 둘 모두 광고에 '과자와 끽다'를 언급하며 대표 상품인 과자뿐만 아니라 커피로 대표되는 차도 판매한다는 것을 강조하고 있다.

삼영제과와 명치제과의 광고를 통해 1920년대 후반에 조선인의 초콜릿 소비가 있었고 1930년대에 이르러 소비가 급격히 증가했음을 확인할 수 있다. 삼영제과와 명치제과의 경성판매소가 개점한 것 역시 초콜릿 소비의 증가와 무관하지 않은 것으로 파악된다.《유혹》,《향원염사》,《광분》등 초콜릿이 등장하는 소설들의 발표나 연재 시기 역시 1920년대 후반이므로 광고를 통해 파악한 초콜릿의 유입이나 정착 시기와 어긋나지 않는다.

초콜릿의 소비 역시 먼저 조선에 체류하거나 이주한 일본인에 의해 이루어졌을 것이다. 초콜릿을 처음 먹어본 조선인은 난생 처음 접해보는 맛에 신기해했을지도 모른다. 그들 가운데 일부는 이후 초콜릿의 맛에 빠져 즐겨 사서 먹게 되는 한편으로 지인들과 같이 먹거나 선물도 하게 되었다. 처음 접해본 초콜릿이 조선에 자리를 잡아갔던 순서 역시 낯선 음식이 새로운 땅에 정착되는 일반적 과정과 크게 다

◇ 영양을 강조한
삼영 밀크초콜릿 광고.
〈동아일보〉 1929.11.9.

르지 않았다.

　한 가지 흥미로운 점은 식민지 시대에도 초콜릿이 건강에 미치는 영향이나 영양 정보를 강조한 광고가 많았다는 사실이다. 1929년 11월 〈동아일보〉에 실린 삼영 밀크초콜릿 광고는 초콜릿의 영양을 달걀의 3배, 밥의 4.5배, 소고기의 7.5배라고 소개하고 있다. 1922년 12월 같은 신문에 실린 밀크초콜릿 광고에도 과자가 아니라 '제1등 자양품'이라고 소개했다. 거칠게 살펴본 초콜릿의 역사를 떠올리면 고개를 끄덕일 수 있지만 그래도 망설여지는 부분이 있다. 바로 설탕 때문이다.

　지금이야 설탕이 맛은 있지만 건강에는 악당 같은 역할을 한다는 것은 상식이다. 그런데 당시 설탕에 대한 인식은 지금과 같지 않았다. 19세기에 정제당이 생산되고 20세기 초반에 본격적으로 유입, 확산되었을 때, 하얀 빛깔의 설탕은 문명을 상징했기 때문이다. 일본에서는 '문명개화론'과 더불어 설탕의 소비가 권장될 정도였다. 특히 이전까지 전통 방식으로 만드는 거무스름한 흑당이 '야만, 낙후, 불결' 등으로 치부되는 반면, 하얀 정제당은 '문명, 산업, 위생' 등을 상징했다. 따라서 설탕이 들어간 초콜릿 역시 이전부터 이어온 건강식품이라는 자부를 유지할 수 있었다. 식민지 시대에는 커피를 마실 때 일반적으로 설탕을 넣어서 마셨다. 그것 역시 당시 설탕의 위상과 무관하지 않았을 것이다. 지금 커피에 설탕을 타서 마시면 커피 맛을 모른다고 핀잔을 듣겠지만 당시에는 오히려 세련된 미각을 자랑하는 것이었다.

초콜릿은 한편으로 부드럽고 달콤한 맛으로, 다른 한편으로 건강에 대한 기대로 조선인의 입맛과 마음을 빼앗아갔다. 그런데 초콜릿이 과자의 대표로 자리 잡는 과정은 한과, 약과, 엿 등 조선의 전통과자가 경쟁에서 밀려나는 과정과 맞물려 있었다. 조선의 전통과자가 경쟁에서 밀려난 이유는 여러 가지가 있을 것이다. 우선 꿀은 값비싼 고급품이라서 과자를 만드는 데 사용하기 어려웠다. 그 대신 전통과자에 단맛을 내는 데는 주로 조청을 가미하는 방법을 사용했다. 조청은 백미, 현미, 옥수수 등 곡류를 엿기름에 포함된 효소로 분해하는 전통적 방법으로 제조한 비정제당이었다. 이들은 설탕과는 달리 먹어도 서서히 흡수되어 완전 연소를 거쳐 에너지로 사용된다고 한다. 그런데 단맛만 놓고 보자면 조청은 99.5퍼센트를 당분으로 하는 설탕과 비교될 수 없었다. 초콜릿이 조선의 전통과자와의 경쟁에서 이긴 가장 주된 이유 역시 여기에 있을 것이다. 그 단맛이 당시의 광고나 인식과는 달리 건강에 좋은 것이 아니었음은 기억해둘 필요가 있다.

# 혈액에 도움 되는
# 초콜릿

초콜릿의 역사를 살펴보면 코코아라고 불리는 초콜릿 음료가 먼저 등장했고 지금 초콜릿이라고 불리는 판형 초콜릿은 나중에 생산되었다는 것을 알 수 있다. 신문이나 잡지에 실린 초콜릿 조리법도 분말로 된 코코아를 재료로 한 경우가 많았다. 아래의 기사도 문답 형식을 취해 코코아를 맛있게 타는 법을 소개하고 있다. 질문은 집에서 코코아를 타면 너무 쌉쌀하거나 달콤한데 어떻게 코코아를 맛있게 탈 수 있느냐는 것이다. 거기에 먼저 크림이나 연유에 코코아 분말을 넣고 잘 섞은 후 뜨거운 물을 붓고 설탕을 넣으면 된다고 답하고 있다.

"코코아차 만드는 법", 〈조선일보〉 1928.4.17.

〈문〉 집에서 코코아차를 만들면 가로가 떠오르고 또는 분량을 잘 맞치지 못하야 쌉쌀한 때도 잇고 넘우 달콤한 때도 잇습니다. 엇더케 하면 알맛치 할 수가 잇슬가요?
〈답〉 차술깔로 코코아 두 수깔만 차그릇에 넛코 거긔 크림이나 콘덴스밀크를 과히 물지 안케 코코아를 개일 만치 따라서 차수깔로 잘 개인 후에 뜨거운 물을 붓고 각사탕 세 개만 너흐면 얌전한 코코아차 한 그릇이 될 것입니다.

한편 당시 광고를 보면 식민지 시대까지도 초콜릿은 건강에 좋은 식품으로 소비되었음을 알 수 있다. 1935년 10월 〈조선일보〉에 실린 "피를 붓게 하는 음식물"은 코코아와 초콜릿을 피를 증가시키는 음식으로 소개하고 있어 눈길을 끈다. 피를 증가시키는 데는 철분, 동분, 비타민A 등이 필요한데, 이들을 많이 함유한 음식으로 현미, 시금치, 콩, 팥, 우육, 조개 등과 함께 코코아, 초콜릿을 들고 있다.

**"피를 붓게 하는 음식물", 〈조선일보〉 1935.10.19.**

사람의 몸에 피를 붓게 하는 데는 철분뿐만 아니라 동분과 비타민에이가 필요합니다. 이 세 가지는 혈액을 제조하는 데 잇서 업서서는 아니 되는 것입니다. 그런데 그 필요한 성분이 엇더한 식물에 비교적 만히 포함되엿는가 보면 …… 그 중에 영양이 만흔 것으로는 쌀(현미라야 됨)을 주식으로 하고 다음 부식으로는 시금치 등 채소와 콩, 팥, 우육, 조개류가 조흐며 또 감미료에는 꿀이며 음료에는 코코아, 초코렛 등이 좃습니다.

# 군고구마

밤이 길고 입이 심심할수록
" 야키이모! " 가 구수하다

날이 몹시도 춥습니다. ……
선생님께서는 그 속에서 오죽이나 추우시렷가? ……
이 한밤엔 창밖게서 고구마장사의 외치는 소리만 떨리다가는
길바닥에 얼어붓고 내 마음은 선생님의 신변에 엉기어붓습니다.

심훈, 《선생님 생각》,
〈조선일보〉 1930.1.7.

# 1
# 복녀가 훔친 건
# 감자가 아니었다

'군고구마'는 지금도 우리에게 친숙한 간식이다. 한때 거리 곳곳에 군고구마 손수레가 등장하면 겨울이 왔음을 알 수 있었다. 군고구마 장수들은 드럼통의 가장자리에 여러 개의 구멍을 내고 서랍 같은 것을 설치해 고구마를 구웠다. 노르스름하게 잘 익은 군고구마를 베어 물 때 입안 가득 퍼지는 맛도 좋았지만 고소한 냄새도 추운 날씨에 종종걸음을 놓던 사람들의 발걸음을 멈추게 했다. 요즘은 군고구마통을 실은 손수레를 보기 힘들다. 오히려 고구마는 영양이 많고 칼로리가 낮다는 이유로 다이어트에 좋은 음식으로 인기가 높다. 하지만 지금도 고소한 냄새와 함께 잘 익은 고구마를 파는 곳이 있다. 바로 편의점이다. 겨울철에 편의점 문을 열고 들어가면 군고구마 냄새가 가장 먼저 우리를 반긴다.

◇ 단행본《감자》표지.
  한성도서출판회사, 1935년.

이 장에서는 군고구마가 어떻게 친숙한 간식이나 디저트로 자리하게 되었는지 살펴보려 한다. 먼저 고구마를 감자로 혼동한 아이러니한 상황을 통해 우리를 군고구마의 맛과 향으로 인도할 작가는 김동인이다. 김동인은 이광수에 이은 한국 근대소설의 개척자 혹은 확립자로 파악된다. 그가 1925년 1월에 발표한《감자》라는 단편소설은《광화사》,《광염소나타》와 함께 작가의 대표작이기도 하다.《감자》의 중심인물은 복녀로 소설은 21년에 걸친 그녀의 고단한 삶을 좇는다.

복녀는 소작, 막벌이, 행랑살이 등을 전전하다 평양 칠성문 밖 빈민굴로 밀려난다. 그러고는 빈민굴에서 사는 거지들에게 몸을 팔다가 중국인 왕 서방과 정분을 나누게 된다. 왕 서방이 혼인하던 날, 그녀는 낫을 들고 강짜를 부리다 도리어 자신이 죽고 만다.《감자》에서 복녀가 '감자'를 훔치러 갔다가 왕 서방에게 들켜 관계를 맺는다는 점, 또 제목 자체를 '감자'로 했다는 점 등을 고려하면 소설의 전개에서 감자의 무게를 짐작할 수 있다. 그런데 흥미로운 사실은 작가가 소설에 등장시킨 감자는 사실 '감자'가 아니라 '고구마'였다는 점이다.

김동인은 1941년 11월 〈국민문학〉 창간호에 "조선 문단과 내가 걸었던 길朝鮮文壇と私の歩んだ道"이라는 일본어 평론을 발표한다. 거기에서

자신의 고향인 평양에서는 고구마를 감자라고 부른다며 《감자》를 집필할 때 복녀가 훔치는 것을 감자가 아니라 고구마로 구상했음을 분명히 했다.

조선총독부에서 편찬해 1920년 발행된 《조선어사전》에서 당시 조선에서 사용되던 '甘藷(감져)'와 '고그마'의 뜻을 찾아보면 아래와 같이 서술되어 있다.

甘藷(감져), 名, 植 「고그마」に同じ.

고그마, 名, 植 甘藷さつまいも (甘藷·南甘藷).

먼저 '감져甘藷'는 '고그마'와 같다고 되어 있다. 또 '고그마'는 '감져 사쓰마이모甘藷さつまいも'라고 설명되어 '감져甘藷', '남감져南甘藷'를 가리킨다고 되어 있다. 이렇게 볼 때 '감져甘藷', '고그마' 모두 고구마를 가리키는 용어로 사용되었으니 김동인이 복녀가 훔치는 것을 '감자'가 아니라 '고구마'로 구상했다는 말도 이해가 된다.

그런데 김동인이 평론에서 군이 감자가 아니라 고구마라는 사실을 밝힌 걸 보면 독자들이 복녀가 훔친 것을 자신의 구상과는 다르게 받아들였다는 사실을 알았음을 뜻한다. 그럼에도 제목 '감자'나 소설에 등장하는 감자를 고구마로 바로 잡지 않은 것도 의아하다. 워낙 오랫동안 그렇게 불러서인지 제목을 바꿔서 김동인의 소설 《고구마》라고 하면 어색할 것 같기는 하다.

소설 《감자》에 나타난 감자와 고구마의 혼동에 대해 조금은 장황하게 얘기한 것은 이 장에서 다루려는 군고구마라는 음식의 특징과 긴밀하게 관련되기 때문이다. 군고구마는 여전히 우리에게 친숙한 먹거리이자 겨울을 대표하는 디저트 가운데 하나다. 그런데 군고구마는 언제부터 겨울을 대표하는 간식으로 우리 곁에 자리하게 되었을까? 고구마가 오래전에 유입되어 정착된 작물이었음을 고려하면 간식으로 자리 잡는 과정도 자연스러웠을 것 같다. 하지만 생각과 달리 그 과정이 썩 자연스럽지는 않았다.

# 2
# 사건의 목격자는
# 군고구마 장수

최독견은 독자들에게 통속소설 작가로 알려져 있다. 대표작으로는 《승방비곡》,《향원염사》 등이 있다. 그런데 그는 1927년 9월부터 다음해 3월까지 〈조선일보〉에 《난영亂影》이라는 소설을 연재한다. 제목에 쓰인 생소한 한자 '난영'을 해석해보면 '어지러운 그림자' 정도가 되겠다. 최독견의 작품인 데다 신문 연재라는 형식을 취한 만큼《난영》역시 독자의 기대를 저버리지 않을 만큼 통속적이다. 최일청과 장래를 약속했다가 다시 이용구라는 남자를 좋아했다가 결국 장홍준이라는 부자와 결혼을 하는 소설의 여자 주인공인 민혜원부터가 그러하다.

《난영》은 혜원의 남편 홍준이 살해되는 것으로 시작된다. 소설이 전개되면서 혜원이 결혼 전 용구의 아이를 임신했다는 사실을 감추려

홍준을 죽인 것으로 밝혀진다. 홍준을 살해하는 것으로 모자라 혜원은 시어머니를 독살하고 또 용구마저 살해한다. 작가도 혜원의 악행이 지나치다 싶었는지 전차에 뛰어들어 자살하는 것으로 소설을 마무리한다. '어지러운 그림자'라는 제목처럼 《난영》에서는 음모와 계략 사이에서 죽고 죽이는 일이 쉴 틈 없이 이어진다.

《난영》이라는 소설을 언급한 것은 작품에서 군고구마가 등장하기 때문이다. 거듭된 죽음으로 전개되는 소설을 고려하면 군고구마 역시 누군가를 죽이는 용도로 사용되었을 것 같다. 하지만 예상과 달리 소설에서 등장인물이 군고구마를 사 먹거나 누구에게 먹이는 장면은 등장하지 않는다.

"내가 저편에서 고구마를 팔고 섯노라니까 이 여자가 아까부터 이 다리 우에서 왓다갓다 하기에 전차를 기대리나 보다 하고 무심코 바라보앗드니 긔차가 막 룽탕거리고 다리 밋흐로 드러가자 다리 우에서 펄쩍 뛰여나리는 걸 보고 단숨에 쪼차왓는데……."

이것은 군고구마장사의 죽엄을 목도한 이야기엇다.

인용문에서 나타나듯이 《난영》의 결말 부분에서 군고구마 장수는 혜원이 전차에 뛰어들어 자살하는 것을 본 목격자로 등장한다. 하지만 군고구마 장수는 사건의 목격자였다는 것 이외에도 우리에게 중요한 정보를 제공한다. 먼저 그를 통해 1920년대 후반 군고구마를 행상들이 팔았다는 것을 알 수 있다. 소설에 등장한 군고구마 장수는 손수레를 끌고 전차 정거장 앞에서 군고구마를 팔던 중이었다. 사람들이

◇ 형사들이 군고구마 장수와 역무원을 탐문하는 모습. 최독견,《난영》,〈조선일보〉1928.3.7.

많이 오가는 정거장이 군고구마를 팔기에 목이 좋다고 생각했던 것
같다.

또 다른 정보는 당시 군고구마 장수가 드물지 않았다는 점이다.
1920년대 후반으로 한정하더라도 만주 장수, 귤 장수, 영신환을 파는
사람 등이 골목골목을 누비던 때였다. 그런데 소설의 주인공이 전차
에 뛰어들어 자살하는 장면을 목격한 사람이 하필 군고구마 장수였다
니 그만큼 군고구마 장수도 많았다는 것을 말해준다. 그런데《난영》
에 등장하는 군고구마 장수가 여름철에는 그 정거장 앞에서 빙수나
아이스크림을 팔던 인물이었는지도 모른다는 사실은 기억해둘 필요
가 있다.

군고구마 장수가 경성의 골목골목을 누비고 다니기 이전에는 군밤이 겨울의 대표적인 간식이었다. 그러다가 군고구마를 찾는 사람들이 늘어나자 군고구마는 군밤과 함께 찬바람이 불면 떠오르는 디저트가 되었다. '해외문학파'의 구성원으로 활동한 김진섭은 1932년 1월 〈조선일보〉에 발표한 글에서 문인이 보는 경성의 특징 몇 가지를 얘기한다. 그 가운데 하나로 광화문에서 동대문까지 이어진 종로를 경성 사람의 내면이 가장 잘 드러나는 곳이라고 한다. 이어 종로를 대표하는 것으로 값이 싸니 사라고 외치는 행상들의 외침과 함께 군밤과 군고구마가 익어가며 내뿜는 김과 연기를 언급한다.

1936년 9월 〈조선일보〉에 실린 기사는 제목 자체가 "군밤과 군고구마로 짙어가는 가을 거리"다. 경성의 가을은 거리에 등장한 군밤과 군고구마 장수들의 외침과 함께 짙어간다고 했다. 더불어 군밤과 군고구마는 아이들이 좋아하는 군것질거리지만 어른들도 즐겨 찾는 간식거리라고 밝힌다.

# 3

# 겨울밤,
# 손수레 위 양철통

1932년 12월 〈동아일보〉에는 "깊은 밤 어두운 거리에 구슬프다! '야키이모' 소리"라는 기사가 실린다. 기사는 군고구마 장수야말로 겨울철 가두노동의 척후대를 대표한다며 아래와 같이 서술하고 있다.

"야끼이모! 야끼이모!"
겨울의 밤! 어둔 거리에 창 그림자를 차자서 굴르는 구루마 박휘소리 뒤밋처 숨차고 처량하게 들리는 야끼이모 소리.

겨울철 밤이 깊으면 손수레 소리가 나고 뒤이어 "야키이모! 야키모!" 하는 외침이 처량하게 들린다고 한다. 인용에 이어서는, 날씨가 좋든 궂든 새벽 네 시까지 김이 무럭무럭 나는 손수레를 끌고 다니는

◇ 밤늦게까지 손수레로
군고구마를 파는 모습을 그린 삽화.
〈동아일보〉1932.12.6.

데, 그들에게 골목으로 난 창문이 열리면서 "여보! 야키이모 장사!" 하
고 부르는 소리만큼 반가운 것이 없다고 했다. 밤새 번 돈을 아내에게
가져다주면 그것으로 요기할 쌀과 콩을 구매할 것이라는 생각 역시
덧붙여져 있다. 기사에는 삽화가 함께 실려 있어 당시 군고구마 장수
의 모습을 쉽게 떠올릴 수 있다. 삽화를 보면 군고구마 장수가 입을 크
게 벌리고 있다. 아마 "야키이모! 야키모!"를 외치고 있는 듯하다. 손
수레 위에는 김이 마구 솟아오르는 군고구마통을 올리고 있다. 여기
저기 김이 나는 것은 군고구마통 밑에 장작을 넣고 구울 수 있는 설비
가 마련되어 있었기 때문이다.

1925년 8월 〈조선일보〉에 실린 글에도 "고구마장사의 식벌거케 달
은 수레가 한 채 종로로 향하야 올러"간다는 언급이 있다. 이 역시 장
작을 넣고 굽는 설비를 가리킨다. 앞에서 살펴본 만주나 호떡 장수와
달리 군고구마 장수가 손수레를 끌고 다녔던 것은 장작을 넣는 설비
때문이었다. 번 돈을 하루하루 생계를 잇는 데 사용한다는 언급처럼

여기저기 꿰맨 옷을 입고 있는 것도 눈에 띈다.

군고구마통의 특징에 관해서는 1931년 8월 〈동아일보〉에 실린 "여름밤 가두에서"라는 글에서 도움을 받을 수 있다. '여름밤 가두'라는 제목이나 8월이라는 발표 시기가 군고구마가 잘 연결이 되지 않는데, 글을 살펴보면 여름에 아이스크림이나 빙수 행상을 하던 사람이 겨울이 되면 군고구마 장사를 한다는 내용을 다루고 있다. 글에는 아이스크림을 파는 귀여운 총각이 애인인 선술집 작부에게 시원한 아이스크림을 선물한다는 얘기가 나온다.

그런데 이 글의 관심은 여름이 지나면 선술집 작부가 군고구마 장수의 종달새로 변해 야키이모의 뜨뜻한 '부리끼통'에 손을 녹이면서 달콤한 군고구마를 먹게 될 것이라는 대목에 놓인다. 여기서 '부리끼', 곧 '블리크blik'는 양철, 생철 등을 뜻하는 것으로, 앞의 삽화에 보이는 손수레 위의 군고구마통이 양철로 만든 통임을 알 수 있다. 양철통 안에, 또 장작불 위에 올리는 무쇠철판의 모습을 보면 고구마가 타지 않고 속까지 익게 만들기 위해서인지 두께가 예사롭지 않다.

"여름밤 가두에서"를 통해 알 수 있는 또 한 가지의 정보는 여름철에 아이스크림을 팔았던 장수가 겨울철에는 군고구마 장사를 한다는 것이다. 실제 군고구마나 군밤 장사는 겨울철에만 하는 장사라서 늦어도 봄이 되면 다른 장사 준비를 해야 했다. 대개 이들은 철이 바뀌면 빙수나 아이스크림을 파는 경우가 많았다.

◇ 가마 위에 놓고 군고구마를
   구울 때 사용했던 철판.

박태원의 대표작 가운데《천변풍경》이라는 소설이 있다. 1930년대 청계천 근처에서 사는 사람들의 일상을 그린 작품으로 제목처럼 수많은 인물이 등장해 일일이 기억하기 힘들 정도다. 그런데도《천변풍경》을 읽고 나면 인물 하나가 유독 마음에 남는다. 바로 점룡이라는 총각이다. 점룡이는 마음에 품고 있던 이쁜이가 전매국 직공과 혼인을 하자 속으로만 슬픔을 삭이던 인물이다. 이쁜이는 혼인을 이유로 19년 동안 애지중지 키우던 홀어머니를 떠나는데, 이 대목은 점룡이뿐만 아니라 독자에게도 안타까움으로 다가온다. 그런데 내 딸을 귀애해달라는 가난한 장모의 애타는 바람에도 이쁜이 남편은 '근화식당'에서 일하는 여급과 바람을 피운다. 그 사실을 알게 된 점룡이는 우연히 마주친 이쁜이 남편을 근화식당 바닥에다 으스러지게 메다꽂고 사정없이 때려준다. 점룡이의 주먹에는 삭이지 못한 '미련未練'의 몫까지 들어 있는 듯하다. 그 점룡이의 직업이 바로 겨울에는 군밤을 팔고 여름에는 아이스크림을 파는 일이었다.

앞선 두 글과 비슷한 시기인 1929년 1월 〈조선일보〉에 게재된 "야끼이모 행상" 사진을 보자. 사진 옆에는 눈보라치는 겨울 거리에서 빨간 불에 고구마를 굽는 장수가 학생들이 주머니를 털어 고구마값으로 내는 5전, 10전을 받아 어린 자식과 한 끼라도 먹으려 한다고 설명되어 있다.

◇ 군고구마 행상의 사진. "야끼이모 행상";
〈조선일보〉1929.1.19.

역시 손수레 위에 양철통이 올라가 있음을 알 수 있다. 사진을 보면 중간에 한글로 된 '군고구마'와 일본어로 된 '야키이모'가 같이 적혀 있다.

1900년대에서 1920년대 일본에서 판매했던 군고구마는 크게 '마루야키まる焼き'와 '기리야키切り焼き'로 나뉘었다. 마루야키는 고구마를 하나씩 통째로 굽는 방식이고 기리야키는 고구마를 썰어서 구운 후 소금과 깨를 뿌려 먹는 방식이다. 순서로 따지면 마루야키가 먼저 있었고 이후 기리야키가 등장했다. 식민지 조선에서도 마루야키와 기리야키, 둘 모두 팔았던 것으로 보인다.

1933년 11월에서 12월까지 〈조선일보〉에는《길동이와 간식》이라는 글이 연재됐다. '나'와 길동은 철공장에 다니는데, 퇴근하다가 길가에서 군고구마 장수를 발견한다. 시장했던 둘은 5전을 내고 군고구마를 달라고 한다. 그러자 장수는 고구마 몇 개를 종이에 둘둘 말아서 준다. '나'가 먼저 고구마 한 개를 꺼내 먹기 시작하자 길동도 꺼내 먹는다. 주먹만 한 고구마 한 개라는 언급을 보면 두 사람이 산 군고구마는 마루야키임을 알 수 있다. 실제 마루야키는 한국에서 일반적으로 고구마를 구워 먹는 방식과 크게 다르지 않았다.

◇ 고구마를 자르지 않고
통째로 굽는 모습.

1937년 1월 〈조선일보〉에는 "한순온화寒脣溫話"라는 글이 게재됐다. "한순온화"라는 제목은 추운 겨울의 따뜻한 이야기라는 뜻이다. 여기에서도 군고구마를 구매하는 사람이 등장해 아래와 같은 대화를 나눈다.

"거 기리야키요? 5전어치만 담소." 하고 주머니를 더듬는 것으로 흥정을 시작한 것이다.
"네, 기리야키올시다."
고구마장수는 굽는 통의 뚜껑을 열고 하나, 둘 헤어가며 세모진 종이주머니에 기리야키 쪽을 집어넛는다.

손님은 기리야키인지 물으며 5전어치를 달라고 한다. 그러니 군고구마 장수는 기리야키가 맞다며 군고구마 통의 뚜껑을 연다. 그러고는 하나둘 세어가며 기리야키를 세모난 종이주머니에 담아준다. 인용에는 기리야키라는 말이 직접 등장할 뿐만 아니라 다른 정보도 제공하고 있다. 기리야키를 팔 때도 고구마조각을 세어서 팔았으며 세모난 종이주머니에 담아줬다는 것이다. 손수레에서 팔면서 고구마를 빨리 익게 만들기 위해 기리야키가 처음 등장한 것으로 보인다.

◇ 고구마를 잘라서 구운 기리야키.

1939년 10월 〈매일신보〉에 실린 "군고구마와 절미"에는 두 가지 종류의 고구마가 판매된다는 사실을 직접 언급하고 있다. 또 통째로 먹는 것이나 조각으로 먹는 것이나 둘 다 아이들이 좋아한다고 한다. 끝으로 사서 먹는 것보다 집에서 만들어주면 돈도 절약하고 절미에도 도움이 될 것이라며 마무리된다. 여기서 '절미'는 쌀을 절약한다는 뜻이다. 중일전쟁에서 태평양전쟁으로 이어지는 시기임을 감안할 때 일본 정부가 쌀 소비를 줄이는 운동을 펼친 것과 관련이 있다.

# 4

# 군밤을 밀어내고
# 겨울 대표 간식으로

## 1 · 코를 간질이는 구수한 냄새

군고구마가 겨울을 대표하는 디저트로 자리 잡게 된 가장 큰 이유는 달콤한 맛 때문으로 보인다. 앞서 본 "한순온화"라는 글에도 군고구마의 맛이 달콤하면서도 쌉싸름하다고 되어 있다. 물론 겨울에 먹는 간식이었으니까 달콤한 맛에는 따끈따끈한 느낌도 한몫했을 것이다. 1937년 11월 〈조선일보〉에 실린 글에는 아예 군고구마의 단맛이 어디서 유래하는지 설명까지 하고 있다. 고구마는 거의 전분으로 이루어져 있어 그것을 구우면 전분 속의 아밀레이스amylase가 맥아당과 자당으로 변해 달콤한 맛이 난다고 한다.

"야끼이모 행상"이라는 기사와 함께 실린 사진에는 군고구마를 파

◇ 군밤보다 더 달다는 것을 강조한 군고구마 광고.
야키이모비요리焼き芋日和 홈페이지(yakiimo-biyori.com).

는 손수레 위에 '군고구마'와 '야키이모'가 같이 적혀 있다. 그 중간에 '구리九里'라는 한자도 있다. "흥정 업는 군밤, 철 맛난 고구마"라는 기사에는 역시 군고구마 손수레 위에 '구리사리九厘四厘'라는 말이 적혀 있어 무슨 뜻인지 묻는 모습이 나온다. 군고구마 장수는 일본어로 '밤'이 '구리クリ'이고 '사리四厘'는 '~보다'의 뜻을 지닌 '~요리~より'로도 읽으니 '구리사리'는 '밤보다 맛있다'는 뜻이라고 한다.

일종의 언어유희라고 할 수 있다. 그런데 일본의 에도시대에 고구마와 관련해 '큐린하치린한九厘八厘半'이라는 말이 있었다고 한다. 밤의 맛이 이름과 같이 '9리'라면 고구마의 맛은 거기에 조금 못 미치는 '8리 반'이라는 뜻이다. 이 역시 밤에는 못 미치지만 고구마의 달콤한 맛을 강조한 것이다. 근대에 들어서도 밤과 고구마를 비교하는 표현은 드물지 않게 사용되었다. '구리사리'처럼 오히려 밤보다 더 달다는 것을 강조하기 위해 사용되기도 했다. 이를 통해 군고구마가 처음 등장했을 때 군밤이 경쟁 상대였다는 것도 알 수 있다.

요즘 일본의 군고구마 상점 광고를 보면 중앙에는 '13리 반'이라고 적혀 있고 옆에 작은 글씨로 밤보다 더욱 맛있다고 되어 있다. 과장이 섞여 있겠지만 밤이 9리라면 자신들이 파는 군고구마는 13리 반일 정도로 더 맛있다는 것을 강조한 내용이다. 이를 고려하면 군고구마가 사람들에게 인기가 있었던 가장 큰 이유는 달콤한 맛이라고 할 수 있을 것이다.

달콤한 맛과 함께 군고구마가 겨울을 대표하는 디저트로 자리 잡을 수 있었던 또 하나의 이유는 군고구마 특유의 향내다. 1930년 4월 〈조선일보〉에는 "담한 추억"이라는 글이 실렸다. 제목의 '담하다'는 맑고 순수하다 정도를 뜻한다. 글의 중심인물은 시골에서 살다가 일하기 위해 경성에 와 있는 여성 금낙이다. 하루는 금낙이 본정네거리를 지나는데 군고구마를 팔던 남자가 아는 척을 한다. 누군지 봤더니 금낙이 시골 공장에서 일할 때 같은 동리에 살던 사람이었다. 이후 그 남자는 금낙을 보면 군고구마를 주려 하지만 그녀는 미안해서 거절한다. 그런데 군고구마의 향내를 맡으면 마음과 달리 군침이 먼저 반응을 한다.

"이 뜨듯한 고구마 하나⋯⋯." 하고 금시에 '야키이모'를 내여주려고 하엿다. 코를 간지르는 '야키이모' 구수한 내음새를 뒤로 맛트며 입안에

글성글성 고이는 침을 꿀걱 생키고 부끄러움에 못 익이어서 그만 다라 온 일도 잇섯다.

군고구마를 팔던 남자가 군고구마를 내밀면 코를 간질이는 구수한 냄새 때문에 금낙은 입안에 침이 가득 고여 꿀걱 삼키고는 부끄러워 했다.

1934년 1월 〈조선일보〉에 실린 "마음 노코 잡수시오, 설설 끌은 고구마"도 고구마 냄새를 다루고 있다. 겨울이 되면 거리마다 군고구마 장수가 한창이라는 언급을 시작으로 골목 어귀마다 목을 지키고는 "이모! 야끼-모!"를 외치는 그들의 목소리가 구성지다고 한다. 그러고는 물씬물씬 김에 서려 나오는 군고구마 냄새만 맡아도 금방 먹은 저녁밥이 명색 없이 되고 만다고 했다.

두 글에서 잘 나타나듯 냄새는 시장하거나 입이 궁금한 사람들이 군고구마 장수를 그냥 지나치지 못하게 하는 역할을 했다. 냄새로 손님을 끌었던 것은 군고구마 장수만이 아니었다. 식민지 시대에 가장 인기가 있었던 술집인 선술집에서는 중노미에게 문밖에서 고기를 구워 냄새를 퍼뜨리게 해 식당 앞을 지나는 사람들을 손님으로 끌어들였다. 여기서 중노미는 지금의 종업원 정도로 생각하면 된다. 가마솥을 입구에 걸어놓고 구수한 냄새로 손님을 끌었던 것은 설렁탕집도 마찬가지였다.

그런데 오히려 달콤한 맛 때문에 고구마가 기근이 심할 때 먹는 대용작물로 자리 잡지 못했다는 점이 흥미롭다. 고구마는 18세기 후반에 조선에 전해졌다. 1763년 10월 통신사로 일본을 방문했던 조엄은

쓰시마對馬에서 고구마 종자를 들여왔다. 이를 계기로 일부 남부 지역이나 제주도에서 농민들이 고구마를 경작하기 시작했다. 처음에는 손쉽게 자라고 수확량도 많아 이점이 많은 작물로 여겨졌지만 이후 정착 과정은 그리 순조롭지 않았다.

중앙 정부에서는 고구마의 종자를 확보하거나 경작을 활성화시키기 위한 정책을 나름대로 펼쳤지만 실제 농사를 짓는 백성에게까지 미치지는 못했다. 오히려 지방 관리들은 고구마를 키우는 데 과도한 세금을 부과하는 등 재배를 여의치 않게 만들었다. 하지만 고구마 농사가 정착하기 어려웠던 것은 기후에 민감하고 재배가 까다롭다는 고구마의 특성 때문이었다. 고구마는 조금이라도 기온이 낮거나 습기가 있으면 상하는 등 추운 기후에서는 재배하기 어려운 품종이었다.

게다가 사람들은 단맛이 강한 고구마를 군것질거리로만 여겨 곡물 대용으로 삼지 않았다. 단맛이 나는 식품을 주식으로 삼기를 꺼렸던 관행이 크게 작용한 것으로 보인다. 하지만 결국 달콤한 맛이 군고구마를 식민지 시대 겨울을 대표하는 디저트로 자리 잡게 만들었다.

1926년 12월 〈매일신보〉에 실린 "제일선에 선 전사! 구리사리의 애원성"이라는 글에는 "녀름 긴- 낫에 아이스크림 장사를 생각한다 하면 겨울 긴- 밤에는 먼저 가도에셔 떠는 고구마 장사를 런상하게 된다"라는 언급이 있다. 이어 고구마는 "외국인이나 조선인이나 학생이나 어린이나 어른이나 여자이나 겨울밤 갑싼 밤참거리가 훌융히 되는" 간식이라고 한다. 여름의 대표 디저트가 아이스크림이라면 겨울의 대표 간식은 고구마이고 남녀노소 심지어 외국인도 겨울에 먹는 값싼 간식이라는 것이다.

글과 함께 실린 사진에는 손수레 위에 한글 '기리야기'와 일본어 '기리야키きりやき'가 같이 적혀 있다. 옆에는 12월 13일 정오 무렵 무교정 근처에서 찍었다는 내용과 "무럭 무럭 익엇소!"라는 문장이 적혀 있는데, 잘 익었다는 것을 표현한 말로 보인다.

◇ 손수레에서 기리야키를 파는 모습.
〈매일신보〉1926.12.15.

그런데 군고구마 가격은 어느 정도나 되었을까?《길동이와 간식》에서는 5전을 내니까 군고구마 서너 개를 줬다고 했다. "흥정 업는 군밤, 철 맛난 고구마"라는 기사에서는 10전을 내면 군밤은 40개를, 군고구마는 네댓 개를 준다고 한다. 10전은 당시 가장 저렴했던 외식 메뉴인 설렁탕보다 싼 가격이었다. 5전이면 만주나 호떡 하나의 가격에 불과했다.

그런데 위의 두 글은 비슷한 시기에 발표되었는데도 군고구마 네댓 개에 5전인 경우도 있고 10전인 경우도 있다. 들쑥날쑥한 가격에 대해서는 1941년 11월 〈매일신보〉에 실린 "군고구마 가격 공정"이라는 기사의 도움을 받을 수 있다. 당시 가격이 정해지지 않아 거리에서 비싸게 팔리던 군고구마에 공정 가격이 정해졌다고 한다. 기사에는 고구마 가격이 당시의 계량 단위인 몸메もんめ, 흔히 한 돈, 두 돈 하는 단위로 계산되어 있어 복잡하게 느껴진다. 지금의 단위로 환산해보면 공정 가격이 정해지기 전까지는 5전에 한 개, 10전에 두세 개 정도 되

었고 공정 가격이 정해진 후 그 가격의 반 정도로 싸진 게 된다. 1930년
대 말이라는 시기를 고려하면 매우 저렴한 가격이었음을 알 수 있다.

1929년 12월 〈조선일보〉에는 독자가 궁금한 것을 문의하는 "무엇
이나 알고 십혼 것을 무르시오"라는 기사란이 실렸다. 거기에 한 독자
가 100원 정도 가지고 있는데, 4, 5인 식구의 생활비를 벌려면 무슨 장
사를 하면 되겠는지 질문한다. 그러자 신문사 측은 당시 같은 자본주
의 시대에 단돈 100원을 가지고 장사를 한다는 것은 꿈에 가깝다고
면박을 주면서, 그래도 하겠다면 겨울에는 군고구마, 여름에는 아이
스크림 행상 정도나 할 수 있을 것이라고 답변한다.


## 2 · 같은 값이면 군고구마

만주나 호떡 등이 등장하기 전까지 겨울을 대표하는 간식으로서
군고구마의 경쟁 상대는 군밤이었다. 그런데 군고구마와 군밤의 경쟁
이 그리 팽팽하지 않았던 것으로 보인다. 1925년 12월 〈동아일보〉에
는 "고구마"라는 제목의 글이 실린다. 글은 겨울이 되어 밤이 길어지
고 입이 심심할수록 군고구마 장수의 "야-키이모!" 소리가 구수하게
들린다는 말로 시작된다.

밤이 차차 길고 입이 공연히 굿버갈스록 "야—기이모" 외우는 소리가
귀에서부터 구수하야진다. 미상불 호떡에게 시루떡이 찔끔하고 '야기
이모'에게 군밤이 옴치라든 것은 군것질로써 엿보든 조선 근대세상 사

　'시루떡'이 '호떡'에게 찔끔하고 눈치를 보는 것처럼 '군밤' 역시 '군고구마'에게 움츠러든다고 했다. 시루떡을 찾는 사람보다 호떡을 찾는 사람이 늘어난 것처럼 군밤보다 군고구마를 구매하는 사람이 많아졌다는 것이다. "고구마"라는 글을 통해 1920년대 중반이 되면 군고구마가 이전까지 겨울철 대표 간식이었던 군밤을 밀어내고 그 자리를 차지했다는 것을 알 수 있다.

　그런데 군고구마는 어떻게 군밤을 밀어내고 겨울을 대표하는 디저트가 되었을까? 1931년 1월 〈조선일보〉에 실린 "흥정 업는 군밤, 철 맛난 고구마"라는 글에서 해결의 실마리를 얻을 수 있다. 먼저 군밤이나 군고구마를 사 먹는 소비자의 입장에서 접근해보자. "흥정 업는 군밤, 철 맛난 고구마"에서는 10전에 군밤은 40개 정도이고, 군고구마는 네댓 개를 준다고 한다. 보통 크기의 고구마는 성인도 한두 개만 먹으면 배가 부른 데 반해 군밤은 여러 개를 먹어도 포만감을 느끼기가 힘들다.

◇ 군고구마 장수와의 경쟁에서
　밀려난 군밤 장수.
　〈조선일보〉 1939.9.21.

어쩌면 여러 개를 먹어도 배가 부르지 않은 군밤이 디저트나 간식으로서 더 잘 어울릴지도 모르겠다. 하지만 식민지 시대 군고구마나 군밤은 주린 배를 채우기 위한 역할이 더 강했다는 점을 간과해선 안 된다. '같은 값이면 다홍치마'라는 말이 있듯이 사람들은 같은 값에 비슷한 맛이면 더 저렴한 군고구마를 선택했을 것이다.

그런데 "흥정 업는 군밤, 철 맛난 고구마"는 소비자보다 오히려 군밤 장수나 군고구마 장수의 입장을 더욱 잘 대변한다. 먼저 군밤 장수는 보통 낮 12시부터 밤 1시까지 12~13시간 일을 한다고 했다. 시장에 가서 밤 한 말에 1원 10전, 밤 구울 숯을 10전에 사니까 군밤 장수의 하루 밑천은 1원 20전 정도다. 그런데 군밤은 40개에 10전 정도에 팔리므로 하루 매상은 1원 60, 70전, 군밤 장수에게 떨어지는 이익은 40, 50전 정도다.

글에서는 군밤 장수에 이어 군고구마 장수도 다룬다. 군고구마 장수는 보통 오전 10시부터 밤 12시까지 14시간 정도 일을 한다고 했다. 군밤 장수보다 더 오래 일하지만 그 차이가 현저한 것은 아니다. 시장에 가서 고구마 한 멱서리에 2원 30전을 내고 받아 오는데, 여기서 한 멱서리는 한 가마니, 요즘으로 하면 80킬로그램 정도의 양이다. 거기에다 고구마를 구울 숯 20전까지 해서 2원 50전 정도가 하루 밑천이다.

군고구마는 네댓 개에 10전 정도에 팔리는데 못 팔면 밑천 정도이고 잘 팔리는 날은 이익이 4원 50전이라고 한다. 평균 하루 이익은 3원 50전이다. 조금 더 일을 하기는 하지만 군고구마 장수의 이익이 3원 50전인 데 반해 군밤 장수는 40, 50전 정도를 번다. 하루에 군고구마 장수가 군밤 장수보다 일고여덟 배 정도 많이 버는 셈이다.

1931년 2월 〈조선일보〉에 실린 기사 역시 경성의 군고구마 장수들이 올리는 매상을 다루고 있다. 우선 군고구마 행상들이 밤낮 구분 없이 큰 골목 작은 골목으로 꾸준히 돌아다니며 "야끼이모- 야끼이모" 소리를 기세 좋게 부르짖는다고 서술한다. 그런데 이 기사는 군고구마 장수의 하루 이익이 평균 1원 60전이며 한 달 일하는 날을 25일로 치면 한 달에 40원 가량의 이익을 얻는다고 한다. 이어 경성의 군고구마 장수가 다 이만한 수입이 있다고 하면 한 달 이익의 총액이 9천 원 정도 된다는 것이다.

그런데 이 기사는 "흥정 업는 군밤, 철 맛난 고구마"보다 군고구마 장수의 하루 이익을 적게 언급하고 있다. 월 40원의 이익이라고 하면 당시 보통학교나 소학교 교사의 급여 수준이다. 당시 상황을 살펴보면 1931년 2월 〈조선일보〉에 실린 기사 쪽이 더 사실에 가까울 듯하다. "흥정 업는 군밤, 철 맛난 고구마"에 따르면 월 100원 이상을 벌게 되는데, 100원은 주임급 신문기자의 급여에 가까웠다. 군밤 장수에 비해 군고구마 장수의 이익이 크다는 점을 강조하기 위해 과장되게 서술한 것으로 보인다.

# 5

# 화롯불에서
# 편의점까지

## 1 · "야키이모! 야키이모!"

　고구마가 한국에 전해진 시기는 18세기였다. 그때부터 자연스럽게 식민지 시대로 이어져 군고구마가 인기 있는 디저트로 부각된 것일 수도 있다. 재배가 까다롭고 주식으로 삼기 꺼려져 일부 지방에서만 재배되다가 식민지 시대에 이르러 겨울철 대표 간식이 되었을 것으로 추측한다.

　19세기 초에 발행된 《종저보種藷譜》나 《임원십육지林園十六志》에 서술된 고구마의 조리법 가운데 구워 먹는 것도 있다는 사실은 이를 뒷받침한다. 《종저보》에는 고구마는 생으로 먹거나, 찌거나 삶아서, 또 구워서 먹을 수 있다고 되어 있다. 《임원십육지》에는 《종저보》에 있는 조리 방식과 함께 화롯불에 구워 먹는 것이 가장 맛있다는 서술도 덧붙여져 있다. 이런 점을 고려하면 군고구마는 자연스러운 과정을 통해 자리를 잡은 간식이라 할 수 있다. 하지만 식민지 시대에 겨울이 되면 여기저기 골목에서 판매되었던 군고구마는 일본에서 유래되었다고 보는 것이 정당하다.

그것은 먼저 군고구마 장수들이 대부분 "군고구마!"가 아니라 "야키이모!"나 그것을 줄여 "야키모!"라고 외치고 다닌 데서 알 수 있다. 1931년 2월 〈조선일보〉에 실린 "부내의 고구마 행상 매월 총수입 9천원"이라는 기사는 아래와 같은 내용을 전한다.

밤낮을 분간치 안코 큰 골목 적은 골목으로 꾸준하게 도라다니며 "야키이모!야키이모!" 소리를 긔세 좃케 지르는 고구마장사(행상)의 수효는 최근 조사에 의하면 경성부내에 225인이 잇다는데 ……하략…….

1930년대 초 경성에 군고구마 장수가 225명 정도 있었다고 하는데, 그들이 "야키이모! 야키이모!"를 외치고 다녔다는 데 주목할 필요가 있다. "무엇이나 알고 십흔 것을 무르시오"라는 연재란에서 100원을 가지고 무슨 장사를 할 수 있느냐는 독자의 질문에 대답한 것 역시 '야키이모 장사'였다. 군고구마 장수의 손수레에 '구리'나 '구리사리'라는 말이 적혀 있는 것도 일본어인 '큐린하치린한'에서 유래한 언어유희였다.

식민지 시대 군고구마나 군고구마 장수가 일본에 연원을 두고 있음은 고구마를 마루야키와 기리야키로 판매한 데서도 나타난다.《길

◇ 마루야키 가게가
보이는 우키요에
'눈 속의 비쿠니다리'.

동이와 간식》에서 '나'와 길동은 공장 일을 마치고 돌아가다가 군고구마 5전어치를 사서 먹는다. 종이에 싸서 준 군고구마 서너 개는 마루야키로 팔았음을 말한다. "한순온화"에서는 글쓴이가 기리야키인지 묻자 군고구마 장수가 그렇다며 세모난 종이주머니를 넣어서 건네는 장면도 나온다. 또 "제일선에 선 전사! 구리사리의 애원성"과 함께 실린 사진에도 한글 '기리야기'와 일본어 '기리야키きりやき'가 같이 적혀 있다.

《에도명소백경江戸名所百景》의 하나인 '눈 속의 비쿠니다리びくにはし雪中'라는 우키요에를 보자. 우키요에浮世繪는 에도시대에 유행했던 풍속화 정도로 이해하면 된다. 오른쪽 중간 정도를 보면 간판에 '마루야키

13리○やき 十三里'라는 문구가 눈에 띈다. 앞서 얘기했듯이 '밤보다 더 맛있는 마루야키'를 뜻한다. 왼쪽에 보이는 '야마쿠지라山くじら'는 멧돼지고기를 판매하는 것을 알리는 간판이다.

식민지 시대 군고구마가 겨울을 대표하는 디저트가 되는 것이 일본에 연원을 두고 있다면, 당시 일본에서는 어떻게 야키이모가 정착되었는지 살펴볼 필요가 있다. 일본에서 야키이모 장수가 처음 등장한 것은 17세기 말이었다. 이전까지는 고구마를 주로 쪄서 먹었고 야키이모가 등장하면서 큰 인기를 얻어 유행을 이루었다고 한다. 아마도 식민지 조선에 군고구마가 정착할 때처럼 달콤한 맛과 구수한 향, 또 저렴한 가격 등이 영향을 미쳤을 것이다.


## 2 · 굽는 방식의 변화를 거듭하며

야키이모는 에도시대에 흙으로 만든 가마 위에 주물로 된 냄비를 놓고 고구마를 구우면서 처음 등장했다. 이때에도 썰어서 굽는 조리 방식인 기리야키가 있었지만 통째로 굽는 마루야키가 대부분이었다고 한다. '12월의 소춘 첫눈 十二月の內小春初雪'이라는 우키요에에는 왼쪽에 야키이모 가게가 등장한다. 가마 뒤에 고구마가 모두 통째로 놓인 것을 보면 역시 마루야키로 팔았음을 알 수 있다. 밤맛이 9리라면 고구마맛은 8리 반이라는 표현인 '큐린하치린한'이 등장한 것도 이 시기였다.

메이지시대가 되자 야키이모를 찾는 사람이 더욱 많아졌다. 가마

를 서너 개씩 놓고 대량으로 고구마를 구워 내는 가게인 '이모쇼芋庄'가 등장한 것도 이 시기였다. 도쿄가 대도시로 번성하고 이주하는 사람들이 크게 증가하면서 쌀값이 폭등한 것도 영향을 미쳤다. 저렴한 야키이모로 식사를 대신하는 사람들이 늘어나면서 이모쇼는 호황을 맞았다. 하지만 도쿄에서 큰 화재가 빈번하게 발생하자 1900년대 이후 화기 취체

◇ 에도시대 가마 위에 냄비를 놓고 고구마를 구웠던 모습.

가 엄격하게 시행되고 야키이모의 기세 역시 한풀 꺾였다.

◇ 마루야키 가게가 등장하는 우키요에 '12월의 소춘 첫눈'.

1923년 발생한 관동대지진은 일본에 여러 가지 변화를 가져오는 계기가 되었다. 음식 역시 그중 하나로 그때까지와는 다른 변화를 요구하는 움직임이 강하게 일어났다. 이와 맞물려 일본의 음식점은 독자적 메뉴를 개발하는 등 자신만의 개성을 창출하기 시작했다. 디저트 역시 서양에서 유입된 캐러멜, 초콜릿, 비스킷, 드롭스, 빵, 카스텔라 등을 일본 나름대로 받아들인 것이 유행했다. 야키이모는 당시의 유행을 따라가지 못해 주로 야타이屋台, 곧 일본식 손수레에서 파는 것으로 명맥을 유지했다.

1920년대 후반 일어난 변화와 함께 가게에 설치한 가마에서 굽던 고구마의 조리 방식 역시 '쓰보야키壺焼き' 방식으로 변화했다. 쓰보야키는 항아리의 맨 안쪽에 숯을 넣은 후 항아리를 둘러 고구마를 매달아 굽는 방식이다. 주로 야타이에서 쓰보야키 방식으로 구워 팔았으며 도쿄에만 야타이가 500개 이상으로 늘어나면서 야키이모는 다시한번 전성기를 맞았다.

쓰보야키가 등장한 후 가마에 냄비를 놓고 굽는 방식은 점차 사라졌다. 야키이모 장수들 역시 항아리가 가마보다 공간을 적게 차지할뿐만 아니라 화재의 위험으로부터 자유로웠기 때문에 쓰보야키 방식을 선호했다. 하지만 조리 방식이 쓰보야키로 변화한 가장 중요한 이유는 항아리가 야타이에 싣고 다니기 편리했다는 점이다. 쓰보야키로 조리 방식이 바뀌고 고구마를 통째로 굽게 되자 썰어서 굽는 기리야키는 점차 사라지게 된다.

제2차 세계대전 이후 일본에서는 고구마를 굽는 새로운 방식이 등장했다. 쓰보야키를 대신한 조리 방식은 '이시야키石焼'였다. 이시야키

◇ 이시야키 방식으로 구운 고구마.
속을 보면 타거나 익지 않은 부분
없이 골고루 익었음을 알 수 있다.

는 쇠로 만든 상자에 뜨겁게 달군 돌을 넣고 그 위에서 고구마를 굽는 방식이다. 뜨겁게 달군 돌로 간접적으로 고구마를 구우면 타거나 익지 않는 경우가 훨씬 줄어들었다. 야키이모 장수들이 쓰보야키 대신 이시야키 방식을 택한 것 역시 그것과 무관하지 않을 것이다.

현재 일본에서는 고구마를 굽는 일반적인 방식으로 이시야키 방식을 사용하고 있다. 그런데 지금까지도 예전 방식인 쓰보야키를 고집하는 가게 역시 몇몇 남아 있다. 도쿄의 긴자에 위치한 '긴자쓰보야키이모銀座つぼやきいも'도 그중 한 곳이다. 가게 내부에 고구마 굽는 항아리가 모두 다섯 개 정도 있다. 항아리 안을 보면 중간에 숯을 놓고 주위에 고구마를 넣고 굽는 방식이다. 고구마를 잘 익게 하기 위해서인지 고구마와 고구마 사이를 약간 띄어놓은 것이 인상적이다. 숯불에서 나오는 열을 항아리로 보존해 굽는 방식이라서 한 차례 굽는 데 3시간 정도 걸린다고 한다. 항아리에서 막 꺼낸 고구마는 부드럽고 촉촉한 맛이었다.

한편 식민지 시대 조선에서는 손수레에 양철통을 싣고 다니며 고구마를 팔았다. 양철통 아래에 장작을 넣어 땔감으로 사용했고 그 위에는 큰 철판을 놓고 고구마를 통째로 혹은 썬 것을 구워 냈다. 일본과 비교하면 장작불에 철판을 놓고 구웠던 조선의 군고구마 장수는 손수레로 간이 가마나 화덕을 싣고 다니며 굽는 방식이라고 할 수 있다.

◇ '긴자쓰보야키이모'내부에  ◇ 굽기 위해 항아리 안에
있는 고구마 굽는 항아리.     고구마를 넣은 모습.

그런데 일본에서는 쓰보야키 방식이 등장하면서 가마나 화덕 대신 항아리를 싣고 다니게 되었다. 조선에는 일본과 같은 쓰보야키 방식이 유입된 것 같지 않다. 이미 1910, 1920년대에 휴대용 가마나 화덕을 싣고 다니면서 고구마를 굽는 방식이 정착해 굳이 새로운 방식을 도입하지 않았기 때문으로 보인다.

1980, 1990년대에는 드럼통의 가장 자리에 구멍을 여러 개 내고 마치 서랍을 넣고 빼듯이 군고구마를 구워 팔았다. 지금은 한국에서 예전처럼 군고구마 장수를 발견하기가 쉽지 않다. 군고구마를 대신하는 디저트가 여럿 등장하면서 군고구마를 찾는 사람이 드물어졌기 때문이다.

◇ 1980, 1990년대 군고구마 장수.
〈경향신문〉1994.1.5.

하지만 지금도 편의점에서 쉽게 군고구마를 사 먹을 수 있다. 편의점 한편에서 전기로 돌을 데워 고구마를 굽는 방식이니 그것 역시 이시야키 방식이라고 할 수 있을 것이다.

# 6
# 복녀가 훔친 것이
# 무엇이든

　이 장을 시작하면서 김동인이 《감자》를 집필할 때 복녀가 훔치는 것이 감자가 아니라 고구마로 구상했음을 확인했다. 작가는 자신의 고향인 평양에서는 고구마를 감자라고 부르기도 한다고 말했다. 이러한 해명에도 불구하고 여전히 석연치 않다. 물론 《조선어사전》을 통해 살펴본 것처럼 당시 고구마를 감자로 부르는 경우도 있었다는 것은 사실이다.

　그런데 김동인이 자신은 고구마로 구상하고 썼는데 독자들이 감자로 받아들였다고 언급한 것은 이미 그가 독자들이 자신의 구상과는 어긋나게 소설을 읽고 있음을 알았다는 의미다. 그랬다면 이후 단행본으로 발행할 때라도 소설 속에 등장한 감자를 고구마로 바꾸어야 하지 않았을까? 이미 독자들에게 감자로 받아들여졌고 어느 정도의 시간이 흘렀다면 다시 고구마로 수정하기 어려웠을지도 모르겠다. 하지만 감자를 단순한 글감 정도가 아니라 소설의 성격을 규정하는 제목, 또 복녀의 운명을 결정하기는 계기로까지 사용했다면 무리였더라도 바꿔야 했을 것이다.

고구마는 기후에 민감하고 재배법이 까다로우며 단맛이 많이 나기 때문에 구황작물로서 정착되기 어렵다는 점을 확인했다. 고구마는 일부 지역에서 상품 작물로 명맥을 유지하다 식민지 시대에 이르러 오히려 단맛에 힘입어 간식거리나 군것질거리로 부각되었다.

김동인은 스스로 반복해 언급했던 것처럼 일상적 삶의 반대편에 예술이나 미를 절대화하려는 '예술지상주의'를 추구했다. 일상의 경험에서 벗어난 자아를 절대화시키고 그것을 예술이나 미와 연결시키고자 했던 것이다. 마찬가지 이유로 김동인 문학의 전개에서《감자》는 이례적인 소설로 평가된다. 소작, 막벌이, 행랑살이 등을 전전하다가 결국 죽음에 이르는 복녀의 삶에는 고단함이 묻어난다.《감자》의 이례성은 작가의 예술지상주의적 지향과는 상반되게 소설의 초점을 당시 하층민의 삶에 맞췄다는 데 놓인다.

그런데 과연《감자》가 가난이나 빈곤이 초래한 비극을 그리고 있을까? 만약 그랬다면 복녀는 고구마가 아니라 감자를 훔쳐야 하지 않았을까? 작가는 복녀에게 당시 구황작물로 널리 파급되었던 감자가 아니라 간식거리나 군것질거리였던 고구마를 훔치게 했다. 이는 '도적질'의 이유가 기아나 빈곤을 면하기 위해서가 아니었음을 뜻한다.

소설에서 고구마를 훔치는 일은 복녀의 몰락을 추동하는 역할을 했지만 작가는 그것을 빈곤이 아니라 그릇된 성적 욕망 때문으로 보았다. 독자들이 복녀가 훔친 것을 자신의 구상과 다르게 받아들이고 있음을 안 후에도 굳이 그것을 바꾸지 않았던 이유 역시 마찬가지다. 작가에게는 복녀가 훔친 것이 고구마든 감자든 차이가 없었다. 그런 점에서 김동인의 소설《감자》의 한계는 오히려 군고구마가 대표적인 겨울철 간식으로 떠오른 식민지 시대의 상황을 고려할 때 온전히 드러난다.

# 한철 장사의 비애

군고구마 장수는 추운 겨울날 밤늦게까지 군고구마를 팔아야 하는 어려움이 있었다. 더 큰 어려움은 군고구마 장사가 겨울 한철 장사라는 것이었다. 길게 잡아도 늦가을부터 초봄 정도까지 영업할 수 있었다. 군고구마를 팔던 상인은 겨울이 가면 또 다른 장사로 생계를 이어가야 했다.

1933년 9월 〈동아일보〉에 게재된 "빙수업 경영 지식"은 주로 빙수 장사를 하려는 사람에게 제공하는 정보를 다루고 있다. 먼저 적은 자본으로도 이익을 낼 수 있지만 영업 기한이 5월부터 9월 정도로 짧다고 했다. 그 시기가 지나면 빙수 장수는 다른 장사를 이어가야 하는데 군고구마를 비롯해 팥죽, 만주, 석탄 등을 파는 장사가 제일 좋다는 것이다.

"빙수업 경영 지식", 〈동아일보〉 1933.9.6.

계절적 상업으로서 차此 빙수업이 좀 기간을 짧지만은 전연 경험이 없어도 평이 또한 간단하게 더욱이나 소자본으로 다른 상업보다 이익을 많이 낼 수 있다. 빙수업의 기한은 어떤가? 일느면 5월 초부터 늦어도 6월부터 9월 말일까지는 관계 업다. 빙수업의 시기가 지나고 동절이 되면 상목商目을 전환시킨다. 겨울 장사로는 고구마장사, 신탄薪炭장사, 죽장사, 만주장사, 우동장사 등이 제일 좋다. 빙수업으로 벌은 돈으로 이러케 영업전환을 하는 셈이다.

1934년 11월 〈조선일보〉에 실린 "금순 아범의 구루마"는 금순 아범과 손수레의 사연을 이야기체로 다룬 글이다. 금순 아범은 5원에 손수레를 구해 봄에는 미나리 장사, 여름에는 빙수 장사 등을 했지만 크게 재미를 못 봤다. 겨울에 군고구마 장사를 나선 후로는 그나마 장사가 나았는데, 취체를 받고 쫓기다 바퀴가 빠지는 바람에 군고구마 장비가 다 부서졌다는 사연이다.

"금순아범의 구루마", 〈조선일보〉 1934년 11월 21일.

금년 봄에 금순아범은 5원을 미천으로 이 구루마를 가지고 미나리장사를 하였다. 초여름이 되자 빙수장사를 시작하였다. 빙수장사는 비교적 현대풍을 다분 가미한 상업이라서 장사가 번창치 못하였다. 첫겨울이나 되어 다시 간신히 장사 미천을 변통하게 되어 '야끼이모' 장사를 시작하게 되엿다. 그가 '야끼이모' 장사를 버린 뒤로는 비교적 번창하야 살림이 조금 나아젓다. …… 그런데 야주개 모퉁이에서 장사를 하다가 '교통안전일' 취체에 걸려 순사가 몰아쫏는 바람에 하수도 공사하는 곳에 구루마 한쪽 발통을 빠뜨렷다. 다행히 그의 애지중지하는 구루마는 무사하고 '야끼이모' 도구만은 몰파汨破를 당한 것이다.

# 8 장

# 빙수

뚝 떠서 혀 위에 놓으면

서늘한 맛이 뒤통수까지

사알—사알 가러서 참말로 눈결가티 가른 고흔 어름을 삽붓 떠서

혓바닥 우에 가져다 놋키만 하면 씹을 것도 업시 깨물 것도

업시 그냥 그대로 혀도 움즉일새 업시 스르르 녹아버리면서

달콤한 향긋한 찬 긔운에 혀끗이 환—해지고 입속이 환—해지고

머리속이 환—해지면서 가슴속 배속 등덜미까지 찬 긔운이 돈다.

방정환, "빙수-여름정취 여름정서",
〈별건곤〉 14호, 1928.7.

# 1

## '빙수'라는
## 이름에 대하여

'빙수氷水'는 지금 우리에게도 친숙한 여름철 디저트로, 잘게 간 얼음에 여러 가지 재료를 얹은 얼음과자다. 한국에서는 삶은 단팥을 얹은 팥빙수가 가장 유명한데 실제 팥을 올려 먹은 것은 얼마 되지 않았다고 한다. 근래에는 팥뿐만 아니라 각종 과일을 올린 과일빙수, 초콜릿을 올린 초콜릿빙수도 등장했다. 전통적 분위기를 더한 인절미빙수도 나왔다. 다양한 빙수가 있지만 잘게 간 얼음 위에 이름으로 대표되는 재료를 올렸다는 데서 크게 다르지 않다.

그런데 빙수가 잘게 간 얼음 위에 갖가지 재료를 얹은 디저트에 어울리는 이름인지 의문도 든다. 빙수라는 이름에 너무 익숙해져 "그게 왜?"라는 생각조차 못 할 수도 있겠다. 빙수라는 이름의 한자를 풀이하면 얼음물이라는 뜻이다. 조금 더 정확하게는 얼음을 넣어 물을 시원하게 만든 것이다. 얼음을 사용하긴 했지만 실제로 잘게 간 얼음이라는 빙수와는 다른 음식에 가깝다.

앞서 도움을 받은 《조선어사전》을 다시 한번 참고해보자. 《조선어사전》은 빙수를 아래와 같이 설명하고 있다.

氷水(빙슈). 名 어름랭슈에 同じ.

번역하면 빙수는 '얼음냉수와 같다'는 것이다. 다시 《조선어사전》에서 얼음냉수를 찾으면 다음과 같이 설명한다.

어름랭슈(冷水). 名 氷を和したる水(氷水).

얼음냉수는 '얼음을 섞은 물氷を和したる水'이라고 되어 있고 다시 빙수라는 말이 덧붙어 있다. 영어의 도움을 받으면 조금 더 분명해진다. 잘게 간 얼음 위에 재료를 얹은 디저트는 '셰이브드아이스shaved ice'이고, 얼음물은 '아이스워터ice water'다. 빙수 역시 일본에서 건너온 간식이다. 그런데 일본어로도 전자는 '가키고오리かきごおり', 후자는 '고오리스이こおりすい'라고 부른다. '가키고오리'는 한자어로 '欠(き)水'이고, '고오리스이'는 '氷水'에 해당되어 둘의 간극 역시 만만치 않다.

이렇게 정리하고 나면 잘게 간 얼음 위에 재료를 얹은 음식을 빙수라고 부르는 것이 자연스럽지 않음을 알 수 있다. 그런데 왜 한국에서는 '셰이브드아이스'나 '가키고오리'를 빙수라고 부르게 된 것일까? 잘게 간 얼음, 얼음을 잘게 간 것 등의 이름이 부르기 어렵고 어색해서였을까? 그렇다면 '빙수'보다 '빙삭'이라는 이름이 낫지 않았을까? 더욱 의아한 것은 가리키는 대상과 어울리지 않는 명칭을 100년 이상 사용하면서도 이에 대해 의문을 갖지 않는 상황이다.

그런데 식민지 시대 소설에서 빙수가 얼음물을 가리켰던 경우 역시 눈에 띈다. 대표적인 것이 최초의 근대소설로 평가되는 이광수의 《무정》이다. 《무정》은 근대소설로 평가되지만 고전소설에서 나타났던 우연성에서 자유롭지 못하다. 형식이 선형의 가정교사로 일하기 시작한 날 영채가 형식의 하숙집을 찾았던 것도 그렇다.

영채는 그리던 형식을 만났다는 감정을 추스르며 그때까지의 행적에 대해 이야기한다. 형식의 하숙집 노파는 처음에는 영채를 기생으로만 여기다가 구구절절한 사연을 듣고는 눈물을 감추지 못한다. 거리에 나가 빙수와 배를 사 가지고 온 것도 그 때문이었을 것이다. 그러고는 신세 한탄 끝에 엎드려 있는 영채와 눈물을 감추지 못하는 형식에게 다음과 같이 얘기한다.

"여보, 닐어나 빙슈나 한잔 자시오. 좀 속이 시원하여질 테니. ……중략…… 이제 청춘에 전정이 구만리 갓흔데 왜 걱정을 히겟소. 자, 어셔 울음 그치고 빙수나 자시오, 배도 자시구." 하며 분쥬히 부엌에 가서 녹쓴 식칼을 가져다가 배를 까그면서, "여봅시오, 선생께셔 좀 위로를 하시는 것이 안이라 당신이 더 울으시니……."

하숙집 노파는 영채에게 청춘이 구만리 같으니 걱정 말라고 달래면서 같이 울고 있는 형식을 나무란다. 그러자 형식 역시 정신을 차리고 영채에게 빙수와 배를 권한다.

　흥미로운 부분은 하숙집 노파가 배와 함께 빙수를 사 와 영채에게 권하면서 "빙수나 자시오"라고 했다는 것이다. 노파와 형식이 권하자 영채도 몸을 일으켜 빙수와 배를 먹는데 그 장면 역시 아래와 같이 서술되어 있다.

　　로파와 형식이 하도 간절히 권함으로 영채도 눈물을 거두고 일어 안저 빙슈를 마시고 배를 먹는다.

　영채는 눈물을 멈추고 일어나 앉아 빙수를 마시고 배를 먹었다. 하숙집 노파가 사 가지고 온 것이 지금의 빙수, 곧 얼음 위에 재료를 얹은 간식이었다면 "빙수나 자시오" 하고 권하지 않았으며 영채 역시 "빙수를 마셨다"고 표현하지 않았을 것이다. 그러니까 하숙집 노파가 사 온 빙수는 지금의 빙수가 아니라 얼음을 넣어 시원하게 만든 물이었을 가능성이 크다.

# 2
# 어린이만큼
# 빙수를 사랑했던 방정환

## 1 · 답답한 가슴까지 틔우는 맛

식민지 시대 빙수라고 하면 얼음을 깎은 후 그 위에 재료를 얹은 디저트를 뜻하는 경우가 훨씬 일반적이었다. 1931년 11월부터 1932년 4월까지 〈조선일보〉에 한인택의 소설 《선풍시대》가 연재되었다. 당시 〈조선일보〉는 총 700원의 상금을 내걸고 '침체된 조선의 문단의 한 자극제로나 신문소설의 한 새로운 계기가 되고자' 장편소설을 현상 공모했다. 《선풍시대》는 공모에 1등으로 당선되어 300원을 받았다. 300원은 지금으로 따지면 1,500만 원 정도이니 적지 않은 상금이었다.

《선풍시대》의 중심인물 명순은 배영학교 교사로 교장의 추파와 결혼 강요에 시달리다 학교를 그만둔다. 그런데 마음이 허전했는지 후배인 연실의 사촌오빠와 관계를 맺어 임신을 한다. 명순은 몸에 태기가 있음을 깨닫고 병원으로 향한다. 그런 그녀의 눈에 들어온 것이 빙수점의 깃발이다. 명순은 여름이 왔음을 알리는 듯 휘날리는 깃발을 보고 자기도 모르게 그리로 향한다.

임신 때문이었는지 입맛을 잃은 이후 그녀는 무엇도 입에 당기지 않았다. 그런데 빙수점 앞에 가 "씩싹! 씩싹!" 얼음 가는 소리를 들으니 마음이 상쾌해지는 것을 느낀다. 얼음 가는 소리는 당시 빙수점의 특징으로 다른 소설에도 등장하니 기억해두도록 하자.

시원한 빙수를 한 그릇만 먹으면 어지러운 정신이 번쩍 날 것 가트며 답답한 가슴이 탁틔울 것고 가태엿다. ……중략…… 유리창 넘어로 보이는 유리컵에 차고 넘치게 담어논 빙수. 새밝안 '이찌코'를 보기 조케 뿌려논 빙수를 명순이는 정신업시 바라보앗다. 10전이면 한 잔을 사서 소원대로 먹을 수 잇겟지만 여자의 체면으로 참아 들어갈 수가 업섯다.

◇ 빙수를 먹지 못한 채 임신을
  확인하기 위해 병원에서
  기다리는 명순.
  한인택,《선풍시대》,〈조선일보〉
  1932.1.26.

넘치게 담아놓은 빙수에 새빨간 '이찌코'가 보기 좋게 뿌려져 있다고 했는데 여기에서 이찌코는 딸기시럽을 뜻한다. 명순은 딸기시럽이 뿌려진 빙수 한 그릇만 먹으면 정신이 번쩍 나고 답답한 가슴도 틔울 것 같았다. 그런데 정작 명순은 여자 혼자 빙수점에 들어가는 것이 꺼려져 빙수를 먹지 못한다. 당시까지 여자 혼자 식당이나 다방 같은 데 가는 것이 자연스러운 일이 아니었음을 알 수 있다.

《선풍시대》가운데 빙수점이 등장하는 연재분에 실린 삽화를 보자. 명순이 앉아 있는 곳은 빙수점이 아니고 병원이다. 예기치 않은 임신 때문인지 어두운 표정을 하고 있는데, 답답한 가슴을 틔울 것 같았던 빙수를 사 먹었으면 조금 나았을지도 모르겠다.

임신을 해서 그렇기도 했겠지만 명순에 대한 묘사를 보면 당시 사람들은 시원한 맛 때문에 빙수를 찾았던 것으로 보인다. 1935년 7월 〈동아일보〉에 실린《거북이 경주》라는 동화에 "속이 시원한 것이 빙수를 한 그릇 먹은 듯하다"라는 서술이 있다. 이 역시 당시 사람들이 빙수를 먹었던 이유가 명순의 마음과 다르지 않았음을 말해준다.

또 넘치게 담은 얼음에 새빨간 이찌코가 보기 좋게 뿌려져 있다는 묘사를 통해 당시 빙수에 주로 시럽을 올렸다는 사실을 알 수 있다. 요즘은 팥을 주로 올리고 과일, 초콜릿, 인절미 등 여러 가지 재료를 올리지만 식민지 시대에는 딸기, 오렌지, 바나나 등의 시럽을 뿌리는 경우가 많았다. 다른 재료를 곁들이지 않고 얼음에 시럽만 뿌려서 먹는 것은 일본의 빙수 가키고오리의 영향을 받은 것으로 보인다.

어린이날을 제정하는 등 어린이 사랑에 각별했던 방정환은 빙수를 좋아하는 것도 남달라 자의반 타의반으로 '빙수당 당수'로 불릴 정도였다. 심지어 그렇게 불리는 것에 대해 스스로도 흡족해했다고 한다. 1929년 8월 잡지 〈별건곤〉에 실은 "빙수"라는 글에서 방정환은 빙수를 먹을 때 오렌지나 바나나 시럽을 뿌려서 먹는 사람들도 있지만 빙수의 맛을 제대로 살려주는 것은 새빨간 딸기시럽이라고 한다. 당시의 빙수를 먹어보지 못해서 확인할 수는 없지만 빙수당 당수의 말이니 신빙성이 높을 것이다.

넘치게 갈아놓은 새하얀 얼음 위에 빨강을 비롯해 주황, 노랑 등의 시럽을 뿌려놓았으니 보기에도 먹음직스럽고 실제 먹으면 달콤한 맛도 느낄 수 있었을 것이다. 하지만 빙수는 역시 달콤한 맛보다 시원한 맛이 으뜸이었던 것 같다. "빙수"에 실린 방정환의 얘기를 조금 더 들어보자.

> 뚝 떠서 혀 우에 노으면 아모것도 노이는 것 업시 서늘한 긔운만 달콤한 맛만 혀속으로 숨어들어서 전긔가 통하듯이 가슴으로 배로 등덜미로 쫙- 퍼져가야 하는 것이다. 그리고는 그 싀원한 맛이 목덜미를 식히고 머리 뒤통수로 올나가야 하는 것이다.

혀 위에 놓은 빙수가 흔적 없이 사라지면서 그 맛이 전기 통하듯이 가슴, 배, 등으로 퍼져나간다고 했다. 또 자릿자릿한 느낌은 거기에 멎지 않고 목덜미와 머리 뒤통수까지 올라간다고 했다. 인용문의 앞부분에 달콤한 맛이라는 표현도 있지만 가슴에서 뒷머리까지 전기가 통하듯이 자릿자릿 퍼져나간 것은 시원한 맛 혹은 서늘한 기운일 것이다.

앞선 인용을 통해서도 사람들이 빙수를 찾았던 주된 이유가 시원한 맛이었음을 알 수 있다. 그 얘기를 한 사람이 방정환이라는 것은 다시 한번 환기할 필요가 있다. 빙수당 당수 얘기를 반복하려는 것은 아니고 이번에는 방정환의 '냉면 사랑'에 관한 얘기다. 빙수만큼은 아니라도 냉면 역시 무척 좋아했는지 그는 냉면집에 가면 앉은 자리에서 몇 그릇씩을 먹을 정도였다고 한다.

그런데 방정환이 냉면을 먹는 방법은 조금 색달랐다. 15전짜리 냉면을 먹는데 10전짜리 설탕 한 봉지를 다 넣어서 먹었다고 한다. 냉면 맛인지 설탕맛인지 모를 정도였을 것 같다. 슴슴한 맛에 냉면을 먹는 마니아들이 들으면 손사래를 칠 일이다. 여기서 주목하는 부분은 그렇게 단 것을 좋아했던 방정환도 빙수는 시원한 맛을 으뜸으로 여겼다는 것이다.

방인근 역시 1929년 8월에 발표한 "여름 팔경"이라는 글에서 여름철 이글거리는 경성의 거리에서 더위에 쫓겨 찾는 곳이 빙수점이라고 했다. 들어설 때부터 빙수점의 유리구슬로 만든 발이 얼굴을 스치며 차가운 기운으로 맞는다는 것이다. 또 자리를 잡고 앉아 차가운 김이 안개처럼 서리는 큼직한 얼음덩어리를 "싹~싹~싹!" 가는 소리만 들어도 벌써 서늘해지는 것을 느낀다고 했다. 이 역시 빙수는 시원한 맛이 으뜸이라는 방정환의 언급과 맞물린다.


## 2 · 얼마나 곱고 부드럽게 갈렸는가

빙수가 등장하는 소설이나 기사 대부분이 얼음 가는 소리에 주목한다는 사실도 흥미롭다. 《선풍시대》에서 명순은 빙수점에서 들려오는 "씩싹! 씩싹!" 하는 소리를 들으니 마음이 상쾌해지는 것을 느낀다고 했다. 방인근도 "싹~싹~싹!" 얼음 가는 소리만 들어도 벌써 시원해진다고 너스레를 떨었다. 방정환 역시 찬 기운이 연기같이 피어오르는 얼음덩어리를 물 젖은 행주에 싸쥐고 갈 때 나는 "써억써억!" 소리를 듣기만 해도 이마의 땀이 사라진다고 했다.

식민지 시대 사람들이 빙수를 찾았던 주된 이유가 시원한 맛이었다면 빙수점에 가면 들려오는 얼음 가는 소리는 마치 빙수를 더 시원하게 먹기 위한 '애피타이저appetizer' 같은 역할을 했던 것으로 보인다. "씩싹! 씩싹!"이든 "싹~싹~싹!"이든 "써억써억!"이든 빙수를 주문하고 주방에서 들려오는 얼음 가는 소리를 들으면서 잠시 후 맞게 될 행복한 순간을 떠올렸을 것이다.

그런데 얼음을 갈 때 내는 소리보다 더 중요한 것은 얼음을 가는 솜씨였다. 빙수를 만드는 것은 당시 빙수와 인기를 겨루었던 아이스크림과 달리 복잡하지 않았다. 얼음을 간 후 그 위에 딸기를 비롯해 오렌지, 바나나 등 시럽을 올리는 정도였다. 그러니 당시에 맛있는 빙수와 그렇지 않은 것을 구분할 때는 얼마나 맛있는 시럽을 듬뿍 올렸는지가 관건이었다. 또한 얼음이 얼마나 곱고 부드럽게 갈렸는지가 빙수의 맛을 좌우하는 중요한 요소였다. 어쩌면 빙수 마니아들 사이에서는 시럽의 맛이나 양보다 더욱 까다롭게 판단하는 기준이었을지도 모르겠다.

처음에는 송곳 같은 것으로 직접 얼음을 깨서 작은 덩어리로 만들어 하얀 보자기에 넣고 더 잘게 부수는 방법을 사용했다. 다음에는 대패로 얼음을 가는 방식을 사용했다. 앞서 확인한 글에서 "씩싹! 씩싹!", "써억써억!", "싹~싹~싹!" 등으로 나타난 얼음 가는 소리는 대패로 갈 때 들리는 소리였다. 그것은 방정환의 글에서 얼음덩어리를 행주에 싸쥐고 간다고 했던 것을 통해 알 수 있다. 빙삭기가 개발되고 나서는 빙삭기를 이용해 얼음을 갈았다. 방정환의 글이 1929년에 발표된 것을 고려하면 그때까지도 일반적으로 빙삭기를 사용하지 않았다는 사실을 알 수 있다.

방정환은 '빙수당의 당수'답게 얼음 가는 솜씨에 대해서도 고견을 피력했다. 먼저 우박이나 싸라기같이 거칠게 간 빙수를 돈 내고 먹는 사람은 불행한 사람이라고 한다.

> 어름은 가러서 꼭꼭 뭉처도 안 된다. 어름발이 굵어서 싸래기를 혀에 대는 것 가태서는 더구나 못 쓴다. 겨울에 함박가티 쏘다지는 눈발을 혓바닥 우에 밧는 것가티 고와야 한다. 길거리에서 파는 솜사탕 가타야 한다.

방정환은 빙수의 얼음은 꼭꼭 뭉치거나 싸라기처럼 굵어서는 안 되고 함박눈이나 솜사탕 같아야 한다고 했다. 또 인용에는 없지만 빙수는 사랑하는 사람의 부드러운 혀끝을 연상하게 하는 맛이라고 했다. 여기서 사랑하는 사람의 부드러운 혀끝이라는 표현은 당시 '첫사랑의 맛初戀の味'이라는 카피를 사용했던 음료 '가루삐스'의 영향을 받은 것 같다. 곱게 갈린 얼음에 대한 방정환의 예찬은 여기서 멈추지 않는다.

◇ 우메무라에서 판매하는 빙수.

◇ 아사쿠사 근처에 위치한 가게 우메무라의 외관.

    솜씨 좋게 갈아서 눈결같이 고운 얼음을 혀 위에 놓으면 씹거나 깨물 필요도 없고 혀를 움직일 사이도 없다고 했다. 그러면 빙수는 그냥 그대로 스스로 녹아버리면서 달콤하고 향긋한 찬 기운만 남는다는 것이다. 먼저의 인용에서 시원한 맛이 가슴에서 뒷머리까지 전기가 통하듯이 자릿자릿 퍼져나간 것은 여기에 이어지는 언급이다. 워낙 뛰어난 이야기꾼인 줄은 알았지만 빙수에 대한 방정환의 애정은 대단했던 것 같다. 얼음이 곱게 갈렸는지에 대한 관심은 빙수의 정착과 쇠퇴 과정과 긴밀히 연결되어 있다는 점에서 유의할 필요가 있다.

    일본에는 빙수가 처음 등장했던 시대부터 여전히 운영되고 있는 빙수점이 여럿 있다. 1854년에 개업한 우메조노梅園는 겨울에 방문한 탓에 '단팥죽汁粉'이나 '도라야키'는 있었지만 빙수는 팔지 않았다. 다행

히 아사쿠사 근처의 동네에서 오래된 빙수점을 찾아 겨우 빙수를 맛볼 수 있었다. '우메무라梅むら'라는 가게로《고독한 미식가孤独のグルメ》라는 만화에 소개되어 가보거나 아는 독자도 많을 것이다. 얼음이 얼마나 곱게 갈렸는지를 느껴보기 위해 아예 시럽을 올리지 않은 것으로 주문했다. 방정환의 얘기처럼 얼음이 함박눈이나 솜사탕같이 부드럽게 갈린 것을 사진으로도 볼 수 있다. 그런데 씹거나 혀가 움직일 사이도 없이 스르르 녹아버리는 것까지는 못 느꼈다. 찬 기운이 온몸으로 퍼져나가는 것은 얼음이 부드럽다는 것보다 훨씬 실감나게 느낄 수 있었다. 어쩌면 그날이 추웠기 때문인지도 모르겠다. 빙수 오른쪽에 놓인 잔에는 따뜻한 녹차가 들어 있다. 추운 날 서툰 일본어로 빙수를 파는지 묻고 또 달라고 하니까 처량하게 보여 서비스로 준 것 같다.

# 3

# 여름을 알리는
# 깃발들

## 1 · 빙수는 어디서 팔았을까?

《선풍시대》에서 명순은 병원에 가다가 빙수점을 발견하고는 발길을 그쪽으로 돌린다. 빙수점 앞에서 얼음 가는 소리를 듣고 딸기시럽이 뿌려진 빙수를 보고는 자기도 모르게 군침을 삼켰다.《선풍시대》에 나타난 것처럼 빙수는 주로 빙수점에서 판매했다. 빙수 역시 식민지 시대 일본에서 유입된 대부분의 음식과 마찬가지로 처음에는 조선에 체류하는 일본인이 주로 먹었다. 따라서 처음 빙수점이 들어선 곳역시 본정, 명치정, 황금정 등 일본인의 활동 공간이었다. 그러다가 조선인도 빙수를 접하고 찾는 사람이 늘어나자 빙수점은 종로로도 진출한다. 또 "종로네거리"나《청춘기》에도 나오듯이 빙수점은 종로 아시에서도 어렵지 않게 찾을 수 있었다.

그렇다면 빙수점의 특징은 어떠했을
까?《선풍시대》에서 명순은 제철이 왔
음을 알리는 듯 휘날리는 빙수점 깃발
을 보고서 빙수점으로 발길을 돌렸다.
여기서 빙수점에서 깃발을 달았음을 알
수 있다. 방정환 역시 여름철 더위 속을
헤매다가 얼음 '빙※'자가 적힌 깃발이

◇ 빙수점 깃발의 모습.

나부끼고 있는 것을 보면 얼마나 반가운지 모른다고 했다. 아래에 거
센 물결이 그려져 있고 위에는 얼음 빙이라는 글자가 쓰여 있어 시원
함이 느껴진다.

식민지 시대에는 빙수점 말고도 깃발로 유명한 음식점이 있었다.
식당의 간판 옆에 종이 다발을 길게 늘어뜨린 긴 막대기를 꽂아둔 냉
면집이다. 냉면의 면발을 종이 다발을 엮어 표현한 것으로 갈개발이
라는 이름으로 불렸다. 냉면집 갈개발은 바람에 흔들리면 제면기의
구멍에서 나오는 국수의 면발과 더욱 흡사했다고 한다. 사람들은 여
기저기에서 빙수점의 깃발이 눈에 띄고 또 냉면집의 갈개발이 보이면
정말 여름이 왔음을 느꼈을 것이다.

빙수점의 또 다른 특징으로는 들어가는 입구에 구슬을 꿰어 만든
발이 달려 있었다는 것이다. 기자와 문인 생활을 병행했던 유광열은
1929년 9월 "종로네거리"라는 글을 발표한다. 그는 글에서 종로의 야
시를 다루면서 밤이 되면 빙수 가게가 문을 여는데 입구에는 구슬 달
린 발이 늘어져 있어 손님을 맞는다고 했다. 방정환 역시 입구에 대롱

대롱 매달려 서늘한 소리를 내는 주렴을 헤치고 들어서야 정말 빙수점 같은 기분이 든다고 했다.

빙수점의 내부 장식은 가게마다 달랐지만 역시 공통적으로 시원한 기분을 내는 데 치중했다. 대표적으로 벽에는 폭포가 쏟아지는 큰 사진을 걸고 그 아래로는 물고기가 노니는 어항을 두었다. 또 잘 어울리는 것 같지 않지만 유성기 역시 빙수점의 필수품이었다. 1929년 1월 잡지 〈별건곤〉에 실린 "대경성광무곡大京城狂舞曲"에는 안동네거리 2층에 자리 잡은 빙수점 얘기가 나온다. 버스를 기다리며 안동네거리에 서 있으면 빙수점에서 항상 요란한 유성기 소리가 들린다고 했다. 식민지 시대 다방이든 카페든 없어서는 안 되는 유성기가 빙수점에서도 자기의 역할을 다했나 보다.

1926년 5월 "외양만 보아도 시원한 빙수점"이라는 제목으로 〈동아일보〉에 실린 사진을 보자. 해설에는 작은 빙수점 문밖에 둥근 등을 달고 얼음 빙자를 써서 달아매었으며, 구슬로 엮은 주렴을 늘어뜨린 모습과 얼음 가는 소리, "빙수가 싸구려! 차고 달고 시원해요! 목마른 데는 제일이요!" 하고 외치는 소리를 들으면 정말 여름이 온 것 같다고 했다. 방정환 역시 "빙수"에서 빙수점은 싸리로 만든 울타리에 시원한 소리가 나는 주렴을 늘여놓아야 서늘한 느낌이 제대로 난다고 했다.

빙수점과 관련해 잡지에 어디 빙수가 맛있는가, 곧 지금으로 말하면 빙수 맛집을 다룬 기사가 여러 차례 게재되었다는 사실도 흥미롭다. 대표적인 기사가 "대경성광무곡", "빙수", "진기! 대진기, 녀름철의 8대 진珍 직업" 등이다. 커피나 서양요리 등 인기가 있었던 몇몇 음식

◇ 둥근 등을 달고 주렴을
늘어뜨린 빙수점.
"외양만 보아도
시원한 빙수점";
〈동아일보〉1926.5.24.

에 한해 '어느 집 ○○가 제일 맛있다'는 얘기를 했다는 것을 고려하면
당시 빙수의 인기를 짐작할 수 있다. "대경성광무곡"에는 조선인이 하
는 빙수점 가운데 제일 맛있는 집은 종로 광충교 옆에 있는 '환대상점
九大商店'이라고 되어 있다.

> 종로네거리에서 광충교로 가다가 올흔편쪽 끗으로 둘째집인가 첫재집
> 인가 환대상뎜이라는 빙수집을 차저갓다. 어름을 곱게 잘 가러주기로
> 경성제일. 해마다 보아도 그대로 잘해주는 집. 주인은 갈려도 솜씨는
> 여전한 집이라 하야 일홈이 놉흔 집이다. 어름이 눈발 갓고 솜사탕 가
> 태서 혀에만 다으면 금시에 녹으니 빙수집이 저마다 이럴진대 아이스
> 크림 먹을 사람이 업슬 것이다.

환대상점은 얼음을 곱게 갈 뿐만 아니라 딸기시럽을 아낌없이 올려
주는 것으로 조선 최고의 빙수점이라고 했다. 안동네거리 '문신당서점

위층'과 '별궁 모퉁이의 백진당 위층'에서 파는 빙수도 맛있는 편이지만 얼음을 곱게 가는 데서는 환대상점을 따라가지 못한다고 했다.

"빙수"라는 글 역시 빙수 맛집을 따지는 것에서는 "대경성광무곡"과 크게 다르지 않다. 얼음을 곱게 갈고 딸기시럽을 아끼지 않는 곳으로 환대상점이 제일이라고 하고 또 '문신당서점 위층'과 '별궁 모퉁이의 백진당 위층' 빙수점의 아쉬움에 대해서도 언급한다. "대경성광무곡"과 "빙수"에서 빙수 맛집에 대해 언급한 부분을 살펴보았는데 각각의 글쓴이 '쌍S생雙S生'과 '파영생波影生'은 사실 둘 다 방정환이다. 그래서 제일 맛있다거나 조금 아쉽다 등으로 언급되는 빙수점 역시 크게 다르지 않다. 빙수의 맛을 따지는 데 얼음이 얼마나 곱게 갈려 있는지를 중요하게 여겼듯이 방정환이 맛있는 빙수점을 추천하는 기준 역시 다르지 않았다.

"진기! 대진기, 녀름철의 8대 진 직업"에서는 제목처럼 여름철의 진귀한 직업을 소개하고 있다. 빙수 장수는 '갈아먹고 사는 사람'으로 소개된다. 말 그대로 얼음을 갈아서 빙수를 만든다는 점에 착안한 것으로 보인다. 또 빙수 가게 중에서는 종로 광교 못 미처 있는 ○○상점 옆집이 얼음을 제일 잘 간다고 했는데 ○○상점 역시 환대상점으로 파악된다. 그러고는 금년에도 얼음을 잘 갈아서 목마르고 속 답답한 사람의 심정을 상쾌하게 해주기 바란다는 말로 글을 마무리한다. "진기! 대진기, 녀름철의 8대 진 직업"의 글쓴이는 '송작생松雀生'으로 되어 있는데 차상찬의 필명이다. '개벽사'에서 함께 일하면서 방정환이 지겹게 얘기를 해서 그랬는지 차상찬도 환대상점을 빙수 맛집으로 꼽고 있는 것도 흥미롭다.

◇ 빙수를 파는 노점의 모습.
"염제와 싸흘 빙수진의 전위",
〈조선일보〉1933.5.31.

　강경애의 소설《인간문제》나 엄흥섭의 소설《구혼행》등을 보면 백
화점 식당이나 본정의 찻집에서 빙수를 먹는 모습이 등장한다. 사람
들에게 인기를 얻자 백화점 식당과 찻집에서도 빙수를 판매했음을 알
수 있다. 다른 한편으로는 빙수를 파는 노점이 등장해 빙수점에 갈 경
제적 형편이 안 되는 사람들을 직접 찾아 나서기도 했다.

　아이스크림 행상은 긴 막대의 한쪽에는 아이스크림이 담긴 둥근
통을 매달고 다른 쪽에는 아이스크림 컵 등 각종 재료를 넣은 사각 통
을 매달아 어깨에 메고 다녔다. 반면 빙수 노점은 손수레에 얼음과 빙
삭기, 그릇 등을 싣고 다니며 즉석에서 빙수를 만들어 팔았다. 여름이
되면 경성의 큰길, 작은 길마다 빙수를 파는 노점이 늘어간다는 것은
이를 표현한 것이다. 빙수점과 마찬가지로 노점들도 손수레에 빙수점
깃발을 달고 장사를 했다.

　1933년 5월 〈조선일보〉에는 "염제炎帝와 싸흘 빙수진의 전위"라는
제목을 단 사진이 실린다. 같은 사진이 1934년 6월 같은 신문에 "때
맞난 빙수장사"라는 제목으로 다시 실린다는 사실이 흥미롭다. 사진

을 꼼꼼히 보면 사진을 찍은 곳도 조선이 아니라 일본임을 알 수 있다. 현진건의 소설《지새는 안개》를 보면 신문사에서 일본 신문의 기사와 사진을 도용하는 '기리누키切り抜き'라는 관행이 등장한다. 이 사진 역시 기리누키를 한 것으로 보인다.

당시 노점에서 파는 빙수는 빙수점에서 파는 가격의 10분의 1 정도밖에 안 되었다. 가격이 싼 만큼 얼음이나 시럽이 위생 문제를 일으켜 신문에 보도되는 일도 드물지 않았다. 얼음의 경우 식용으로는 공장에서 만든 인조빙만을 사용하게 했는데 노점의 경우 싸다는 이유로 질이 나쁜 얼음을 사용하는 일이 종종 있었다. 노점이 등장하며 가격이 저렴해지자 빙수는 도회뿐만 아니라 시골로도 진출한다. 1935년 6월 〈동아일보〉에 실린 "농촌에서"에는 어머니에게 5전을 받아 빙수를 몇 그릇이나 사 먹고 혼나는 아이가 등장하기도 했다.

그럼 식민지 시대 빙수의 가격은 얼마나 했을까?《선풍시대》에서 깃발을 보고 이끌리듯 빙수점으로 간 명순은 빙수가 10전이라고 적혀 있는 가격표를 발견한다. 이 장의 말미에 있는 〈더 읽을거리〉에서 다룬 "단돈 20전 피서비법"에도 빙수 한 그릇에 10전이었다는 언급이 있다. 이러한 글들을 통해 당시 빙수점에서 파는 빙수 한 그릇 가격이 대개 10전 정도였음을 알 수 있다. 10전이면 여름철 디저트로 경쟁 상대였던 아이스크림보다 조금 저렴한 가격이고 겨울철 간식이었던 만주나 호떡 두 개에 해당되는 가격이다. 1921년 8월 〈매일신보〉에 실린 "세월 만난 빙수점"에서는 무더위가 계속되어 보관고의 얼음이 소진되자 얼음 가격이 급등했다는 소식을 전한다. 그러자 빙수점에서도 재료비 때문에 그랬는지 평소 가격의 두 배 이상을 받았다. 이것은 예외적 현상으로 보는 것이 정당할 것이다. 백화점 식당이나 찻집 등에서는 빙수점보다 비싼 13~15전 정도를 받았다. 노점들이 파는 빙수의 값은 다양해 대개 2~5전 정도였다고 생각하면 될 것 같다.

## 2 · 빙수점의 메뉴

한설야는 1937년 7월부터 11월까지 〈동아일보〉에 《청춘기》라는 소설을 연재했다. 작가의 대표작인 《황혼》이나 《과도기》만큼 많이 알려진 작품은 아니다. 《청춘기》의 중심인물은 김태호로 신문사 기자로 일하며 식민지라는 암울한 현실 속에서 자신이 믿는 이념을 지켜나가려 애쓰는 인물이다. 고지식한 성격 때문에 얼마 전 친구인 우선과 더불어 여급이 나오는 빠에 가서 술을 마신 것을 아편굴에 다녀온 것같이 수치스럽게 느끼기도 한다.

한편 《청춘기》에는 태호를 좋아하는 여성으로 은희와 명순이 등장한다. 셋은 거짓과 오해 속에서 어긋남을 반복한다. 태호는 한편으로 자신의 신념을 지키기 위해, 다른 한편으로 은희와 명순 사이에서 균형을 잡으려 애를 쓴다. 힘든 시간을 보내던 태호는 유월 그믐날 갑자기 빙수가 먹고 싶다는 생각이 들어 종로 야시에 있는 빙수점을 찾아간다.

석양 편에 부중에 들어와서 머리가 텁텁한 김에 금년 들어 처음으로 빙수를 먹으러 들어갔다. 그것이 바루 종로 야시 마지막 끌쯤에 잇는 빙수가개엿다. 그는 빙수 한 잔을 먹고 나서도 목이 여전히 컬컬해서 그대로

◇ 종로 야시에 위치한 빙수점을 찾은 태호.
　한설야,《청춘기》,〈동아일보〉1937.8.26.

◇ '가루삐스', '기린' 등을 써 붙인
　본정의 카페.《황원행》,〈동아일보〉
　1929.6.19.

앉은 채 별생각 없이 망연히 밖을 내다보고 잇엇다.

태호는 종로 야시의 끝쪽에 위치한 빙수점에 들어가 빙수를 시키고는 그해 처음 맛보는 빙수를 서둘러 먹는다. 한 그릇을 다 먹고 나서도 목이 여전히 컬컬했다는 것을 보면 태호가 빙수를 먹으러 종로 야시의 빙수점에 갔던 것도 앞서 살펴본 글들에 등장했던 인물들이 빙수를 찾았던 이유와 크게 다르지 않음을 알 수 있다.

《청춘기》가 〈동아일보〉에 연재될 때 실린 삽화는 빙수점 내부를 묘사한 드문 이미지 자료이니 조금 더 구체적으로 살펴보도록 하자. 태호는 둥근 식탁에 앉아 넓은 그릇에 제공된 빙수를 찻숟가락 같은 것으로 먹고 있다. 뒤를 보면 구슬을 꿰어 만든 발이 보이고 빙수점을 알리는 '빙氷'이라는 글자가 적혀 있다. 그리고 또 한 가지 흥미로운 부분은 발 옆으로 '기린맥주'라는 광고와 포스터가 덕지덕지 붙어 있다는 것이다.《황원행》이나《적멸》등의 소설에 실린 삽화를 보면 본정에 있던 카페의 광고지들에는 '가루삐스', '기린' 등이 일본어로 적혀 있다. 반면《청춘기》의 삽화는 배경이 종로 야시라서 그랬는지 한국어로 되어 있는 것도 주목을 끈다.

그런데 빙수점에서 맥주도 같이 팔았다는 사실이 인상적이다. 빙수라는 디저트와 맥주라는 술이 썩 잘 어울리는 것 같지 않지만 식민지 시대 빙수점에서 맥주를 같이 판매했던 것은 일반적이었다. 〈조선중앙일보〉에 연재된 심훈의 소설《직녀성》에서도 중심인물 봉환이 친구들과 '우미관'에서 활동사진 구경을 하고 빙수점에 가서 맥주를 마셨다고 해 아내 인숙과 옥신각신하는 장면이 나온다.

방정환은 "빙수"에서 빙수점에 가서 '지단가오'나 '밥풀과자'를 먹는 사람은 빙수의 맛을 모르는 사람이라고 한다. 방정환은 빙수의 온전한 맛을 음미하는 방법에 대해 얘기한 것이지만 거꾸로 당시 빙수점에서 빙수와 함께 지단가오, 밥풀과자 등도 팔았다는 것을 말해준다. 여기서 지단가오는 중국식 계란빵, 밥풀과자는 쌀을 튀겨서 만든 강정 정도로 생각하면 된다.

또 1933년 9월 〈동아일보〉에 실린 "빙수업 경영 지식"이라는 글에는 빙수점을 개업하기 위해 갖추어야 할 품목이 언급되어 있다. 주로 빙삭기, 냉장고, 식탁, 그릇 등 빙수와 관련된 것을 나열한 후, 손님을 많이 끌어들이려면 빙수 외에 라무네, 사이다, 맥주 등도 갖추는 것이 좋다고 설명한다. 빙수점을 열기 위해 필요한 물건들 가운데 다른 것들은 그렇다 치더라도 냉장고가 있다는 것이 의아할 수도 있다. 그때도 빙수점마다 갖출 정도로 냉장고가 많이 보급되었나 생각할지도 모르겠다.

'목포근대역사관'에 전시되어 있는 식민지 시대 냉장고를 보자. 지금 냉장고와 비교하면 모양이나 크기가 상당히 소박하게 느껴질 수 있

◇ 목포근대역사관에 전시되어 있는
식민지 시대 냉장고.

다. 당시에는 사진 속 냉장고에 붙어 있는 이름처럼 2단으로 된 고급 냉장고였다. 식민지 시대 냉장고는 얼음을 얼리지는 못하고 보관하는 정도의 역할만 했다. 방정환의 글 "빙수 - 여름정취 여름정서"에서도 빙수를 만들기 위한 얼음이 기차로 배송된다고 언급한다.

다시 빙수점에서 판매했던 메뉴로 돌아가보자. 실제 빙수점이라는 간판을 내걸었지만 빙수만 판매하는 빙수점은 드물었다. 빙수점에서 여러 가지 메뉴를 갖추었던 것은 빙수라는 디저트의 성격과 관련된 것으로 보인다. 빙수는 여름철에 즐겨 먹는 디저트였다. "빙수업 경영 지식"에 언급된 것처럼 사람들이 빙수를 찾는 것은 길게 잡아도 6월에서 9월 정도까지여서 가게 입장에서는 한철 장사만 가능한 메뉴로 영업을 할 수는 없었다.

빙수를 파는 노점의 경우는 어땠을까?《천변풍경》의 점룡이를 통해 여름철에 빙수나 아이스크림을 팔았던 노점에서 겨울철이 되면 군고구마나 군밤을 팔았다는 사실을 확인했다. 그런데 빙수점에서 빙수와 함께 여러 가지 메뉴를 팔았다는 사실은 처음 빙수점이 등장하고 정착되는 과정을 이해하는 데 도움을 준다. 또 얼음을 갈아 만든 디저트와는 어울리지 않는 빙수라는 이름의 기원을 추측해볼 수 있게 해준다.

**4**

# 경성에만 400개,
# 빙수점 호황기

## 1 · 일본의 빙수

빙수가 일본에 처음 등장한 것은 1860년대 들어서였다. 근대 이전에도 겨울에 얼음을 채취해 '빙실', '빙고' 등에 보관하고 공급하는 방식으로 얼음을 구할 수 있었다. 하지만 그런 혜택을 받을 수 있는 사람은 황실이나 고위 관료에 한정되었다. 그것은 조선에서도 마찬가지였다.

에도시대 말기 미국 보스턴Boston에서 선적한 얼음은 6개월 이상이 걸려 요코하마에 도착했다고 한다. 당시 요코하마에 건너온 얼음에 주목한 인물이 나카가와 가헤에中川嘉兵衛였다. 나카가와 가헤에는 영국 공사 밑에서 일하면서 의료나 식품에 얼음이 꼭 필요하다는 것을

◇ 에도시대 빙수 행상의 모습.
빙수점에서 판매하던 빙수가 큰 인기를 얻자 행상도 등장한 것으로 보인다.


배워 이후 얼음을 채취해 판매하는 사업을 도모했다. 1869년 6월에는 요코하마에 처음 빙수점을 개업했다. 주로 '고오리스이', 곧 얼음물을 판매했다. 당시 고오리스이는 엄청난 인기를 얻어 2시간 정도 줄을 서야 겨우 살 수 있을 정도였다고 한다.

나카가와 가헤에는 빙수점을 운영하면서 양질의 얼음을 구하는 일에 가장 공을 들였다. 이미 1870년 독일에서 인공 얼음을 만드는 기술이 개발되었지만 수요를 충족하기에 인공 얼음은 턱없이 부족했다. 따라서 여전히 천연빙을 찾아 수송하는 작업도 함께 이루어졌다. 오히려 인공빙의 개발은 얼음의 가격을 낮추는 데 기여했다.

나카가와 가헤에는 후지산富士山은 물론, 멀리 혼슈의 북쪽 지역까

◇ 홋카이도 하코다테의
　고료가쿠에서
　얼음을 채취하는 모습.

◇ 채취한 얼음을 가공해 출시한 '하코다테 고료가쿠 얼음' 광고.

지 가서 얼음을 채취해 요코하마로 수송하려 했지만 제대로 이루어지지 못했다. 그러던 중 홋카이도의 하코다테에 위치한 '고료가쿠五稜郭'의 해자垓字를 채운 얼음에 주목했다. 고료가쿠는 1864년에 세워진 일본 최초의 서양식 성곽으로 러시아와의 충돌에 대비해 만들어졌지만

실제로는 막부군과 정부군이 벌인 '하코다테 전쟁'의 무대로 쓰였다. 한국에도 많은 애청자가 있는 일본 애니메이션 〈명탐정 코난名探偵コナン〉의 근래 극장판인 《100만 달러의 펜타그램100万ドルの五稜星》에서 고료가쿠가 주된 배경으로 등장하니 관람해보는 것도 흥미롭겠다.

1870년부터는 고료카쿠에 공장을 설립하고 본격적으로 얼음을 생산, 수송하기 시작했다. 그것이 명성이 높았던 '하코다테 얼음'이다. 하코다테 얼음은 보스턴에서 가져온 얼음보다 저렴하고 질이 좋아 경쟁에서 승리할 수 있었다. 채취한 얼음을 선박을 통해 대량으로 도쿄로 운반하게 되자 얼음은 사람들에게 친숙한 존재가 되어갔다.

어렵게 활로를 개척한 얼음은 여러 용도로 사용되었다. 빙수의 재료 역시 그중 하나였다. 얼음의 공급이 원활해지자 귀족은 물론, 서민들도 어렵지 않게 빙수를 맛볼 수 있었다. 초창기 빙수는 송곳으로 얼음을 잘게 부순 후 설탕을 뿌려주는 단순한 형태였다. 나카가와 가헤에가 문을 연 빙수점에서는 아이스크림도 같이 팔았다고 하는데 둘을 같이 판 것은 조선에서도 마찬가지였다.

이후 여름이 되면 일본에 얼음을 판매하는 장사가 연이어 등장했고 빙수점 역시 거리 곳곳에서 눈에 띄었다. 《메이지의 빛明治の光》이라는 책에 실린 1870년대 일본 빙수점 그림을 보면, 가게 안에서 주인이 빙수를 만드느라 분주하다. 자세히 보면 얼음을 천 같은 데 싸서 망치로 부수고 있다. 이를 고려하면 당시는 얼음을 간 '가키고오리'가 아니라 물에 얼음을 넣어 차게 만드는 '고오리스이'가 빙수로 판매되었을 때임을 알 수 있다. 또 빙수점의 왼편에는 배달을 다녀오는 듯한 종업원도 보인다. 가게 앞쪽에는 큰 나무가 있어 그늘이 있다. 또 가게

◇ 1870년대 일본의 빙수점
모습을 담은 그림.
《메이지의 빛》.

뒤쪽에는 갈대발을 걸어 시원한 느낌을 주려 했음을 알 수 있다. 방정환은 빙수점을 차릴 때는 싸리로 울타리를 짓고 시원한 주렴을 쳐 서늘하게 꾸며야 한다고 언급했다. 이를 고려하면 조선의 빙수점은 빙수, 음료, 과자 등 메뉴뿐만 아니라 외관 역시 일본의 빙수점을 벤치마킹했음을 알 수 있다.

서민들 사이에 빙수가 퍼져나가는 것과 함께 인공빙을 제조하려는 노력 역시 이루어졌다. 1883년 교바시에 위치한 '도쿄제빙주식회사東京製氷株式會社'에서 암모니아를 사용해 얼음을 제조했지만 기계가 구형이라서 제빙 과정이 효율적이지는 않았다. 1888년 얼음을 제조하는 새로운 기계의 도입과 함께 인공빙의 생산이 본격화되었다. 이에 따라 수요를 따라가기 급급했던 얼음의 공급이 어느 정도 균형이 이루었다. 이후에도 인공빙의 생산이 증가되어 1897년 무렵부터는 천연빙을 누르고 얼음의 주류를 차지하게 된다.

1887년 빙수 제조를 위해 얼음을 깎는 기계, 곧 빙삭기가 처음 개발되었지만 1920년대가 되어서야 본격적으로 사용되었다. 빙삭기는 금속 나사에 얼음덩어리를 고정시킨 후 손잡이를 돌려서 얼음을 깎는 방식이었다. 빙삭기가 개발되기 전까지는 송곳으로 얼음을 깨거나 대패로 얼음을 깎는 방식을 사용했다.

나쓰메 소세키의 대표작 중 하나인《도련님坊っちゃん》에도 빙수가 등장한다.《도련님》의 중심인물은 제목처럼 '도련님'으로 그는 시코쿠四國에 위치한 시골학교에 수학교사로 부임한다. 도련님은 원래도 성격이 고

◇ 1920년대부터 본격적으로
사용된 빙삭기.
〈조센신분〉1929.6.28.

지식하고 고집이 센 데다 부임한 시골학교의 텃세 때문에 여러 가지 곤경을 겪는다.

도련님은 학교에서 역시 고지식하고 강직해 '산미치광이山嵐'라는 별명을 가진 교사를 알게 된다. 여기서 흥미로운 부분은 산미치광이가 도련님에게 빙수를 사주는 장면이다. 신세 지기 싫어하는 도련님이지만 빙수를 워낙 좋아해 그의 선심을 받아들인다. 하지만 '빨간 셔츠赤シャツ'라는 별명으로 불리는 속물 교감이 산미치광이가 겉과 속이 다른 인물이라고 모함하는 바람에 도련님은 산미치광이의 선심을 오해하기도 한다.

이곳에 왔을 때 제일 먼저 빙수를 사준 사람이 산미치광이였다. 그렇게 겉과 속이 다른 놈에게 빙수를 얻어먹었다는 건 내 체면이 걸린 문제다. 딱 한 그릇만 얻어먹었으니까 1전 5리밖에 빚지지 않았다. 하지만 1전이 됐든 5리가 됐든 사기꾼에게 은혜를 입어서는 죽을 때까지 마음이 편치 못하다. 내일 학교에 가면 당장 1전 5리를 되돌려주자.

도련님은 다음 날이 되자 산미치광이에게 빙수값 1전 5리를 돌려주려고 한다. 《도련님》의 시대적 배경인 1900년대 초 일본에서 판매되는 빙수 한 그릇 가격인 1전 5리를 지금으로 환산하면 2천~3천 원 정도 되는 가격이다. 또 소설에서는 도련님이 빙수를 유독 좋아하는 인물로 그려졌지만 당시는 일본에서 인공빙이 대량으로 생산돼 누구나 간식으로 빙수를 즐겨 찾을 때였다.

나쓰메 소세키도 빙수 사랑이 남달랐다고 한다. 빙수뿐만 아니라 아이스크림, 라무네, 사이다 등도 즐겨 먹었다고 한다. 어쩌면 그가 세상을 떠난 이유였던 위장병도 차가운 것을 너무 많이 먹어서 얻은 것은 아닌지 모르겠다. 그런데 소설 《도련님》은 어떻게 마무리가 되었을까? 산미치광이에 대한 오해가 풀려 두 사람이 함께 시코쿠의 학교를 떠나는 것으로 마무리되니 '해피엔딩'이라고 할 수도 있겠다.

## 2 · 조선에 정착한 빙수

조선에 문을 연 빙수점에 관한 글로는 1897년 8월 〈독립신문〉에 실린 기사가 가장 오래된 것으로 보인다. 기사에는 수표다리 근처에 빙수를 파는 집이 있다고 되어 있다. 1907년 7월 〈대한매일신보〉에도 수표교 근처에 일본인이 운영하는 빙수점이 있다는 내용의 기사가 실렸다. 시간적 차이를 무시하기는 힘들지만 같은 가게로 보이니 〈독립신문〉에 등장한 빙수점도 일본인이 운영하는 가게라 할 수 있다. 1900년 9월 〈황성신문〉에는 갑오개혁 이후 거리에 나타난 변화를 다룬 기사가 실렸다. 기사에는 곳곳에 포목점이 개업하고 무명 가게가 나막신 가게로 바뀌었다는 얘기가 게재되었다. 또 모시 가게 자리에 빙수점이 개점했다면서 종로에 빙수점이 문을 열었다는 소식도 전한다.

1903년 5월부터는 〈제국신문〉에 '국영당'이라는 빙수점 광고가 연속해서 실린다. 빙수를 먹고 나서 배탈이 나는 것에 대비해 미리 예방약을 가미한 빙수를 판매한다고 광고했다는 점이 흥미롭다. 당시 빙수를 먹고 배탈을 일으키는 일이 드물지 않았음을 짐작하게 해준다. 한편으로 배탈이 나면서까지 빙수를 먹어야 했나 하는 생각도 든다. 하지만 반대로 배탈이 날 것을 감수하면서도 먹을 만큼 빙수가 인기가 있었다는 것을 말해준다.

1925년 7월 〈동아일보〉에 실린 '인단仁丹' 광고를 보자. 1905년 처음 등장한 인단은 두통, 과음, 피로 등과 함께 소화불량에도 효과가 있다고 알려졌다. 빙수 삽화와 함께 실린 광고 문구가 흥미롭다. '빙수를 잡수시거든 인단을 반다시 잡술 것'이라는 내용 역시 빙수가 배탈을 자주 일으켰음을 말해준다.

1913년에는 조선에 두 개의 얼음회사가 동시에 설립되었다. '경성천연빙주식회사'와 '조선천연빙주식회사'가 그들이다. 일본에서는

◇ 인단 광고에 등장한 빙수. 〈동아일보〉 1925.7.30.

1890년 전후로 인공빙, 곧 공장에서 만든 얼음을 본격적으로 생산했다. 경성천연빙주식회사와 조선천연빙주식회사는 그로부터 20년이 지난 후 문을 열었지만 이름에서 드러나는 것처럼 인공빙을 생산하지는 못했다. 조선의 얼음회사는 겨울에 한강에서 채취한 얼음을 저장 창고에 보존하는 정도의 역할을 했다. 당시까지도 인공빙을 생산하는 것이 쉬운 일이 아니었음을 말해준다.

1915년에는 경성에만 빙수점이 442개였다는 기사가 실린다. 얼음을 제조하지는 못해도 두 얼음회사의 설립이 영향을 미쳤는지도 모르겠다. 1921년 7월 〈동아일보〉에 실린 기사에도 일본인이 경영하는 빙수점이 187곳, 조선인이 경영하는 빙수점이 230곳 등에 이른다고 했으니 빙수점이 400곳이 넘는다는 기사가 과장은 아닌 듯하다.

◇ 덥다며 초봉에게
빙수라도 사 먹자는 제호.
채만식,《탁류》,〈조선일보〉
1937.10.28.

　《탁류》가 〈조선일보〉에 연재될 때 실린 삽화를 보면, 외출을 나갔다 들어온 제호가 약국을 지키던 초봉에게 왜 이렇게 덥냐며 빙수라도 시켜 먹어야겠다고 한다.《탁류》의 공간적 배경이 군산임을 고려하면 1930년대에 이르러 지방에서도 빙수를 찾는 사람들이 많아졌음을 말해준다.

　조선에서도 처음에는 빙수를 만들 때 송곳으로 얼음을 깨는 방식을 사용했다. 처음 빙수점을 운영했던 사람들이 일본인이었으니 당연한 얘기일지도 모르겠다. 이후 대패로 가는 방식을 거쳐 1920년대 후반에 빙삭기가 도입된 것도 일본과 크게 다르지 않다. 앞서 방정환은 빙수점에서 얼음이 눈발같이 흩어져 내리는 모습과 "써억써억" 갈리는 소리를 접하기만 해도 더위가 한결 덜해진다고 했다. 그러고는 얼음 본연의 맛을 느낄 수 있는 빙수가 아이스크림보다 더 맛있다고 한다. '빙수당 당수'의 빙수에 대한 편애를 느낄 수 있는 대목이지만 사람들 모두가 그렇게 생각한 것은 아니었다.

# 5
## 아이스크림에게
## 패배하다

　　방정환의 편애와 달리 1930년대에 들어서면 빙수는 급격히 아이스크림에게 자리를 내주고 밀려난다. 식민지 조선에 아이스크림이 정착한 시기는 일본에 아이스크림이 유입된 지 50년 정도 지난 1920년대 즈음이다. 일본에 아이스크림이 처음 등장했던 시기는 1869년으로, 미국에 파견되었던 사절단 중 한 명인 마치다 후사조우町田房蔵가 아이스크림을 들여왔다. 마치다 후사조우는 미국에서 처음 먹어본 아이스크림맛에 감명을 받았던지 요코하마에 '아이스쿠린あいすくりん'을 제조해 판매하는 가게를 개업한다.

　　당시 아이스크림의 재료는 얼음, 우유, 설탕, 달걀 등이었다. 우유도 생우유를 썼고 얼음도 후지산과 홋카이도의 하코다테에서 채취한 천연 얼음을 사용했다. 또 조리 방식 역시 재료를 직접 혼합해 제조하는 방식을 택했다. 재료가 비쌌고 제조 과정도 간단하지 않았기 때문에 당시 아이스크림 가격은 1원 50전 정도로 고가였다. 지금으로 환산하면 7만~8만 원에 해당된다. 주로 황실이나 관료 등에게 진상하는 목적으로 생산되어 일반인이 사 먹기에는 부담스러운 가격이었다.

아이스크림이 도쿄에 진출한 것은 1875년이었다. 고지마치麹町에 있던 제과점 가이신도開新堂에서 먼저 아이스크림을 판매했고, 이어 후게쓰도風月堂, 하코다테칸函館館 등 제과점과 서양요리점에서 팔기 시작했다. 아이스크림이 도쿄에 진출해 제과점이나 서양요리점에서 제조해 판매되면서 가격이 어느 정도 저렴해졌지만 그래도 일반인이 구매하기에는 만만치 않은 가격이었다.

이러한 가격 차이를 고려하면 일본에서 빙수는 아이스크림의 경쟁 상대가 되지 못했다. 그런데 앞서 살펴봤듯이 빙수의 맛을 판별할 때 얼음이 얼마나 곱게 갈렸는지가 중요한 기준이었다. 그 기준은 행주로 얼음을 싸쥐고 대패로 갈 때나 새롭게 등장한 빙삭기로 갈 때나 마찬가지였다.

방정환은 혀 위에 올리면 알지 못하는 사이에 녹아 없어질 정도가 되어야 제대로 된 빙수라고까지 했다. 여기서 얼음을 곱게 갈려 했던 이유에 접근할 수 있다. 빙수를 만들 때 아이스크림의 부드러운 식감을 모방하고자 했던 것이다. 이는 아이스크림이 조선에 유입되어 일반인도 부담 없이 먹을 수 있는 간식이 되면서 빙수가 급격히 모습을 감춘 것을 통해서도 알 수 있다.

1920년대 중반 공장에서 대량 생산 공법을 사용한 이후 아이스크림이 본격적으로 일본에 정착하게 된다. 1920년대에 이르러 삼영제과, 명치제과 등의 전신인 '후지식료품富士食料品', '극동연유주식회사極東練乳株式會社' 등에서 아이스크림을 생산했다. 이후 아이스크림이 공장에서 대량으로 생산되자 가격이 저렴해졌고 제과점이나 서양음

◇ 열차 정거장에서 처음으로 판매한 '브릭 아이스크림Brick Ice-Cream'의 포장. 명치제과의 전신인 극동연유주식회사에서 생산했다.

식점에서 비싼 가격을 지불해야 먹을 수 있었던 아이스크림을 일반인도 쉽게 먹을 수 있게 되었다.

1920년대 중반 아이스크림이 조선에 파급된 것은 공장에서 대량으로 생산하면서 가격이 저렴해진 상황과 맞물려 있다. 이후 경성에 위치한 서양요리점, 제과점, 카페 등에서도 아이스크림을 맛볼 수 있게 되었다. 박태원의《소설가 구보 씨의 일일》, 이태준의《딸 삼형제》, 김말봉의《밀림》등의 소설에서도 아이스크림을 먹는 장면을 어렵지 않게 찾을 수 있다. 백화점 식당의 아이스크림 가격이 15전 정도였음을 고려하면 찻집이나 카페에서는 10~15전 정도에 팔았을 것이다.

일본에서 아이스크림이 처음 등장했을 때는 빙수와 경쟁 대상이 아니었다. 아이스크림이 빙수보다 열 배 이상 비쌌으며, 같은 이유로 일반인이 쉽게 접할 수 없었기 때문이다. 이에 빙수와 아이스크림은 각각 소비자를 달리했으며 빙수 장수들은 아이스크림을 사 먹기 부담스러워한 소비자를 위해 얼음을 곱게 갈아 유사한 식감을 제공하려고 노력했다.

그런데 식민지 조선에 아이스크림이 유입되었을 무렵, 경쟁 상대는 빙수였다. 아이스크림이 공장에서 대규모로 생산되면서 가격이 저렴해졌기 때문이다. 당시 아이스크림은 빙수보다 5전 정도 비싸거나 비슷한 정도였다. 1930년 6월 〈매일신보〉에 실린 "아이스크림 천하, 그는 여름의 여왕"이라는 기사에서는 아이스크림이 혀끝에서 살살 녹는 맛은 사탕이나 꿀보다 달콤해 애인의 키스에 비할 수 있다면서 아이스크림을 여름 미각의 여왕이라고 언급한다. 더불어 아이스크림이 비과학적이고 비위생적인 빙수가 참담한 몰락의 과정을 밟게 만들 존재라고까지 했다. 빙수에 배탈예방약을 미리 섞어서 팔든지 인단 광고에서 빙수를 먹었으면 꼭 인단을 먹으라고 할 정도였다. 이를 고려하면 빙수가 비과학적, 비위생적이라는 지적은 어느 정도 사실에 가까울 것이다. 하지만 "아이스크림 천하, 그는 여름의 여왕"에서 강조하려고 한 것은 오히려 아이스크림이 과학적이고 위생적이라는 점일 것이다. 1930년대에 접어들어 빙수가 아이스크림에게 급격히 자리를 내주고 밀려난 것은 이러한 상황과 맞물려 있었다.

## 6

# 얼음, 얼음물,
# 얼음우박

 

얼음을 간 음식이 그것과는 어느 정도 동떨어진 빙수라는 이름을 갖게 된 과정을 확인하는 것으로 이 장을 마무리하려 한다. 1908년 이시이 겐도石井研堂는 메이지시대에 문명개화의 움직임과 함께 등장한 갖가지 사물의 기원에 대해 살펴본《메이지사물기원明治事物起源》이라는 책을 발간한다. 거기에는 1891년 도쿄 간다에서 영업을 했던 빙수점의 메뉴가 소개되어 있다. 일본어로 되어 있는 데다 음식 이름 특유의 비유도 있어서 어떤 음식인지 정확히 알기는 힘들지만 간다의 빙수점에는 아래와 같은 메뉴가 있었다.

明治24年 8月の 東京 神田 小川町の 氷店では 氷水の ほか、氷あられ、氷蜜柑水、氷レモン水、氷白玉、薄茶氷、氷しるこ などの メニューが あっ

たようです.

   '氷水(고오리스이)'는 얼음물이고, '氷あられ(고오리아라레)'는 얼음 우박인데 얼음을 잘게 조각낸 것으로 보인다. 또 '氷蜜柑水(고오리미칸스이)', '氷レモン水(고오리레몬스이)', '薄茶氷(우스차고오리)'는 얼음을 넣은 감귤물, 레몬물, 묽은 차 등이다. 그리고 '氷白玉(고오리시라타마)'와 '氷しるこ(고오리시루코)'는 차게 한 경단과 팥죽 정도가 되겠다. 위의 빙수점 메뉴를 보면 고오리스이, 고오리미칸스이, 고오리레몬스이, 우스차고오리, 고오리시라타마, 고오리시루코 등은 얼음을 넣어 물, 감귤물, 차, 경단, 팥죽 등의 재료를 차게 만든 것임을 알 수 있다. 얼음을 직접 먹는 것은 고오리아라레, 곧 얼음우박 정도인데 바로 이 얼음우박이 지금의 빙수로 자리 잡게 된 것으로 보인다. 하지만 위의 메뉴에서 빙수점에는 '얼음물 이외에' 다른 메뉴도 있다고 되어 있는 것을 고려하면 당시 빙수점의 주된 메뉴는 얼음물이었음도 분명히 할 필요가 있다. 당시에는 이후 빙수로 자리 잡게 되는 얼음우박도 여러 메뉴 가운데 하나였을 뿐이다.

   시간이 흘러가면서 얼음우박을 찾는 사람들이 조금씩 늘어나자 얼음우박은 얼음물을 비롯한 다른 메뉴들을 밀어내고 빙수점의 주된 메뉴가 되었다. 어떻게 얼음우박이 다른 메뉴와 경쟁에서 빙수점의 주된 메뉴가 되었는지를 말해주는 자료를 찾기는 힘들다. 단 그 과정이 송곳으로 얼음을 작은 조각으로 만드는 데서 대패로 부드럽게 가는 변화와 맞물려 있던 것은 사실과 크게 어긋나지 않을 것이다. 20세기에 들어서면서 얼음물이나 얼음을 넣어 재료를 차게 만든 메뉴들은 하나둘씩 빙수점 메뉴에서 사라진다. 그리고 맥주, 탄산음료, 과자 등이 그 자리를 메웠다.

　더 이상 얼음물, 곧 빙수를 팔지는 않았지만 가게 이름은 여전히 빙수점이라고 불렸던 것 같다. 아마 조선에 유입될 때부터 빙수점으로 불러왔던 관행 때문일 가능성이 크다. 메뉴의 중심에 있게 된 얼음우박 역시 '고오리아라레' 대신 '고오리스이'로 불리는 경우가 많아졌다. 처음에는 '얼음우박'과 '빙수'라는 명칭을 번갈아 사용했지만 점차 '빙수'라는 이름으로 굳어졌다. 아마도 예전 얼음물이 그랬듯이 빙수점을 대표하는 메뉴라는 점이 크게 작용했을 것이다. 식민지 조선에서 얼음을 간 디저트가 그것과는 동떨어진 빙수라는 이름을 갖게 되기까지는 이렇듯 다소 고단한 과정을 거쳤다.

# 20전으로
# 피서를 즐기는 비법

1928년 더위가 한창인 7월 〈개벽사〉에서는 다소 의아한 상황이 벌어졌다. 편집국장이 기자들에게 20전씩 주면서 더위를 피하는 기발한 방법을 알아 오라고 한 것이다. 안 그래도 더운데 돌아다니면서 피서 방법을 알아 오라니 기자들의 불만도 적지 않았을 것 같다. 그래도 20전으로 더위를 피하는 이런저런 방법을 알아 온 기자들 덕분에 잡지 〈별건곤〉 8월호에는 "단돈 20전 피서 비법"이라는 특집 기사가 실린다.

◇ 1920년대 빙수점의 외관.
〈별건곤〉, 1928.7.

　20전으로 더위를 피하는 방법 중 하나로 빙수의 도움을 빌린 기자도 있었다. 먼저 앞서 살펴본 빙수 맛집인 '환대상점'에 방문하는 것으로 시작된다. 그는 광충교 근처에 위치한 '환대상점'을 남촌과 북촌 통틀어 으뜸가는 빙수 맛집이라고 소개한다. 그러고 나서 딸기시럽을 듬뿍 뿌린 빙수를 한 숟갈씩 떠서 혀 위에 놓으면 얄미울 정도로 시원하고 달콤한 맛을 볼 수 있다고 했다. 이윽고 눈이 스스르 감기며 코, 이마, 등에 자리했던 더위가 다 도망간다는 것이다. 1928년 7월 잡지 〈별건곤〉에 실린 빙수점 사진을 보면 오른쪽 위에 '빙*'이라는 깃발이 보이고 지붕 밑에는 '삿포로맥주'라는 광고가 눈에 띈다.

　그 외에 20전으로 더위를 피하는 방법은 어떤 것들이 있었을까? 선술

> **"단돈 20전 피서 비법".〈별건곤〉, 1928.8.**
>
> 종로 큰길로 나아가 남대문 통으로 꺽겨서 몃 거름 광충교 못 밋
> 처 바른 편으로 곳흐로 둘째 집 '환대상회'라는 빙수집으로 긔여
> 드러갓다. "빙수 한 그릇 딸긔물 만히 처 주시오!" 이 집이 어름
> 곱게 갈기로 남북촌을 통하야 경성에서 제일이라고 일홈 놉흔 집
> 이다. 한 숫갈 식 삿붓 떠다가 혀우에 언즈닛가 어이그 시원하여
> 라. 두 눈이 스르르 감겨진다. 그 얄밉게까지 달콤한 맛. 아아 어느
> 틈에 코에 이마에 등덜미에 그 만흔 땀이 다 도망가고 말엇다.

집에서 소주를 사고 안주로 참외를 장만해 삼청동 골짜기에 들어간 기자
도 있었다. 그는 먼저 골짜기의 시냇물을 뒤집어 써 더위를 식힌 후 준비
해 간 참외 안주에 소주를 마시면 신선 노름이 따로 없다고 했다.

전차를 탄 후 운전수 바로 뒤에 자리를 잡고 바람을 맞는 방법을 소개한
기자도 있었다. 그는 탑골공원 앞에서 의주통행 전차를 탄 후 운전수 뒷자
리에 가서 모자를 벗고 섰으니 바람을 맞는 맛이 금강산에 간 것보다 더 시
원하다고 했다.

조금 점잖은 기자는 더위를 피하기 위해 총독부도서관의 특별실에 가
는 것을 권한다. 더운 여름에 총독부도서관의 특별실에 가면 사람은 별로
없고 선풍기 시설은 잘되어 있다고 한다. 선풍기 가까운 데 자리를 잡고 읽
고 싶은 책을 골라 재미있는 부분만 골라 읽으면 원수 같은 해는 사라지고
금방 밤이 찾아온다는 것이다.

## 도움받은 글

### 1장 커피: 모진 추위를 뚫고 다방 문을 열면

- 국가유산청 편, 〈다방, 100년 전 커피 한 잔의 추억을 더듬다〉, 국가유산청 홈페이지
- 김시현·유여태, 《개화기 한국 커피역사 이야기》, 피아리스, 2021
- 박현수, 〈손탁 호텔의 커피, 조선호텔의 프랑스 요리〉, 《보보담》 51호, LS네트워스, 2024
- 서울역사편찬원, 《근현대 서울의 차 문화》, 서울책방, 2022
- 이경훈, 〈박태원의 카페, 구보의 커피〉, 《현대문학의 연구》 74, 한국문학연구학회, 2021
- 이순우, 《손탁 호텔 (근대서울의 역사문화공간)》, 하늘재, 2012
- 이은희, 《설탕, 근대의 혁명》, 지식산업사, 2018
- 이정학, 《가비에서 카페라떼까지》, 대왕사, 2012
- 알랭 스텔라Alain Stella, 강현주 역, 《커피》, 창해, 2000
- 모리 마사토毛利眞人, 《ニッポンエロ·グロ·ナンセンス 昭和モダン歌謡の光と影》, 講談社, 2016
- 야마다 이사오山田勇雄, 《大京城寫眞帖》, 中央情報鮮滿支社編, 1937
- 조선총독부철도국朝鮮總督府鐵道局 편, 《朝鮮鐵道旅行案內》, 朝鮮總督府鐵道局, 1915
- 탄베 유키히로旦部幸博, 윤선해 역, 《커피 세계사》, 황소자리, 2018

### 2장 만주: 김이 무럭무럭 나는 놈을 뭉텅뭉텅 베어 먹었더니

- 박정배, 《만두, 한중일 만두와 교자의 문화사》, 따비, 2021
- 박현수, 《경성 맛집 산책》, 한겨레출판, 2023

- 이정희, 〈조선화교의 중화요리점 연구—1880년대~1920년대를 중심으로〉, 《사회와 역사》114, 한국사회사학회, 2017
- 한규무, 〈1920~1930년대 고학생갈돕회의 설립과 활동〉, 《한국민족운동사연구》73, 한국민족운동사학회, 2012
- 루쉰魯迅, 루쉰전집번역위원회 역, 《루쉰 전집 2권 : 외침 방황》, 그린비출판사, 2010
- 미야자키 마사카츠宮崎正勝, 류순미 역, 《식탁 위의 일본사》, 더봄, 2023
- 오카다 데쓰岡田哲, 정순분 역, 《돈가스의 탄생》, 뿌리와이파리, 2006
- 오카다 데쓰岡田哲, 《たべもの起源事典-日本編》, 筑摩書房, 2013
- 장징張競, 장은주 역, 《식탁 위의 중국사》, 현대지성, 2021
- 조선총독부朝鮮總督府 편, 《朝鮮語辭典》, 1920

## 3장 멜론: 그들의 가슴엔 이국의 향기가 안개같이 자욱하다

- 김윤식, 《이상연구》, 문학사상사, 1987
- 김향안, 《월하의 마음》, 환기미술관, 2005
- 박현수, 《식민지의 식탁》, 이숲, 2022
- 조홍석, 〈'코리아 멜론' 노란 참외의 비밀〉, 《매경ECONOMY》, 내일경제신문사, 2024
- 진태하, 〈참외 · 수박 이야기〉, 《한글한자문화》108, 전국한자교육추진총연합회, 2008
- 최원형, 《세상은 보이지 않는 끈으로 연결되어 있다》, 샘터(샘터사), 2016
- 베른트 부르너Bernd Brunner, 박경리 역, 《과일 길들이기의 역사》, 브레드b.read, 2022
- 마빈 해리스Marvin Harris, 서진영 역, 《문화의 수수께끼》, 한길사, 2004
- 산케이신문문화부産經新聞文化部 편저, 《食に歷史あり-洋食·和食事始め》, 産經新聞出版, 2008
- 시미즈 카쓰시淸水克志, 〈近代日本における果物の普及に關する一考察〉, 《秀明

도움받은 글

大學紀要》18, 秀明大學校, 2021

* 오카다 데쓰岡田哲,《たべもの起源事典 –日本編》, 筑摩書房, 2013
* 쿠스다 에미楠田惠美, 〈フルーツパーラーの考現学〉,《社会学ジャーナル》34, 筑波大学社会学研究室, 2009

## 4장 호떡: 밤에 두어 개 신문지에 싸가지고 와 이불 속에서

* 김창수, 〈인천 大佛호텔·中華樓의 변천사 자료 연구〉,《인천학연구》13, 인천대학교 인천학연구원, 2010
* 윤덕노,《붕어빵에도 족보가 있다》, 청보리, 2011
* 이계형·전병무 편저,《숫자로 본 식민지 조선》, 역사공간, 2014
* 이정희, 〈조선화교의 중화요리점 연구 — 1880년대~1920년대를 중심으로〉,《사회와 역사》114, 한국사회사학회, 2017
* 최진아, 〈오랑캐의 떡, 동아시아의 맛이 되다— 중국 고전 속 후빙(胡餠)과 음식의 서사〉,《중국소설논총》58, 한국중국소설학회, 2019
* 강상중姜尙中, 이경덕·임성모 역,《오리엔탈리즘을 넘어서》, 이산, 1997
* 고모리 요이치小森陽一, 송태욱 역,《포스트콜로니얼》, 삼인, 2002
* 마쓰모토 산노스케松本三之介,《近代日本の中國認識 德川期儒學から東亞協同體論まで》, 以文社, 2012
* 오카다 데쓰岡田哲, 이윤정 역,《국수와 빵의 문화사》, 뿌리와이파리, 2006
* 장징張競, 장은주 역,《식탁 위의 중국사》, 현대지성, 2021

## 5장 라무네: 여름이면서 여름 아닌 고요한 행복

* 김영미, 〈일제시기 도시의 상수도 문제와 공공성〉,《사회와 역사》73, 한국사회사학회, 2007
* 김영희, 〈근대전환기 일본 국민의 '위생' 인식-메이지건백서를 중심으로〉,《일본학보》107, 한국일본학회, 2016

- 박현수, 〈소설에 나타난 식민지 조선의 물가—음식 가격을 중심으로〉, 《대동문화연구》 121, 성균관대학교 대동문화연구원, 2023
- 서울역사편찬원, 《일제강점기 경성부민의 여가생활》, 서울책방, 2018
- 이정학, 《가비에서 카페라떼까지》, 대왕사, 2012
- 리카르도 코르테스Ricardo Cortes, 박성식 역, 《커피, 코카 & 코카콜라》, 다빈치, 2018
- 베른트 부르너Bernd Brunner, 박경리 역, 《과일 길들이기의 역사》, 브레드b.read, 2022
- 줄리아 로스먼Julia Rothman, 김선아 역, 《음식해부도감》, 더숲, 2017
- 톰 스탠디지Tom Standage, 김정수 역, 《세계사를 바꾼 6가지 음료》, 캐피털북스, 2020
- 다치 주유䩵地戎雄, 《明治·大正·昭和のラベル, ロゴ, ポスター》, 誠文堂新光社, 2008
- 다카사키 소지高崎宗司, 이규수 역, 《식민지 조선의 일본인들》, 역사비평사, 2006
- 유모토 고이치湯本豪一, 연구공간 수유+너머 동아시아 근대 세미나팀 역, 《일본근대의 풍경》, 그린비, 2004
- 타지마 나쓰코田島奈都子·하코다테 중앙도서관函館市中央図書館 편, 《明治·大正·昭和初期 日本ポスター史大圖鑑》, 國書刊行會, 2019

## 6장 초콜릿: 련애사랑이 뭐니? 쪼코렛트도 모르나

- 소래섭, 〈1920~30년대 문학에 나타난 후각의 의미 : 소월, 백석, 이상을 중심으로〉, 《사회와 역사》 81, 한국사회사학회, 2009
- 이은희, 《설탕, 근대의 혁명》, 지식산업사, 2018
- 정한진, 《초콜릿 이야기》, 살림, 2006
- 캐럴 오프Carol Off, 배현 역, 《나쁜 초콜릿》, 알마, 2012
- 에르베 로베르Herve' Robert·카트린 코도롭스키Katherine Khodorowsky, 강민정 역,

《초콜릿》, 창해, 2000

- 사라 모스Sarah Moss · 알렉산더 바데녹Alexander Badenoch, 강수정 역, 《초콜릿의 지구사》, 휴머니스트, 2012
- 다케다 나오코武田尚子, 이지은 역, 《그림과 사진으로 풀어보는 초콜릿 세계사》, AK커뮤니케이션즈, 2017
- 오카다 데쓰岡田哲, 《たべもの起源事典 世界編》, 筑摩書房, 2014
- 오쿠보 히로코大久保洋子, 이언숙 역, 《에도의 패스트푸드》, 청어람미디어, 2004
- 카즈오 우스이薄井和夫, 〈戰前期森永マ_ケッティングの再換討 −流通系列化 政策を中心に〉, 《関西大學商學論集》第49卷 第3 · 4號 合併號, 関西大學商學 會, 2004

## 7장 군고구마: 밤이 길고 입이 심심할수록 "야키이모!"가 구수하다

- 김윤식, 〈반역사주의 지향의 과오〉, 《문학사상》, 문학사상사, 1972.11
- 박현수, 〈감자와 고구마의 거리−김동인의 「감자」 재독〉, 《민족문학사연구》 63, 민족문학사학회, 2017
- 방신영, 《조선요리제법》 증보8판, 한성도서주식회사, 1937
- 염정섭, 〈조선 후기 고구마의 도입과 재배법의 정리 과정〉, 《한국사연구》 134, 한국사연구회, 2006
- 이용기, 《조선무쌍신식요리제법》(1924), 궁중음식연구원, 2001
- 전경일, 《조선관리, 먹거리 혁명에 뛰어들다》, 다빈치북스, 2017
- 한국고문서학회, 《조선시대 생활사 3: 의식주, 살아있는 조선의 풍경》, 역사비 평사, 2006
- 오구라 신페이小倉進平, 《朝鮮語方言の研究》下卷, 岩波書店, 1944
- 오무라 마쓰오大村益夫 · 토시히로 호테이布袋敏博 편, 《近代朝鮮文學日本語作 品集 2配 全3卷》, 綠蔭書房, 2004
- 이노우에 히로시井上浩, 〈江戸 · 東京の焼き芋屋の移り変わり〉, 日本いも類研 究会 홈페이지

- 하타노 세쓰코波田野節子, 최주한 역, 〈김동인의 단편소설 「감자」에 대하여〉, 《상 허학보》 38, 상허학회, 2013

## 8장 빙수: 똑 떠서 혀 위에 놓으면 서늘한 맛이 뒤통수까지

- 김성희, 〈근대 일본의 우유소비와 식품위생제도〉, 《일본어문학》 97, 한국일본 어문학회, 2023
- 박경화, 《지구를 살리는 기발한 물건 10》, 한겨레출판, 2019
- 박현수, 《식민지의 식탁》, 이숲, 2022
- 심효윤, 《냉장고 인류》, 글항아리, 2021
- 안효진, 〈빙수의 근대성에 관한 고찰: 1897~1945년 신문 기사를 중심으로〉, 《한국콘텐츠학회논문지》 22권 11호, 한국콘텐츠학회, 2022
- 조영욱, 《빙수(얼음氷 물水)》, 그린쿡, 2015

- 톰 잭슨Tom Jackson, 김희봉 역, 《냉장고의 탄생》, MID(엠아이디), 2016
- 헨리 폴락Henry Pollack, 선세갑 역, 《얼음 없는 세상》, 추수밭, 2010
- 모리에다 다카시森枝卓士, 박성민 역, 《카레라이스의 모험》, 눌와, 2019
- 아키요시 호소노細野明義, 〈アイスクリ_ムの日本昔話〉, 日本アイスクリーム 協会 홈페이지

# 이미지 출처

## 1장 커피: 모진 추위를 뚫고 다방 문을 열면

- 멕시코의 내부를 장식했던《모나리자의 실종》포스터

  https://www.kosho.or.jp/products/detail.php?product_id=518133246
- 가히사칸의 내부를 그린 그림

  https://journal.ucc.co.jp/column/1776
- 개업 당시 카페 프란단의 내부 모습

  https://smtrc.jp/town-archives/city/ginza/p04.html
- 1910년대 카페 파울리스타의 광고

  https://jaa2100.org/entry/detail/030992.html
- 개업 당시의 카페 파울리스타

  https://sumus.exblog.jp/9245365

## 2장 만주: 김이 무럭무럭 나는 놈을 뭉턱뭉턱 베어 먹었더니

- 에도시대 토라야 만주의 광고

  https://www.benricho.org/Unchiku/edo-syokunin/12-kinseiakinai/08.html

## 4장 호떡: 밤에 두어 개 신문지에 싸가지고 와 이불 속에서

- 호떡 반죽을 화덕 안쪽에 붙여 전통 방식으로 굽는 모습

  https://deep-china.tokyo/restaurant-info/21346/

## 5장 라무네: 여름이면서 여름 아닌 고요한 행복

- 탄산이 새는 것을 막기 위해 눕혀 보관하게 만든 해밀턴 병
  https://okashi-to-watashi.jp/post/266
- 일본에서 시판했던 라무네 광고
  https://hikarataro.exblog.jp/30029945/

## 7장 군고구마: 밤이 길고 입이 심심할수록 "야키이모!"가 구수하다

- 마루야키 가게가 보이는 우키요에 '눈 속의 비쿠니다리'
  https://radonna.biz/blog/yakiimo/
- 마루야키 가게가 등장하는 우키요에 '12월의 소춘 첫눈'
  https://radonna.biz/blog/yakiimo/

## 8장 빙수: 뚝 떠서 혀 위에 놓으면 서늘한 맛이 뒤통수까지

- 에도시대 빙수 행상의 모습
  https://intojapanwaraku.com/rock/gourmet-rock/17343
- 홋카이도 하코다테의 고료가쿠에서 얼음을 채취하는 모습
  https://www.nippon.com/ja/guide-to-japan/gu014032/
- 채취한 얼음을 가공해 출시한 '하코다테 고료가쿠 얼음' 광고
  http://wul.waseda.ac.jp/kosho/bunko10/b10_8028_25/
- 열차 정거장에서 처음으로 판매한 '브릭 아이스크림Brick Ice-Cream'의 포장
  https://icecream.or.jp/iceworld/history/japan/02.html

이미지 출처

## 호떡과 초콜릿,
## 경성에 오다

ⓒ 박현수, 2025

**초판 1쇄 발행** 2025년 3월 26일
**초판 2쇄 발행** 2025년 5월 10일

**지은이**　박현수
**펴낸이**　유강문
**편집2팀** 이윤주 김지하
**마케팅**　김한성 조재성 박신영 김애린 오민정
**펴낸곳**　(주)한겨레엔 www.hanibook.co.kr
**등록** 2006년 1월 4일 제313-2006-00003호
**주소** 서울시 마포구 창전로 70(신수동) 화수목빌딩 5층
**전화** 02-6383-1602~3 **팩스** 02-6383-1610
**대표메일** book@hanien.co.kr

ISBN 979-11-7213-233-0 03910